Nie mehr Zweite Liga

Vom Stoppelfeld zum Tivoli

Willi Landgraf/Achim Kaiser

Nie mehr Zweite Liga

Vom Stoppelfeld zum Tivoli

Nie mehr Zweite Liga
Vom Stoppelfeld zum Tivoli
Willi Landgraf/Achim Kaiser
Aachen, MM Verlag, 1. Auflage Oktober 2006
ISBN 3-928272-76-4
ISBN 978-3-928272-76-6

Copyright 2006 by MM Verlag, Aachen
Alle Rechte vorbehalten
Lektorat: Dagmar Ostrowski, Gabi van Rey
Umschlaggestaltung, Layout und Satz:
Ursula Ronnenberg, Dagmar Ostrowski
Gesetzt aus der Garamond, Frutiger Carta
Myriad black condensed und Myriad Tilt
Druck und Bindung: Druckerei Raab, Trier

INHALT

Vorwort von Peter Neururer	7
Erstes Kicken auf dem Stoppelfeld	11
Heimlicher Schalke-Fan	19
Terrier vom Niederrhein	25
Profi-Debüt bei Rot-Weiß Essen	29
Großer Durchbruch unter Buchmann	39
Leibeigener beim FC Homburg	47
Die Klimaschewski-Methode	53
Rückkehr in den Pott	59
Geburt von Aileen	65
Die beiden besten Kumpels	73
Der Aachener Unterhändler Klein	79
Gästetoilette am Tivoli	85
Der verunglückte Schuss	91
Supertor gegen den MSV	99
Markus mit der kleinen Tafel	105
Richtiger Mann zum richtigen Zeitpunkt	111
Schneller Abgang	115
Krebsdiagnose von Jörg Berger	121
Verpasster Aufstieg	125

Durchmarsch im DFB-Pokal	139
Berliner Tagebuch	149
Erstes Telefonat mit Dieter Hecking	157
Trip nach Hafna...wat?	161
Blau-silberne Fußballschuhe	167
Vorweihnachtsfeier in Athen	177
Tränen vor Saarbrücken	187
Der Geist von Hoenderloo	193
Applaus für das 500. Spiel	197
Ärgerliche Wadenverletzung	203
Anruf von Schalke	211
Aufstieg auf der Couch	217
Ende eines Lebensabschnitts	221
Der Koffer zum Abschied	227
Angst um Mutter	233
Fangesänge	239
Tour nach Mallorca	245
Der große Traum	249
ANHANG	253
Mein Fragebogen	253
Meine Spiele	255
Nachwort	309
Fotonachweis	311

Vorwort

von Peter Neururer

Ich kann mich noch gut erinnern, als Willi wie ein kleiner Junge vor mir stand und sich vorstellte. Ich kannte ihn nur grätschender Weise aus der A-Jugend, wo er positiv auf sich aufmerksam gemacht hatte. Jetzt stand er mir gegenüber, in einem Overall: die Hände schwarz, die blaue Arbeiterkluft verschmiert, das Gesicht schmutzig bis Unterkante Oberlippe. Trotzdem leuchteten seine roten Bäckchen und seine Augen funkelten. Der Junge war KFZ-Mechaniker, angestellt bei Klaus Bimmermann, dem Vizepräsidenten von Rot-Weiß Essen, sein Chef in der Werkstatt war RWE-Profi Dieter Bast.

Beste Voraussetzungen also für eine Profikarriere, weil der Arbeitgeber viel Verständnis für den Fußball hatte. Aber erst einmal musste sich der kleine, grellige Verteidiger bei den Amateuren durchsetzen – was ihm nicht schwerfallen sollte. Ich hatte die Mannschaft übernommen und wir standen mit dem Rücken zur Wand. Dank Willi und seinem kompromisslosen Einsatz haben wir eine Superserie gestartet und den Klassenerhalt in der Landesliga geschafft.

Woran sich Willi sicher kaum noch erinnern kann, ist eine geradezu schicksalhafte Gemeinsamkeit: Wir beide waren erstmals bei den Essener Profis auf dem Aachener Tivoli dabei.

Beim 0:0 im April 1987 saßen wir beide auf der Bank, Willi als Ersatzspieler und ich, der Co-Trainer, als verantwortlicher Coach, weil Chef Horst Hrubesch an diesem Tag krank war. Als Nachfolger von Horst Hrubesch bei Rot-Weiß habe ich Willi nur eine kurze Zeit trainiert. Danach haben wir leider nicht mehr zusammengearbeitet.

Aber immer wenn wir uns getroffen haben in den verschiedenen Stadien, haben wir gelacht. Nur zu der Zeit, als Willi in Homburg spielte und ich Trainer in Saarbrücken war, gab's für uns beide nichts zu lachen. Denn wir Ruhrpottler fühlten uns nicht wohl im Saarland. Uns plagte das Heimweh, wir wollten schnell zurück in die Heimat. Willi wechselte zurück nach Essen und anschließend zum Tivoli, wo er seine größten Erfolge feierte.

Willi war ein Vorzeige-Profi schlechthin. Das Wort „negativ" existiert in seinem Vokabular nicht, er strahlt immer puren Optimismus aus. Wenn zu jemandem der Begriff „positiv" passt, dann zu Willi. Er ist genau der Typ geblieben, der er immer war: heimatverbunden und offen. Willi hat seine Ursprünge im Ruhrpott nie vergessen, er hat auch seine Kumpels nicht vergessen. Willi zu treffen heißt, Spaß und Freude zu haben.

Das trifft jedoch nicht auf den Spieler Landgraf zu. Ich hätte ihn im Laufe der letzten zwanzig Jahre lieber oft in meinen eigenen Reihen gesehen als in gegnerischen Teams. Immer hat er meinen Mannschaften das Leben so schwer wie möglich gemacht. Auch als ich mit dem VfL Bochum auf dem Tivoli im Jahr 2002 am letzten Spieltag in die Bundesliga aufgestiegen bin, hat Willi Gas ohne Ende gegeben. Auf dem Platz hat er immer sämtliche Freundschaften für 90 Minuten ausgeblendet. Willi hat stets mit absoluter Hingabe und Leidenschaft gespielt und gekämpft – egal ob im Trainingsspiel oder im Pokalfinale.

Ich hatte das Glück und durfte die beiden Rekordspieler der Zweiten Liga trainieren: Willi Landgraf und seinen Vorgänger Jo Montanes, den ich bei meiner schönen Zeit in Aachen unter meinen Fittichen hatte.

Willi hat alles aus seinen Möglichkeiten herausgeholt. Die 500er Marke in der Zweiten Liga wird kein Spieler mehr knacken. Als Typ und Sportler wird Willi aber auch künftig in neuen Aufgabenbereichen Akzente setzen können. Vor allem die Jugend wird von seiner positiven Ausstrahlung profitieren. Verdient hätte er allemal mehrere Einsätze in der Bundesliga. Auch wenn's nicht geklappt hat: Willi Landgraf war in seiner Zweitklassigkeit immer erstklassig!

Erstes Kicken auf dem Stoppelfeld

Meine Frau Heike hatte mich in Ruhe gelassen. Nicht ein einziges Mal hat sie mich nach meinem Abschiedsspiel gefragt. Am Tag des Pokalendspiels 2006 hatte ich mit Erik Meijer im Forsthaus Schönthal ein Abschiedsessen ausgegeben – für die Mannschaft mit Familie. Wir dachten, an so einem Tag ist immer schönes Wetter – so wie vor zwei Jahren, als wir selber in Berlin spielen durften gegen Werder Bremen. Wir dachten, Grillen ist ne feine Sache. Leider spielte das Wetter nicht so mit, es war saukalt. Aber das war egal. Es war ein schöner Nachmittag mit allen Spielern, den Frauen und Kindern. Ich hab ne kleine Rede gehalten, hab gesagt, dass wir in Zukunft ja nicht mehr oft zusammenkommen werden und alle diese Stunden genießen sollten.

Mein Abschiedsspiel rückte dann näher und näher. Immer öfter musste ich mich mal zu Hause zurückziehen. Ich konnte die Tränen nicht mehr unterdrücken. Ich dachte, lass all deine Gefühle vorher im stillen Kämmerlein raus, damit du bei deinem Abschiedsspiel stark bist. Das sollte nämlich keine Trauerveranstaltung werden. Ich wollte den Leuten den gut gelaunten Willi zeigen, den sie kannten: Ihr habt mir so viel gegeben und deshalb feiern wir und heulen nicht, war mein Motto.

An einem Tag, das kann ich hier zugeben, hab ich geheult wie ein Schlosshund. Ich konnt gar nicht mehr aufhören. Heike war nicht da und hat davon auch nix mitbekommen. Ich dachte an meine Jugendjahre, wie alles angefangen hatte. Mein ganzes Leben lief noch mal im Schnelldurchgang vor mir ab: Das Stoppelfeld, die Zeit bei RW Essen, der Abstieg mit Gütersloh und die sieben Jahre bei Alemannia Aachen mit dem krönenden Abschluss, dem Bundesliga-Aufstieg.

Ein Jugendtraum war wahr geworden. Und jetzt hieß es für mich: „Nie mehr Zweite Liga!" Die Zeit war davon gerast, das alles war Vergangenheit. Da kannste eigentlich nur noch trauriger werden. Als ich mit zig Tempos meine Tränen getrocknet hatte, kam ich zu der Erkenntnis: Ich hatte für mich das Beste als Profi rausgeholt. Mehr war für mich nicht drin gewesen. Denn ich war kein Torjäger oder super Mittelfeldspieler, sondern „nur" ein Abwehrspieler. Mein Vorteil war, dass ich das Herz am richtigen Fleck hatte. Mit Einsatz, Laufbereitschaft und ehrlicher Arbeit hab ich mich durchgesetzt – und natürlich mit meiner offenen Art. Ob Regionalliga, DFB-Pokal oder UEFA-Cup, ich bin immer der geblieben, der ich für alle war und bleiben werde: der Willi! Ich bin auch immer auf dem Boden geblieben. Arroganz verabscheue ich. Meine Mutter hat immer gesagt: „Junge, egal was du machst oder wie viel Geld du verdienst: Bleib immer so, wie du bist!" Das hab ich mir zu Herzen genommen. Meine Mutter ist auch immer nett und offen zu allen Leuten. „Da haste Recht, Mutter. Ich werd so bleiben", hab ich ihr gesagt.

Ich hab viele Kinderherzen glücklich gemacht und immer ein besonderes Verhältnis zu Kindern gehabt. Bei uns in der Straße in Bottrop wohnen auch viele Kinder, die einfach mal klingeln und „Hallo" sagen. Ich weiß noch, wie ich mal mit Dennis Brinkmann und Stefan Blank um die Häuser gezogen bin. Da sagte der Dennis auf einmal: „Mensch Willi, haste die Kids gehört. Die haben gesagt, das ist doch der Willi Landgraf. Der ist viel bekannter als Lothar Matthäus." Da musste ich Tränen lachen.

Vor allem in den letzten drei Jahren hat meine Bekanntheit enorm zugenommen. Ich stand immer mehr in der Öffentlichkeit. Wenn von Alemannia Aachen die Rede war, fielen immer die Namen Willi Landgraf und Erik Meijer. Und jetzt standen wir beide vor unserem Abschiedsspiel. Je länger ich nachdachte, desto klarer wurde mir: Ich würde alles noch mal genauso machen.

Aufgewachsen bin ich in Mülheim-Speldorf, wir haben in der Eltener Straße gewohnt, das war alles andere als High Society. Wir waren auch nicht reich. Das Geld war knapp. Wir haben nicht auf großem Fuß gelebt. Mein Vater musste hart arbeiten, der war Maschinenbieger bei den Mannesmann-Röhrenwerken. Früher haben in Mülheim fast alle bei Mannesmann gearbeitet. Keiner wollte zur Stadt. Mein Vater hat immer gesagt: „Bei Mannesmann ist die große Zukunft." Meine Mutter hat früher immer beim Finanzamt geputzt, ohne Steuerkarte, früher ging das, jetzt kriegt sie halt keine Rente. Ich habe zwei Brüder, einer ist verstorben. Udo ist jetzt 51, Ralf hat sich 1982 umgebracht, der war damals 29. Der ist aus dem Hochhaus gesprungen für eine Frau, aus dem Iduna-Hochhaus in Mülheim-Ruhr, 18. Stockwerk, Liebeskummer. Ich weiß nicht, ob seine Frau damals einen anderen hatte. Ich kann mich genau daran erinnern, wie das Telefon klingelte. Ich bin aber nicht mit zur Beerdigung gegangen, da war ich noch zu jung, 14 Jahre. Das war ein Schock, Wahnsinn, zwei Wochen vorher war ich das erste Mal in Urlaub, da hatte mich mein Bruder mitgenommen. Der war Fensterputzer, hatte keine Höhenangst. Das war auf jeden Fall ein Hammer.

Außerdem hab ich noch zwei Schwestern – Heidi und Elke, Heidi ist 47 und Elke 52. Wir sind eine große Familie und ich war das Nesthäkchen, ich hab immer alles in den Hintern gesteckt bekommen. So am besten habe ich mich mit Heidi verstanden, zu der bin ich dann öfter mal abends ins Bett gekrochen.

Mein Vater hat wirklich hart gearbeitet, hat dreifache Schicht gemacht und uns gut durchgebracht. Nach der Nachtschicht hat er früh immer die WAZ mitgebracht und Brötchen. Mit Fußball hat er aber erst gar nix am Hut gehabt, deshalb kann ich kaum sagen, wann ich das erste Mal gegen den Ball getreten habe. Das ist echt wahr, keiner in der Familie hat was mit Sport zu tun gehabt, überhaupt nix. Ich bin nicht mal schwimmen gegangen. Wenn ein Länderspiel war, da haben wir geguckt, aber sonst nix, keine Sportschau, kein Verein, überhaupt nix. Das kam erst später. Ich hab auf unserem alten Schwarz-Weiß-Fernseher früher immer „Barbapapa" geguckt als Kind, später „Rauchende Colts" und „Unsere kleine Farm". Und als Jugendlicher dann natürlich immer samstags die „Sportschau". Da haben wir dann auch immer Fußball im Radio gehört, Bundesliga-Konferenz. Ach ja, ganz weit vorne war auch Wim Thoelke mit dem „Großen Preis". Wum und Wendelin war auch meine erste Platte. Später habe ich dann auch „Tainted Love" gehört und Iron Maiden. Jetzt ist Metallica eine meiner Lieblingsbands.

Zum Fußball bin ich erst spät gekommen, da war ich schon im ersten Schuljahr. Da hab ich mit meinem Freund von der anderen Straßenseite immer Fußball gespielt auf dem Stoppelfeld, so haben wir das genannt. Das war ein abgekratzter Rasen, da haben wir uns unser Stück immer selber gemäht mit einem Handrasenmäher. Die Stadt hat da kaum was gemacht. Einmal haben wir das Feld in Brand gesteckt, weil der Rasen zu hoch war, wir wollten ausprobieren, ob das leichter geht als zu mähen. Da hat es Riesenärger gegeben, weil sechs Löschzüge der Feuerwehr anrücken mussten. Das war auch das einzige Mal, wo ich Stubenarrest bekommen hatte.

Fußball gespielt haben auf dem Stoppelfeld alle. Aus der ganzen Straße kamen die. Zu der Zeit hatte ich noch nicht im Verein gespielt. Wir haben uns dann immer jeden Tag nach der Schule bei jedem Wetter auf dem Platz getroffen. Da war ich acht, ich bin etwas später eingeschult worden. Da hab ich so richtig Spaß am Fußball gefunden. Und alle wussten, dass ich den besten Ball hatte. Ich war immer total ballbegeistert, musste den besten und neusten Ball haben.

Das ist heute noch so, das weiß auch unser Mannschaftsbetreuer Michael Förster. Ich muss immer den schönsten, besten Ball haben. Früher waren das die Tango-Bälle von „Adidas" und ich wollte den unbedingt in Gelb haben. Den habe ich gehegt und gepflegt, poliert, Creme drauf getan, ich hab wirklich immer drauf geachtet, dass der Ball top in Ordnung war. Meine Mutter hat mir die Bälle immer bezahlt, das waren bestimmt zehn Bälle, wenn nicht noch mehr, alles Lederbälle, nur die besten. Wir hatten nicht so viel Geld. Von der Oma habe ich immer ein bisschen Geld abgestaubt und meine Mutter hat mir immer was zugesteckt, was sie von der großen Schwester abgezweigt hat.

Die ersten Fußballschuhe habe ich von meinen Eltern bekommen, die zweiten aber habe ich von einem Freund bekommen, der selber Profifußballer war. Das war der Dirk Pusch, der hat auch viele Ligaspiele gemacht, spielte bei Rot-Weiß Essen. Fußball ist dann mein Ein und Alles geworden. Wir haben in der Schule an der Mellinghoferstraße mit den kleinen Tennisbällen immer in der Pause auf zwei selber gemachte Tore geschossen. So bin ich eigentlich zum Fußball gekommen.

Ich war kaum von der Schule nach Hause gekommen, da hat es schon geschellt. Aber vorher musste ich die Hausaufgaben machen. Das war eigentlich Pflicht, aber manchmal hat auch meine Mutter die Hausaufgaben gemacht. Ich war immer ganz schnell mit den Hausaufgaben, richtig schludrig, denn es brannte ja, meistens haben wir uns um drei getroffen. Wir haben da in der Boverstraße gewohnt, vorher hatten wir ja in der Eltener Straße gewohnt, sind aber 1972 in ein besseres Viertel gezogen nach Dümpten.

Auf der Parkbank haben die anderen gewartet und ich kam immer mit dem Ball unterm Arm, weil wir auch immer nur mit meinem Ball gespielt haben. Meistens haben wir sechs gegen sechs oder sieben gegen sieben gespielt. Gewählt wurde immer mit Pisspott und ich war immer einer der Ersten, der gewählt wurde, weil ich damals schon schnell und bissig war.

Tore haben wir aus Lattenzäunen gemacht, die hatten wir vorher irgendwo abgerissen. Oder wir haben große Stöcke genommen, damit wir auch schöne Tore hatten. Dann wurde gespielt bis in die Puppen. Meistens musste ich so gegen 18 Uhr zu Hause sein. Ich sah immer aus... – die meisten Waschmaschinen müsste ich meiner Mutter jetzt eigentlich zurückbezahlen.

Wir haben jeden Tag gespielt, nur sonntags war eigentlich verboten, da haben wir uns aber in der Gesamtschule oben in Mülheim getroffen. Das wusste jeder: Alle aus der Umgebung kamen sonntags um 10 Uhr auf den Sportplatz an der Gesamtschule. Da waren zwei Aschenplätze, auf denen wir immer gespielt haben. Wir kannten uns zwar nicht, aber alle kamen und wussten Bescheid. Ich bin mit dem Rad dahin gefahren, wirklich egal was für Wetter war.

Meinen Ball hatte ich aber für die Asche nie mitgenommen, der war mir dann doch zu schade dafür. Meine Freunde, die fast alle älter waren und schon im Verein gespielt hatten, haben aus dem Verein einen Ball mitgebracht, weil der von der Asche schon abgeschrabbt war. Meinen Ball haben wir nur für Rasen benutzt. In die Kirche brauchte ich sonntags Gott sei Dank nie zu gehen. Ich bin evangelisch, musste nur zur Konfirmation gehen.

Das war die Zeit, wo Fußball mein Ein und Alles wurde. In der Grundschule lief es ganz gut, wir hatten keine Probleme, ich war gut dabei, weil ich ein normaler Schüler war. Dann kam ich auf die Hauptschule am Springweg – die gibts heute gar nicht mehr – und bin in der fünften Klasse kleben geblieben, da musste ich ein bisschen mehr lernen, hab aber immer viel Fußball gespielt.

Über den Ruhrpott habe ich mir damals keine Gedanken gemacht. Das war alles normal. Ich hab gar nicht verstanden, wenn Leute sagten: „Was habt ihr denn für ne Luft hier?" Ich lebte in Mülheim, bin gar nicht groß in andere Städte gekommen. Die Bergwerke waren für mich normal, jeder hatte seinen Job. Damals hätte nie einer dran gedacht, dass die alle mal zugemacht würden und viele ihre Arbeit verlieren würden. Allerdings wohnen bei meinen Eltern jetzt immer noch die gleichen Nachbarn wie früher. Die sind alle sehr beständig. Nur eine Brauerei hat zugemacht in der Straße. Da stehen jetzt Häuser mit Eigentumswohnungen.

Früher hat mein Vater zwar immer erzählt, wenn er was in den Nachrichten gehört oder in der WAZ gelesen hat, ich als Jugendlicher hab das aber alles gar nicht verfolgt. Mein Vater hatte keine Probleme. Der durfte als Frührentner schon vorzeitig bei Mannesmann aufhören, mit 55 war der schon in Vorruhestand. Der hatte aber nie Arbeitsmangel, nur mal ganz kurz gabs Kurzarbeit. Meine Mutter kriegt nur 250 Euro Rente, weil sie damals ohne Steuerkarte gearbeitet hat, da hatte damals keiner dran gedacht.

Heimlicher Schalke-Fan

In der Zeit bin ich auch aus purem Zufall zu meinem ersten Verein Rot-Weiß Mülheim gekommen. Das war 1977. Meine Freunde waren älter als ich, ich war immer der jüngere Jahrgang. Die haben mich einfach mal mitgenommen und ich hab dann mitgekickt. Ich war immer der Kleinste, hab in der D-Jugend angefangen. Detlev Wülfing war mein erster Trainer, mit seinem Vater hat er das gemacht. Die haben sich erst mal alle kaputtgelacht, wie klein ich war. Ich war ein kleiner Pimpf, sehr schüchtern, aber damals schon sehr ehrgeizig und bissig. Später hat mich Ralf Kerkhoff trainiert, das war eine schöne Zeit.

Wir haben aber weiter auf der Straße gespielt, egal ob wir Training hatten. Wir sind anschließend zum Training gegangen, da ging es dann weiter. Training war immer um 17 Uhr, vorher waren wir schon immer nass geschwitzt. Fünf Kilometer entfernt war der Aschenplatz, Rasenplätze gabs kaum welche, das war Luxus. Wenn es um die Stadtmeisterschaft ging, durften wir auf den Rasen im Mülheimer Ruhrstadion.

Das war etwas ganz Besonderes. Bei Rot-Weiß Mülheim habe ich von der D-Jugend bis zum älteren Jahrgang B-Jugend gespielt. Ich war immer Lothar Matthäus, hatte die 10 und hab viele Tore gemacht. Ich sah auch ein bisschen aus wie Lothar Matthäus, das haben auch die anderen gesagt, ich hätte so einen Stil wie Lothar Matthäus und auch so einen Gesichtsausdruck, da war ich immer ganz stolz. Ich hatte natürlich auch einen besonderen Lieblingsklub, das durfte ich keinem erzählen, das war Schalke 04. Ich hatte auch das Olaf-Thon-Trikot, die Stutzen, alles hatte ich von Schalke.

Ich war auch Kapitän, durfte die Schiedsrichter begrüßen und meinen Spruch aufsagen – den kann ich heute noch: „Ich begrüße den Schiedsrichter und den Gegner mit einem kräftigen Ball heu!" Das Traurige war in Mülheim, dass sich keiner um die Stadtauswahl gekümmert hat. Ich war so klein, da war ich gar nicht gefragt.

Der Erzfeind war immer Union Mülheim und da haben alle immer nur draufgeguckt. Das war immer der bessere Klub, da hatten alle immer schon die besseren Sachen, Rot-Weiß war familiärer, das war so wie bei Rot-Weiß Essen und Schwarz-Weiß Essen: Rot-Weiß war der Arbeiterverein und Schwarz-Weiß der Lackschuhverein. Aber wir haben es allen gezeigt, denn am Ende der Saison ging es immer um die Stadtmeisterschaft und die haben wir immer gewonnen.

Kreis- und Niederrheinauswahl habe ich erst in der A-Jugend bei Rot-Weiß Essen gespielt, vorher bin ich kein einziges Mal in die Stadtauswahl berufen worden. Als C-Jugendlicher älterer Jahrgang habe ich sogar mal zwei Endspiele hintereinander gemacht. Erst sind wir mit der C-Jugend Stadtmeister geworden, danach habe ich noch in der B-Jugend mitgespielt und ein entscheidendes Tor gemacht, so bin ich zweimal an einem Tag Stadtmeister geworden.

Da war die Urkunde so 20 Minuten vor Schluss für Union Mülheim schon geschrieben – „Union Mülheim, Stadtmeister, herzlichen Glückwunsch!" –, weil die 4:0 zur Pause geführt hatten, und dann haben wir noch 5:4 gewonnen und ich habe das 5:4 gemacht – als C-Jugendspieler.

Mein Freund war der Stefan Pusch, der hatte die 5, spielte Libero. Damals wusste noch keiner, wie Viererkette geschrieben wird, da spielte man mit Libero und zwei Manndeckern.

Sein Bruder, der Dirk Pusch, hat mich später zu Rot-Weiß Essen gebracht. Rot-Weiß spielte in der Oberliga, da bin ich später auch zu den Spielen mitgefahren.

Ich weiß noch, wie stolz wir waren, als wir mal ein T-Shirt oder eine Sporttasche, wo Rot-Weiß Mülheim draufstand, vom Verein bekommen haben. So kleine Vereine hatten nie die große Unterstützung.

Ich hab mir auch meine Kapitänsbinde immer selber gekauft. Fußballschuhe haben mir immer meine Eltern bezahlt, Trainingsklamotten und Anzüge auch, da gab es nichts vom Verein. Und wenn ich mir Fußballschuhe gekauft habe, habe ich immer drauf geachtet, dass es besonders gute waren.

Für die Halle habe ich mir immer „Adidas Samba" geholt, die musste man einfach haben, Samba war Kult. Die hab ich auch zur Schule angezogen, aber unten drunter wieder sauber gemacht, damit ich die auch wieder in der Halle anziehen konnte. Ich hab generell nur „Adidas" getragen, das war das A und O, das Beste. Da haben alle immer draufgeguckt. Ich hab mit „Adidas Brazil" draußen gespielt, das war, glaub ich, der erste Fußballschuh mit gelben Streifen.

In der Schule war ich zwar dann auch fleißig, aber das war nicht so mein Fall. Sport war natürlich mein Lieblingsfach, aber in Mathe war ich auch ganz gut. Mein Zeugnis war nicht überragend, aber auch nicht schlecht – drei würde ich sagen, drei minus mehr.

Meine erste Freundin hatte ich in der B-Jugend, dann aber über Jahre. Die war größer als ich und hieß Heike. Da war ich 16. Das fing kurios an. Viele Freunde wohnten bei mir in der Straße und einer hat die mal mitgebracht. Die war groß, einen Kopf größer, fand mich aber total süß und hat mich geschnappt.

Die war auch bei mir auf der Schule, aber da hab ich sie noch nicht so gekannt. Wir waren dann lange zusammen, zwischendurch auch mal auseinander, wieder zusammen, bis ich 1991 nach Homburg gewechselt bin. Da hab ich Schluss gemacht und war zuerst solo und hab dann da meine jetzige Frau kennen gelernt, die ja auch Heike heißt. Das ist schon verrückt.

Ich bin treu und solide, was Frauen betrifft, aber auch sonst. Früher waren immer mal ein paar Mädels beim Training, die uns abgeholt haben. Da sind wir in die Pommes-Bude gegangen, nicht immer, aber in der Woche wenigstens zweimal. Die lag auf dem Weg. Die Inhaber haben immer gewechselt. Mit meinem alten Kollegen Markus Ketzer, der mit mir in der Jugend gespielt hat, haben wir in der Pommes-Bude dann immer an den Automaten gespielt, Scrample und Aliens abschießen, die Drückerspiele. Vorm Training haben wir nur gespielt und nach dem Training eine große Pommes bestellt und dazwischen gespielt.

Ich esse immer noch gerne Pommes mit Currywurst und Mayo, das habe ich damals schon so gerne gegessen und jetzt auch noch. Das ist zwar nicht unbedingt mein Lieblingsgericht, aber das baut mich immer auf, wenn ich mal schlecht gelaunt bin. Das gibt es auch, wenn auch selten. Als ich den Zweitliga-Rekord in Erfurt geknackt habe, hat mir die Mannschaft einen Gutschein über 400 Euro für meine Pommes-Bude in Oberhausen geschenkt. Da gehe ich seit Jahren schon hin.

Mein Lieblingsgericht ist Schnitzel mit Pommes. Ich bin ein Schnitzelesser, liebe alle Variationen, mit Zigeunersoße, Jägersoße. Früher hat der Vater immer sonntagabends Pommes an der Nordstraße geholt. Das war da an der Gesamtschule, wo wir sonntagmorgens immer gekickt haben. Das war Pflicht, da hat Mutter nicht gekocht. Sonst hat Mutter jeden Tag gekocht und immer gefragt: „Junge, was willste haben?" Mutter hat deftig gekocht: Dicke Bohnen mit Speck und Kartoffeln gabs oft, auch die Reibekuchen von Mutter sind ganz weit vorne, das sind die besten. Und was nur meine Mutter kann, Endiviensalat durcheinander. Da hat mein Vater immer gesagt, das ist ein „Kriegsessen". Das kostete nur 25 Pfennig. Meine Mutter hat dann noch Kartoffeln reingestampft, das kann nur meine Mutter. Ich war immer ihr Liebling, das ist heute noch immer so.

Süßes habe ich aber nie so gemocht, meine Schwester und die anderen eher. Wenn ich heute einen Teller voll Süßigkeiten zu Hause hinstelle und meine Schwester ist da, dauert das keine 25 Sekunden und da ist der leer, bei mir steht der noch tagelang. Ein paar Weingummis esse ich schon mal, aber keine Schokolade.

Ich hab auch früher keine Cola getrunken, vielleicht mal ne Sprite oder Fanta zwischendurch, Kaffee hab ich auch nicht getrunken, mittlerweile aber wohl. Geraucht hab ich nur einmal. Da haben wir auf dem Stoppelfeld gespielt. Da waren ja auch Ältere dabei. Wir saßen im Kreis und meine Schwester kam von der KWU, der Kraftwerkunion, das war später dann Siemens. Sie kam von der Arbeit immer Viertel vor 4 vorbei. Gerade will ich mal ziehen, da kommt meine Schwester oben an der Ecke vorbei, sieht mich, geht nach Hause und verrät mich bei meinem Vater. Da hab ich se gewimst bekommen. Da hatte mein Arsch Kirmes gehabt.

Zur Strafe für meine Schwester, Heidi war ja eigentlich meine Lieblingsschwester, hab ich eine Nadel in den Teppich gesteckt – wir hatten früher überall Teppich – vor ihre Tür mittig. Ich wollte, dass sie sich weh tut. Und die läuft tatsächlich da rein und die Nadel versenkt sich voll im Fuß und musste rausoperiert werden beim Dr. Bäcker, „Pferdearzt" hieß der. Da war was los bei uns! Heidi konnte 14 Tage nicht zur Arbeit. Die hat immer noch die Narbe. Und wenn wir heute mal zusammensitzen, erzählen wir die Geschichte, als sie mich beim Rauchen erwischt hat.

Aber damals brannte der Baum. Ich hatte se wieder gewimst gekriegt, aber keinen Stubenarrest bekommen – wegen Fußball. Ich war so sauer, dass meine Schwester mich verraten hatte bei meinem Vater und meiner Mutter. Acht Jahre war ich da alt.

Später habe ich es zwischendurch mal probiert mit dem Rauchen, es aber sein gelassen. Wir hatten früher keine Blättchen zum Drehen und haben immer Taschentücher genommen, mit Tesafilm zugeklebt und da ist mir mal so schlecht geworden, seitdem rauche ich gar nicht mehr. Kommt mir jetzt als Profifußballer natürlich zugute.

Terrier vom Niederrhein

Der Wunsch, Profi zu werden, kam bei mir so richtig ernst auf, als ich zu den Spielen von Rot-Weiß Essen mitgefahren bin. Da spielte ich noch in Mülheim. Wir haben dann immer in der Südkurve im Georg-Melches-Stadion an der Hafenstraße gesessen, die ist jetzt abgerissen worden. Und da hab ich gedacht: Hier willste auch mal spielen. Ich war so ehrgeizig und hab mir gesagt, das schaffst du auch. Da war ich 16.

Natürlich hatte ich früher auch schon meine Idole wie z. B. Lothar Matthäus. Aber so richtig gepackt hat mich das erst, als ich Fußball richtig live im Stadion miterlebt habe. Vorher war alles Spaß und Freude, dann bin ich aber richtig heiß geworden auf Fußball. Ich wollte auch Polizist oder Feuerwehrmann werden. Das war auch was Besonderes, hat mich begeistert.

Aber vorher stand erst mal der Wechsel von Mülheim nach Essen an. Der war kurios. Da hat mich keiner beobachtet. Der Obmann von Rot-Weiß, der Jürgen Grundheber, der ist heute noch Obmann, der hat zu mir und zum Stefan gesagt: „Kommt mal vorbei, macht mit und wechselt dann zu Rot-Weiß Essen." Dann bin ich zum ersten Mal zum Training gekommen, zur A-Jugend. Da waren 45 Leute da, für die A1 und die A2, und es wurde aussortiert. Ich kam aus meinem Heimatverein, wo alles so klein und familiär war, und dachte: „Leck mich inne Täsch, dat schaffst du nie!" Ich hatte aber einen Bonus, weil der Bruder von meinem Freund Stefan, der Dirk Pusch, bei Rot-Weiß spielte und ein gutes Wort beim A-Jugendtrainer Hans-Peter Lindau einlegen konnte.

Dann war ich öfters beim Training, hab mein Ding gemacht und gedacht: Mach, was du kannst, und wenn du nicht genommen wirst, ist es auch egal. Wir haben zweimal mittrainiert und dann haben wir uns angemeldet. Und dann habe ich gedacht: Wenn du es nicht schaffst, gehste halt wieder zurück nach Mülheim. Die Mülheimer hätten mich zwar gerne gehalten, haben aber auch gesagt: „Weißt du was, Willi? Probier es! Und wenn du es nicht schaffst, kommste wieder zurück."

Ich war ja sehr klein, aber mich packte der Ehrgeiz. Dann war ich bei den 20 Mann dabei und drei Wochen später sind wir ins Trainingslager gefahren nach Rade vorm Wald in die Jugendherberge. Vorher bin ich aber jeden Tag sechs, sieben und zehn Kilometer durch den Wald gerannt mit Freunden und einem Vater, der war Marathonläufer. Jeden Tag morgens hab ich auch Bauchmuskeltraining gemacht, drei Wochen lang, nonstop. Jeden Tag in den Ferien bin ich gelaufen vom Rombachtal bis nach Heißen hoch. Da waren Steigungen drin ohne Ende, aber das hat mir geholfen.

Rot-Weiß Essen war natürlich was ganz anderes. Wir spielten in der Niederrheinliga gegen Bayer Uerdingen mit Oliver Bierhoff, gegen Borussia Mönchengladbach mit Marcel Witeczek und gegen Schwarz-Weiß Essen. Ich als B-Jugendspieler von Rot-Weiß Mülheim in den jüngeren A-Jugend-Jahrgang von Rot-Weiß Essen gewechselt – das war was ganz Außergewöhnliches. Jetzt konntest du dir alles aussuchen: Ich habe Fußballschuhe bekommen, Trainingsanzüge, Taschen, das gab es ja bei uns in Mülheim nicht.

Zum Training bin ich immer mit Stefan auf seiner Achtziger gefahren – mit Helm und Nierenschutz auf dem Rücksitz. Und der Vater vom Stefan hat uns auch oft abgeholt. Der war Frührentner und hatte mehr Zeit als mein Vater. Der hatte ja drei unterschiedliche Schichten. Wenn er konnte, hat er uns auch mal gefahren.

In der Vorbereitung bin ich dann allen weggelaufen. Ich war total ehrgeizig. Die haben gesagt: „Was ist das denn für einer? Was ist das denn fürn Flitzer?" Ich hatte Glück, dass ich das damals so gemacht hab. Durch meine Kondition und durch meine Laufarbeit bin ich in die Mannschaft reingerutscht – und hab rechter Verteidiger gespielt – immer gegen die besten und schnellsten Spieler.

In Mülheim hatte ich immer die 10, jetzt bekam ich die 2 oder 4, ich wurd damals auch „Terrier" genannt. Dann fing das auch an mit der Kreisauswahl, in die ich berufen wurde. Und dann kam ich zur Niederrheinauswahl, weil ich mich gut präsentiert hatte gegen starke Gegenspieler wie Oliver Bierhoff oder Thomas Strunz, der damals beim MSV Duisburg spielte. In Duisburg haben wir mit der Niederrheinauswahl um den Länderpokal gespielt, sind bis ins Endspiel gekommen, haben aber dann gegen Hamburg verloren. Stefan Effenberg war damals Hamburgs Mannschaftskapitän.

Als A-Jugendlicher bin ich dann schon in die Länderpokalmannschaft berufen worden, das war die Niederrheinauswahl bei den Senioren. Die Besprechungen von Herrn Müller, dem Trainer der Auswahl, waren immer was Besonderes. Der hat zu mir immer gesagt: „Williken, du bist ja so ein kleiner Stopken. Du bleibst hinten. Für dich ist im Strafraum dunkel. Und den mit der 10, den möchte ich überhaupt nicht sehen, den machste fertig. Den Rest erledigen die Großen." Da hab ich immer alles gegeben. Hat immer Spaß gemacht und ich hab viel dazugelernt.

Profi-Debüt bei Rot-Weiß Essen

Dann wollte mich Fortuna Düsseldorf haben, zum älteren Jahrgang. Mein Verein hat das mitbekommen und mir schon einen Amateurvertrag angeboten: „Pass auf, Junge, du kriegst den Führerschein bezahlt." Damit haben die mich gelockt. Führerschein, dachte ich, war eine gute Sache, brauchen Vater und Mutter nicht tief in die Tasche zu greifen. Und so bin ich bei RW Essen geblieben.

Als ich die letzten Spiele in der A-Jugend gemacht habe, war ich schon bei den Amateuren dabei. Die haben hinten auf der Asche gespielt. Trainer der zweiten Mannschaft war Peter Neururer. Der hat mich dann schon immer eingebaut auf der rechten Außenseite und mit Peter Neururer haben wir es dann auch geschafft, nicht abzusteigen aus der Landesliga. Dann habe ich immer oben mittrainiert, ganz selten nur noch bei den Amateuren.

Ich hatte meine Lehre als Kraftfahrzeugmechaniker bei Renault schon angefangen – beim Vize-Präsidenten von Rot-Weiß Essen, Klaus Bimmermann. Und da war mein direkter Chef der Dieter Bast, der war auch Profi bei Rot-Weiß Essen, der war schon 36 oder 37 und war dann mein „doppelter Chef", in der Firma und auf dem Rasen. Das kam mir zugute, weil ich immer zum Profitraining gehen konnte. Der Cheftrainer Horst Hrubesch hat mir immer gesagt, wann ich zum Training kommen soll, von Tag zu Tag. Da brauchte ich auch schon mal nachmittags nicht zu kommen.

Da muss ich noch einen erzählen: Einmal bin ich in die Kabine reingekommen, da hab ich mich richtig erschrocken. Der Horst Hrubesch hatte sich rasiert und war überall im Gesicht am Bluten, hatte sich mit nem Nassrasierer überall geschnitten. Dann hat der sich ne Flasche 4711 ins Gesicht geschüttet, das Zeug brennt ja höllisch, und ich hab gefragt: „Trainer wann muss ich denn zum Training kommen?" Und der hat sich nicht anmerken lassen, dass seine Backen wie verrückt brannten und mit schmerzverzerrtem Gesicht und tiefer Stimme geantwortet: „Da komm mal morgen früh, biste um 10 hier, heute Nachmittag brauchste nicht zu kommen." Ich bin dann raus, hab den anderen Jungs erzählt, wie der Trainer aussah und dass der noch das Parfum, das so brennt, ins Gesicht geschmiert hat, und die haben sich alle kaputtgelacht.

Oben bei den Profis hatten sich viele verletzt, es gab einige Gelbe Karten und dann hat der Horst Hrubesch zu mir gesagt: „Pass auf, du bist dabei, vielleicht spielste auch." Pokalspiel gegen Bayern München, ein Traum – ich saß auf der Bank und kam nicht zum Einsatz, obwohl der Trainer das mir so halb versprochen hatte. Da war ich dann auch was traurig. Aber meine Einwechslung hätte auch nicht zu der Spielsituation gepasst. Wir lagen zurück, und da hat er einen Stürmer gebraucht.

Mein erstes Spiel in der Profi-Elf war mit 18 Jahren gegen Saarbrücken und da haben wir dann 4:0 gewonnen. Und seit dem Spiel war ich fast nicht mehr wegzudenken aus der Mannschaft. Ich hatte schon in den jungen Jahren jede Menge Einsätze bekommen. Mit der Mannschaft lief es leider nicht so gut. Wir hatten zwar gute Spieler, aber auch viele Probleme, vor allem hatten wir zu viele Spiele verloren. Und so kam es dann, dass Horst Hrubesch gehen musste, obwohl er wirklich ein sehr gutes Verhältnis zu meinem Chef hatte, dem Klaus Bimmermann.

Spielstatistik Rot-Weiß Essen – 1. FC Saarbrücken 4:0 (2:0)

 Rot-Weiß Essen – 1. FC Saarbrücken
4:0 (2:0)

Sa 30.05.1987, 15:00 Uhr
2. Bundesliga 1986/1987, 35. Spieltag
Schiedsrichter: Hellmut Krug (Gelsenkirchen)

Tore:
1:0	Detlef Laibach	5.
2:0	Detlef Laibach	32.
3:0	Dirk Heitkamp	51.
4:0	Ralf Regenbogen	70.

Aufstellung Rot-Weiß Essen:

Frank Kurth
Dirk Heitkamp
Dirk Helmig
Uwe Neuhaus
Ralf Regenbogen
Hubert Schmitz
Peter Stichler
Willi Landgraf
Detlef Laibach
Dirk Pusch
Michael Pröpper

Aufstellung 1. FC Saarbrücken:

Armin Reichel
Herbert Demange
Franco Foda
Reinhold Hintermaier
Zbigniew Kruszynski
Walter Müller
Bernhard Rohrbacher
Norbert Schlegel
Theo Schneider
Bertram Basenach
Peter Crhak

Wechsel Rot-Weiß Essen:

Detlef Dezelak
für Michael Pröpper (51.)
Holger Buschmann
für Peter Stichler (71.)

Wechsel 1. FC Saarbrücken:

Aron Schöpfer
für Zbigniew Kruszynski (46.)

Der Horst Hrubesch ist sogar noch in die Werkstatt gekommen, hinten zu mir, und hat sich persönlich von mir verabschiedet und gesagt: „Willi, ich bin jetzt nicht mehr der Trainer." Das fand ich total super, dass er zu mir gekommen ist. Alle haben geguckt, dass der Horst Hrubesch zu mir hinten in die Werkstatt gekommen ist, wo ich als Lehrling gearbeitet hatte. Das hab ich auch nie vergessen. Er hat mich auch sehr gefördert. Und wenn wir uns heute mal treffen bei Länderspielen, dann sagt er immer noch „Junge" zu mir. Er ist immer so geblieben, wie er früher schon war, ein Arbeitertyp. So hat er sich auch immer präsentiert.

Dann wurde der Co-Trainer Peter Neururer befördert. Wir haben uns immer sehr gut verstanden. Er kannte mich ja von den Amateuren. Außerdem hatten wir eine Gemeinsamkeit: Wir waren beide in Aachen zum ersten Mal bei den Profis dabei. Peter hat das im Vorwort geschrieben. Ich hab mich, ehrlich gesagt, erst daran erinnert, als Peter es mir noch mal sagte. Ich hab zwar nicht gespielt, aber das ist schon verrückt. Ausgerechnet auf dem Tivoli, wo ich 19 Jahre später meine Profikarriere beenden sollte. Ist das Zufall oder Schicksal? Ich weiß es nicht.

Zunächst musste ich aber eine andere Frage lösen. Als Amateurspieler bei den Profis konnte ich ja auch in der Länderpokalmannschaft vom Verband mitspielen. Und ich kriegte eine Einladung für die Endrunde in München. Aber der Verein spielte an dem gleichen Wochenende gegen Wattenscheid. Der Verein wollte, dass ich spiele, aber der Verband konnte mich ziehen, hatte Vorrecht.

Da gab es richtig Streit, ging es hin und her. Das Einzige, was am Ende übrig blieb, war, dass wir schnell nen Profivertrag gemacht haben. Ich war im Zwiespalt: Einerseits fand ich es toll, dass ich immer zur Niederrheinauswahl eingeladen wurde und mitspielen durfte, andererseits wollte ich auch für den Verein spielen. Das tat mir schon leid für den Herrn Müller, den Auswahltrainer, ich hab mit ihm telefoniert. Zuerst war er sauer, dann hat sich aber alles gelegt. So ist das halt im Fußballgeschäft. Gegen Wattenscheid hab ich noch gegen Harry Kügler gespielt. Wir haben das Spiel 1:0 verloren. Kurz vor Schluss bin ich eingewechselt worden.

Zu der Zeit habe ich weiter zu Hause gewohnt. Es war auch nicht weit zum Platz, 15 Minuten mit dem Auto. Mit 18 hatte ich einen Renault, einen ganz alten, weißen Renault 11. Da hab ich dann Spoiler drangemacht, wie sich das gehörte, den Auspuff auseinandergenommen und wieder zusammengebaut, das war ein richtig aufgetunter Renault 11. Den hat mir mein Chef fast geschenkt für kleines Geld, weil ich das Auto ja auch brauchte. War übrigens ein sehr netter Chef, der hat mich wirklich in allen Sachen unterstützt, der Klaus Bimmermann.

In Homburg hab ich zum ersten Mal frühmorgens vor dem Training gefrühstückt, hab mir immer Cornflakes reingezogen. In Essen bin ich immer mit leerem Magen zum Vormittagstraining gefahren. Da dachte ich, wenn du was isst, kriegste Seitenstiche. Ich bin immer bis in die Puppen im Bett geblieben, bin spät aufgestanden und auf den letzten Drücker zum Training gefahren.

Früher haben wir fast immer zweimal am Tag trainiert, die Freitagsspiele waren nicht wie heute um 19 Uhr, sondern um 20 Uhr, Flutlichtspiel an der Hafenstraße im Georg-Melches-Stadion war Kult. Ich brauchte aber nicht immer zum Training zu kommen, weil ich auch oft frühmorgens schon arbeiten war. Ich weiß noch, so am Anfang meiner Karriere, da war ein Spiel in St. Pauli. Ich war aber nicht im Kader. Auf einmal rief der Horst Hrubesch meinen Chef in der Firma an und sagte: „Der Willi muss unbedingt zum Spiel nach St. Pauli kommen." Das Spiel war um 20 Uhr, da hat mein Chef gesagt: „Willi, mach

Spielstatistik FC St. Pauli – Rot-Weiß Essen 4:2 (1:1)

FC St. Pauli – Rot-Weiß Essen
4:2 (1:1)

Di 01.09.1987, 19:30 Uhr
2. Bundesliga 1987/1988, 8. Spieltag
Schiedsrichter: Horst-Peter Bruch (Bischmisheim)

Tore:	0:1	Michael Pröpper	16.	
	1:1	Dirk Zander	38.	
	2:1	Rüdiger Wenzel	54.	
	2:2	Jens Beermann	65.	(Eigentor)
	3:2	Dirk Zander	69.	
	4:2	André Trulsen	85.	

Aufstellung FC St. Pauli:

Klaus Thomforde
Hans-Jürgen Bargfrede
Michael Dahms
Dietmar Demuth
André Golke
Jürgen Gronau
Fred Klaus
Bernhard Olck
André Trulsen
Rüdiger Wenzel
Dirk Zander

Aufstellung Rot-Weiß Essen:

Frank Kurth
Dieter Bast
Dirk Helmig
Uwe Neuhaus
Ralf Regenbogen
Hubert Schmitz
Peter Stichler
Oliver Koch
Detlef Laibach
Dirk Pusch
Michael Pröpper

Wechsel FC St. Pauli:

Jens Beermann
für Fred Klaus (27.)
Thorsten Koy
für Dietmar Demuth (35.)

Wechsel Rot-Weiß Essen:

Peter Ehlers
für Michael Pröpper (63.)
Willi Landgraf
für Hubert Schmitz (69.)

Schicht, fahr nach Hause, hol deine Sachen, wir fahren nach St. Pauli." Da hatte ich nen halben Tag gearbeitet, hab nachmittags im Auto gepennt und bin sogar noch abends reingekommen. So was wär heute undenkbar. Da haben wir 4:2 verloren, ich war noch Vertragsamateur.

Peter Neururer ist dann auch gefeuert worden wegen Erfolglosigkeit und ging zu Alemannia Aachen. Bei uns kam Horst Franz als Trainer, er war aber auch nur kurz da. Wir haben beide Spiele unter ihm gewonnen. Kurz vor der Winterpause wurde er von Schalke 04 abgeworben. Im Februar 1988 übernahm Lothar Buchmann unsere Truppe, vorher hatte Jürgen Röber als Spieler das Training geleitet. Wir hatten ne gute Mannschaft mit Dieter Bast, Dirk Pusch, der hatte damals die meisten Spiele gemacht, Ralf Regenbogen, Peter Stichler, Volker Abramczik, Frank Kurth im Tor und Uwe Wegmann.

Das war eine brutale Saison. Ich bin immer zum Training gekommen, da stand ein neuer Trainer da. Ich musste mich immer umstellen. „Ja, wer bist du denn?" „Ich bin der Willi!" – meistens habe ich ja die Trainer als Erster kommen und gehen sehen, weil die beim Präsidenten bei mir in der Werkstatt oben zu Verhandlungen waren.

Am Anfang hab ich bei Horst Franz nicht gespielt, aber dann hab ich ihn im Training so überzeugt, dass ich auch gespielt hab. Bei Lothar Buchmann war ich direkt von Anfang an dabei. Über Trainingsleistungen hab ich mich immer empfohlen. Ich war immer total ehrgeizig. Den richtigen Durchbruch hab ich geschafft gegen Schalke 04. Nach 22 Jahren hatte Rot-Weiß Essen zum ersten Mal wieder gegen Schalke gewonnen mit 2:1. Beide Tore hatte ich vorbereitet. Die Hafenstraße kochte, ausverkauftes Haus, das war super.

Das war aber nicht immer so. Unter Horst Hrubesch hatten wir mal 3.500, auch mal 7.000 Zuschauer, das hat sich dann was gesteigert, hing auch davon ab, gegen wen wir gespielt haben. Durch „Ente" Lippens hatte ich das Glück, dass die Leute früher schon immer „Willi" gerufen hatten. Bei mir ging das von Anfang an los. Ich war klein, bin ich ja immer noch, spielte auf der Außenbahn, erst links, später rechts, bin immer auf und abgedüst direkt vorm Publikum, hab großen Einsatz gezeigt und dann haben alle immer gerufen: „Wiiilliiiiii!"

Damals war ich kein Großverdiener, bin ich jetzt auch noch nicht – ich hatte 2.500 DM Monatsgehalt, 250 DM Auflaufprämie und 500 DM pro Punkt, damals gab es bei Sieg ja nur zwei Punkte. Für mich war das sehr viel Geld. Ich hab ja auch immer gespielt. Als ich noch Vertragsamateur war, wurde ich immer in bar ausgezahlt. Da musste ich immer hoch zum Schatzmeister. Der hat mir die ganzen Rollen gegeben, 10-Pfennig-Stücke, 50-Pfennig-Stücke und 5-Mark-Stücke. Meine Hose musste ich mir enger schnallen, dass die nicht rutscht. Dann bin ich nach Hause gekommen, hab das Geld auf den Tisch gelegt und meine Mutter ist fast zusammengebrochen, hat Tränen gelacht über meine Beulen in den Hosentaschen. Als ich dann zur Sparkasse kam, um das Geld auf mein Konto einzuzahlen, haben die Angestellten immer gelacht und gefragt: „Wen haben Sie denn überfallen?"

Spielstatistik Rot-Weiß Essen – FC Schalke 04 2:1 (2:0)

 Rot-Weiß Essen – FC Schalke 04 2:1 (2:0)

Sa 20.08.1988, 15:00 Uhr
2. Bundesliga 1988/1989, 4. Spieltag
Schiedsrichter: Aron Schmidhuber (Ottobrunn)

Tore:
- 1:0 Jürgen Röber 4.
- 2:0 Volker Abramczik 31.
- 2:1 Ingo Anderbrügge 67.

Aufstellung Rot-Weiß Essen:

Volker Diergardt
Volker Abramczik
Dieter Bast
Detlef Dezelak
Michael Griehsbach
Dirk Helmig
Jürgen Röber
Oliver Koch
Willi Landgraf
Detlef Laibach
Dirk Pusch

Aufstellung FC Schalke 04:

Werner Vollack
Ingo Anderbrügge
Reiner Edelmann
Michael Klinkert
Jürgen Luginger
Carsten Marquardt
Jörg Mielers
Andreas Müller
Michael Prus
Uwe Wassmer
Michael Wollitz

Wechsel Rot-Weiß Essen:

Ralf Regenbogen
für Detlef Dezelak (62.)
Frank Saborowski
für Michael Griehsbach (71.)

Wechsel FC Schalke 04:

Rachid Belarbi
für Michael Klinkert (32.)
Carsten Marell
für Carsten Marquardt (46.)

Großer Durchbruch unter Buchmann

Bei Rot-Weiß Essen gab es aber immer finanzielle Probleme, immer. Ich hab dann schon mal zwei Monate später meine Gehälter bekommen. Weil ich bei Mutter gewohnt habe, hatte ich aber nie Probleme. Natürlich hab ich meinen Eltern immer mal was abgegeben und sie eingeladen, aber Mutter wollte nie was haben. Die hat immer gesagt: „Spar das Geld, Junge!"

Die hat dann immer noch was zugesteckt, das tut sie heute noch. Lehrgeld hatte ich damals ja auch noch bekommen. Mein Vater und meine Mutter haben mich immer unterstützt. Ich hab das Geld auch immer gespart. Das Einzige, was ich mir dann mal geleistet hab, weil ich es ja auch brauchte, war ein Auto. Ich hatte früher einen Renault 5 GTX mit 90 PS, der ging ab wie Schmitz' Katze. Hab ich natürlich bei meinem Arbeitgeber gekauft und Prozente bekommen, fast zum Einkaufspreis.

Mit 20 habe ich dann von meinem ehemaligen Chef ne Eigentumswohnung gekauft, die hab ich vermietet. Das war ein Glück. Vor fünf Jahren habe ich die verkauft. Früher hat man ja viele Abschreibungen gehabt. Das war zwar immer Risiko, ich hatte aber Glück. Damals habe ich nicht so viel verdient, dass ich mich jetzt zur Ruhe setzen könnte.

Ich war immer sparsam, hatte aber die Taschen voll Geld. Mit 32 habe ich mir einen großen Traum erfüllt und mir einen Mercedes gekauft. Davor bin ich nur Renault gefahren, immer kleine Autos. Und dann hab ich mir einen Mercedes Combi geholt, den hab ich schon wieder verkauft und mir einen neuen Mercedes gekauft. Ich bin ja unheimlich viel gefahren. Für die Strecken zwischen Bottrop und Aachen nahm ich immer unseren Golf, einen silbernen hatte ich damals. Meine Frau nahm dann den Mercedes, wenn sie zu den Spielen kam.

Da bin ich, ehrlich gestanden, noch total nervös – nicht weil meine Frau da ist, generell. Vor jedem Spiel könnt ich fast durchdrehen. Ich kau heute noch Fingernägel vorm Spiel, das darf ich eigentlich niemandem erzählen. Ich, der Routinier, mach mir fast in die Hose. Damals als junger Spieler war mir richtig schlecht. Mein Herz pochte wie kurz vorm Herzinfarkt.

Ich hatte manchmal in den Anfangsminuten das Gefühl, ich bekomme keine Luft, ich konnte kaum atmen, als ich eingelaufen bin in das Stadion von Rot-Weiß Essen. Aber nach ein paar Minuten hat sich das gelegt. Die ganze Aufregung hängt mit meinem Ehrgeiz zusammen, weil ich immer spielen will. Das Gefühl ist kaum zu beschreiben, ich würde es am liebsten immer behalten, aber wenn meine Karriere vorbei ist, bleibt es als Erinnerung in mir. Ich möchte es jedenfalls nicht vergessen. Vielleicht bin ich auch deshalb so lange dabei.

Unter Lothar Buchmann hab ich meinen eigentlichen Durchbruch geschafft. Das war mein drittes Jahr in Essen. Ich wurde konstanter in meinen Leistungen, Highlight war in dieser Zeit der Sieg gegen Schalke – nach 22 Jahren hatte Essen endlich Schalke noch mal geschlagen, den großen Konkurrenten im Ruhrpott. Das war das Größte, was es überhaupt gab. Und noch heute kann ich sagen: Ich war dabei. Und hatte beide Tore vorbereitet. Gegen meine Lieblingsmannschaft, 25.000 Zuschauer an der Hafenstraße, da bekomme ich heute noch eine Gänsehaut.

Es durfte aber nie einer wissen, dass ich früher im Olaf-Thon-Trikot auf der Straße gekickt hatte. Die Feindschaft zwischen Essen und Schalke war riesig. Mein Kollege Dirk Pusch hatte noch im Auto gesagt: „Pass auf, Willi, wenn wir verlieren, dann verrate ich, dass du Schalke-Fan bist." Hat er aber nie gesagt, weil wir gewonnen hatten, 2:1.

Buchmann konnte sich aber auch nicht lange halten. Wenn der Erfolg in Essen ausblieb, mussten immer die Trainer dran glauben. Buchmann ging und Siggi Melzig kam. Der war schon ein außergewöhnlicher Trainer, man musste ihn so nehmen, wie er ist. Er war ein lustiger Vogel. Der hat zwar ein ganz ordentliches Training gemacht, hatte aber keine Chance. Ich hatte mich fast schon dran gewöhnt, dass auf einmal ein neuer Trainer in der Kabine stand. Ganze vier Wochen dauerte das missglückte Gastspiel von Melzig.

Und dann kam leider Anfang 1989 Hans-Günter Neues. Mit ihm bin ich nicht klargekommen, da habe ich kaum gespielt. Der wollte die Spieler, die beliebt waren, abrasieren und hat uns oft auch „Bratwurst" genannt. Sogar der Jürgen Röber hatte sich oft mit dem angelegt. Der Jürgen war ein super Typ, mein Zimmerkollege.

Meine Mutter hatte mir immer von Hussel eine Tüte voll Weingummi mitgebracht und die habe ich dann immer mit ins Trainingslager genommen. Jürgen war 38 und damit doppelt so alt wie ich, er ist aber immer jung geblieben.

Am Anfang bin ich mit Jürgen angeeckt beim Training, da hat er mich böse angeguckt. Aber dann konnten wir uns gut leiden und ich lag bei ihm auf dem Zimmer. Der konnte nie pennen, der ist nachts aufgestanden und hat dann meist im Zimmer noch gedehnt oder andere Sachen gemacht, der war immer vorm Spiel nervös. Der hat immer die großen Tüten Weingummis gegessen, die meine Mutter mir mitgegeben hatte. Von dem habe ich aber eine Menge gelernt, der war ehrgeizig ohne Ende. Jürgen hatte einen super Kopfball und super

Spielstatistik Kickers Offenbach – Rot-Weiß Essen 1:0 (0:0)

 Kickers Offenbach – Rot-Weiß Essen
1:0 (0:0)

So 18.06.1989, 15:00 Uhr
2. Bundesliga 1988/1989, 38. Spieltag
Schiedsrichter: Hans-Peter Dellwing (Trier)

Tor: 1:0 Knut Hahn 59.

Aufstellung Kickers Offenbach:
Bernd Fuhr
Jürgen Baier
Thomas Kloss
Michael Kroninger
Dieter Müller
Reinhard Stumpf
Achim Thiel
Ralf Weber
Mirza Kapetanovic
Knut Hahn
Stefan Schummer

Aufstellung Rot-Weiß Essen:
Volker Diergardt
Dieter Bast
Roman Geschlecht
Michael Griehsbach
Ralf Regenbogen
Jürgen Röber
Uwe Wegmann
Aaron Biagioli
Oliver Koch
Willi Landgraf
Stefan Chmielewski

Wechsel Kickers Offenbach:
Karl Richter
für Dieter Müller (72.)
Wayne Thomas
für Mirza Kapetanovic (82.)

Wechsel Rot-Weiß Essen:
Detlef Laibach
für Uwe Wegmann (30.)
Detlef Dezelak
für Aaron Biagioli (67.)

Schuss. Was der bei Essen geleistet hat – Hut ab. Heute ist er ja noch genauso verrückt.

Als wir das letzte Spiel in Offenbach 0:1 verloren hatten, gab es noch mal Riesentheater und Hans-Günter Neues musste gehen.

Am 1. Juli 1989 wurde dann Hans-Werner Moors sein Nachfolger in Essen. Das war ein ganz ruhiger Typ, der wurd Mufti genannt, weil er immer so muffelig geguckt hat. Ich hab bei ihm immer gespielt. Unter ihm haben wir auch die beste Saison von RWE gespielt, seitdem ich dabei war. Am Ende seines ersten Jahres in Essen sind wir Sechster geworden, am 19. Mai 1990.

Das war sicher auch ein Verdienst von Mario Basler, mit dem ich zwei Jahre zusammengespielt habe. Mario kam zusammen mit Fabrizio Heyer vom 1. FC Kaiserslautern. Das waren zwei ganz dicke Freunde, „Twins" haben wir die immer genannt. Selten hab ich so einen technisch starken Spieler gesehen. Seine Flanken waren wenigstens genauso gut wie die von Beckham. Er hat ja auch eine große Karriere gemacht.

Mario mochte ich direkt. Er war ein lustiger Typ, passte gut in die Mannschaft und war ein Riesentalent. Obwohl er um die Ecke vom Stadion gewohnt hatte, kam er oft zu spät zum Training. Er war ein richtiger Langschläfer. Sicher war sein Lebenswandel in jungen Jahren noch nicht so optimal, aber im Laufe der Zeit hat er ja auch dazugelernt – wie beim Führerschein.

Damals hatte er nämlich noch keinen Führerschein, den hat er erst später in Bremen gemacht. Trotzdem bin ich öfter mit ihm gefahren. Der fuhr super Auto – ohne Führerschein! Als ich das später erfuhr, war ich total überrascht.

Wir hatten ein freundschaftliches Verhältnis. Wenn wir abends zusammen rausgingen, hatten wir immer viel Spaß. Mario war wirklich ein sehr netter Typ, ein herzensguter Mensch. Er hat sich aber nichts gefallen lassen. Einige denken vielleicht anders, aber so ist er. So hab ich ihn kennen gelernt und so ist er geblieben. Zu seinem Abschiedsspiel hatte er mich auch eingeladen, das war am 24. März 2005 in Kaiserslautern – ein Riesenfest. Ich war als einziger Zweitligaspieler eingeladen. Das war für mich eine schöne Sache, so Größen wie Andy Herzog oder Jürgen Kohler mal kennen zu lernen. Später haben wir uns Regensburg noch mal angesehen, als wir mit Aachen im DFB-Pokal da gespielt hatten. Mario war mittlerweile Trainer, es war seine erste Stelle. Wir hatten 3:1 nach Verlängerung gewonnen und Mario war anschließend ziemlich stinkig auf den Schiri. Ich freu mich jedenfalls immer, wenn wir uns über den Weg laufen.

Seit meiner Zeit bei RW Mülheim waren meine Eltern immer mit dabei, haben sich fast alle Spiele angeguckt, auch in dieser starken Saison 89/90. Hans-Werner Moors hat immer etwas defensiver spielen lassen und viel Wert auf körperliche Fitness gelegt.

Mein Glück war in meinen ersten Profijahren, dass ich so einen fußballverrückten Chef hatte und mit Peter Neururer und Horst Hrubesch zwei Trainer, die mich gefördert haben. Sicherlich war auch eine gute Erfahrung, dass ich als junger Spieler schon so viele Trainer hatte und mich immer wieder neu beweisen und durchsetzen musste. Essen war ja ein Klub, der durchaus gut angesehen war in der Zweiten Liga und zu dem auch wieder gerne neue Spieler gekommen sind.

Ich habe meistens Verträge über zwei Jahre gemacht – immer ohne Spielerberater. Die liefen auch früher schon rum. Mich hat aber auch nie einer angesprochen, ich hab das immer alles alleine gemacht – von der Invaliditätsversicherung bis zur Geldanlage. Meine Kollegen haben mir damals gesagt, ich sollte unbedingt eine Invaliditätsversicherung abschließen. Das war das Wichtigste.

Geld konnte ich viel sparen, weil ich ja kaum Ausgaben hatte, nur Sprit, und der war ja damals auch noch billig. Ich hab mein Geld auf die Sparkasse in Mülheim gebracht und ganz sicher auf einem Sparbuch angelegt. Meine ganze Familie hat das Geld dort angelegt und auch heute bin ich dort noch sehr beliebt. Ich bin halt ein sehr treuer Typ, der Sparkasse treu geblieben und auch meinen Frauen.

Insgesamt hatte ich nicht viele Frauen, alle hießen Heike, erst die in Essen, dann die in Homburg. Geboren bin ich im Sternzeichen Jungfrau, das bedeutet „toller Typ". Nein, im Ernst, auf jeden Fall bin ich eins: sehr penibel. Davon können meine Eltern ein Lied singen. Es darf von mir nie einer ein Stück Brot abbeißen, ich brauche immer eine saubere Gabel, wenn ich in den Salat gestochen habe. Der Salat muss immer in einer Extra-Schüssel sein. Keiner darf mit Butter am Messer in ein Nutella-Glas, da gibts die Höchststrafe. Da bin ich schon sehr eigen. Leberwurst darf nicht mit dem gleichen Messer geschnitten werden, mit dem auch Salami geschnitten wird. Das geht gar nicht. Bei Schuhen bin ich auch pingelig. Die müssen immer ganz sauber sein.

Ich weiß nicht, ob das auch unter „pingelig" fällt, aber ich sage zu meiner Tochter immer: „Nach 17 Uhr gibt es keine Schokolade mehr." Dann ziehen mich die Kinder immer auf: „Du kannst froh sein, dass du nicht den Vater von der Aileen hast. Der sagt immer, nach 17 Uhr gibt es keine Schokolade mehr. Iss lieber ein Brot." Die Kinder lachen sich dann immer kaputt.

Ich achte auch auf mein Äußeres, auf Klamotten, rasiere mich immer, trage keinen Dreitagebart, lege Wert auf eine gute Frisur. Ich hab immer frisch ausgesehen, nie verknüddelt. Auf Mode habe ich nicht unbedingt immer geachtet. Da achte ich jetzt mehr und mehr drauf. Früher gab es noch nicht so viele Jeans, die fünfmal durchgewaschen waren und acht Färbungen hatten. Früher waren aber ganz wichtig die Turnschuhe, die man haben musste.

Bei Autos bin ich anders. Da hab ich gelernt, dass es für mich nur ein Gebrauchsgegenstand ist. Das kommt durch meine Lehre. Hauptsache, der Ölstand stimmt. Wie es drinnen aussieht, ist mir egal.

Wenn ich mal meine Zeit als junger Spieler vergleiche mit der heutigen Zeit, muss ich sagen, dass die Youngster es heute viel leichter haben. Heutzutage ist die Harmonie in einer Mannschaft viel größer, die Berührungsängste sind viel kleiner. Früher war für jeden jungen Spieler klar, was er durfte oder nicht, dass er immer die Ballnetze zu schleppen hatte und den Mannschaftskoffer mittragen musste. Der Respekt war einfach größer.

Ich hab früher immer zwei Ballsäcke und die Hütchen getragen, da sind alle an mir vorbeigegangen und keiner hat mit angepackt. Das war ganz normal. Heute machen die Jungen das auch, aber unter großem Murren: „Muss das sein?" oder „Schon wieder?". Die jüngeren Spieler sind heute viel frühreifer, schneller erwachsen, haben schon viel mehr Selbstvertrauen als wir damals. Wir wurden ganz anders erzogen, strenger.

Wir haben ja anders gelebt, waren nicht superreich. Die Zeiten haben sich brutal geändert. Mittlerweile erziehe ich ja auch meine Tochter anders, lege viel Wert auf Disziplin, bin aber trotz allem lockerer.

Leibeigener beim FC Homburg

1990 hatte es noch geklappt mit der Lizenz, aber ein Jahr später ging nichts mehr. RW Essen hatte immer finanzielle Probleme, die Schuldenberge wuchsen immer mehr und am Ende der Saison 90/91 war der Zwangsabstieg von RWE perfekt. Dabei hatten mich die Essener schon Mitte der Spielzeit an Manfred Ommer verkauft.

Damals gab es das so genannte Ommer-Modell. Bei Vereinen, denen es wirtschaftlich nicht so gut ging, hat sich Manfred Ommer praktisch eingekauft. Der hat Essen 100.000 DM gegeben und praktisch Detlef Laibach, Dirk Pusch und mich gekauft. Die Gehälter hat der Verein weiterbezahlt, aber unsere berufliche Zukunft hat dann Manfred Ommer bestimmt. Das war so was wie Menschenhandel. Mein Problem war, dass ich unter seinen Fittichen war und nicht aus dem Vertrag raus konnte. Bei der ganzen Sache bin ich gar nicht gefragt worden – weder von RWE noch von Ommer, der war eigentlich ein ganz ordentlicher Mensch.

Normalerweise hätte ich nach dem Zwangsabstieg ablösefrei wechseln können, weil mein Vertrag nur für die Zweite Liga gültig war und sich so automatisch aufgelöst hatte. Aber der Ommer hat für die Spieler in seinen Fonds immer Ablösesummen verlangt, die er sich dann in seine Taschen gesteckt hat. Früher gab es ja noch Ablösesummen. Der war schon ein cleverer Mann.

Angebote hatte ich damals vom SV Meppen und Homburg. Ich bin sogar damals nach Meppen gefahren und hab Gespräche geführt. Die haben mir sogar 100 DM Spritgeld erstattet. Die waren sehr nett, Horst Ehrmanntraut war Trainer in Meppen und wollte mich unbedingt haben. Das kam aber wegen Ommer nicht zu Stande, weil er unbedingt wollte, dass ich nach Homburg wechsle. Homburg war gerade aus der Bundesliga abgestiegen und Ommer war Präsident. Der damalige Trainer und Geschäftsführer Gerd Schwickert machte in Köln seinen Fußballlehrer und ich hab mich mit ihm vor dem Trainingsgelände von Fortuna Köln getroffen und den Vertrag auf einer Parkbank unterschrieben. Das war schon kurios. Da hab ich mit dem sogar noch um ein paar Mark gefeilscht, der konnte direkt zustimmen, weil er ja auch gleichzeitig Geschäftsführer war. Vielleicht wäre ich woanders gelandet, wenn ich mich hätte frei entscheiden können. Aber Meppen sollte 80.000 DM Ablöse zahlen, das war denen zu viel.

Dass ich als Ruhrpottjunge jetzt auf einmal meine Heimat verlassen musste, war für meine Familie brutal, vor allem für meine Mutter. Von heute auf morgen bin ich ausgezogen, da war ich ruckzuck aus meinem Elternhaus weg. Oh je, da sind Tränen geflossen. Ich hab schnell mit meiner Mutter meine Sachen gepackt und gesagt: „Mutter, ich geh jetzt weiter in der Zweiten Liga spielen und wechsle nach Homburg. Da wohn ich erst mal im Hotel, da werd ich schon versorgt. Und dann such ich mir ne Wohnung. Brauchst dir keine Gedanken zu machen."

Das fand sie auch gut, als sie aber dann mit den Sachen runterkam und ich fahren wollte, dann sind bei uns beiden richtig Tränen geflossen. Ich war ja das erste Mal weg von zu Hause. Gut war, dass es so schnell ging, weil ich noch Termine in Homburg hatte. Mein Vater hat sich auf der einen Seite gefreut für mich, auf der anderen aber seine Gefühle nie so gezeigt. Er hat mir Mut gemacht und gesagt, wir kommen ja jedes Wochenende runter.

Im Nachhinein hat sich für mich rausgestellt, dass es eine schöne Lebensaufgabe war, auch mal von zu Hause weg zu gehen. Mein Zimmer ist allerdings immer geblieben – da stehen mittlerweile ein paar modernere Möbel. Aileen schläft jetzt da, wenn sie mal bei meinen Eltern übernachtet. Das Zimmer hab ich bekommen, als meine älteren Geschwister aus dem Haus waren, sonst hab ich früher immer auf der Schlafcoach bei meinen Eltern im Zimmer geschlafen.

Der Daniel Jurgeleit hat sich nach meinem Wechsel ein bisschen um mich gekümmert. Für mich war das ja auch brutal. Das erste Mal weg von zu Hause, auf eigenen Füßen stehen. Zuerst hab ich im Hotel vom Geitlinger gewohnt, der war 1. Vorsitzender, da hab ich nur trainiert, abends fast nie was unternommen, immer nur Fußballplatz – Hotel.

Nach drei Monaten konnte ich dann in ein Appartement ziehen. Das Gute war, dass wir direkt Erfolg hatten mit Homburg, wir waren am Anfang Tabellenführer in der geteilten Liga, da fiel mir die Umgewöhnung doch leichter. Wir waren in der Aufstiegsrunde, hatten Erfolg im Pokal, haben Bayern München geschlagen und wirklich super Spiele gemacht.

Aber ehrlich gesagt, das Ganze war erst mal ein Kulturschock für mich. Ich kam aus der Großstadt und war jetzt im Saarland beim FC Homburg. Homburg kannte ich nur aus dem Fernsehen, weil die in der Ersten Liga gespielt hatten. Da wusste ich, das ist eine kleine Stadt und bestimmt ist da nicht viel los. Als ich das erste Mal nach Homburg gefahren bin, war ich, ehrlich gesagt, geschockt. Ich bin mit meinem Auto reingefahren auf einer Straße und war schon wieder draußen. Ich hab mich aber schnell an das andere Leben gewöhnt.

Spielstatistik FC Homburg – 1. FC Saarbrücken 4:1 (1:0)

 FC Homburg – 1. FC Saarbrücken 4:1 (1:0)

Mi 28.08.1991, 19:30 Uhr
2. Bundesliga Süd 1991/1992, 6. Spieltag
Schiedsrichter: Eugen Strigel (Rheinzabern)

Tore:	1:0	Matthias Baranowski	39.
	1:1	Jonathan Akpoborie	71. (Elfmeter)
	2:1	Willi Landgraf	79.
	3:1	Michael Kimmel	83.
	4:1	Dieter Finke	87.

Aufstellung FC Homburg:
Hans-Jürgen Gundelach
Matthias Baranowski
Dirk Bastian
Rodolfo Cardoso
Dieter Finke
Bernd Gries
Tobias Homp
Daniel Jurgeleit
Steffen Korell
Neale Marmon
Willi Landgraf

Aufstellung 1. FC Saarbrücken:
Marco Kostmann
Jonathan Akpoborie
Wenanty Fuhl
Michael Kostner
Michael Krätzer
Michael Nushöhr
Michael Preetz
Wolfgang Schüler
Thomas Zechel
Eugen Hach
Nasko Jelev

Wechsel FC Homburg:
Michael Kimmel
für Dirk Bastian (73.)

Wechsel 1. FC Saarbrücken:
Heikko Glöde
für Jonathan Akpoborie (80.)

Karten FC Homburg:

Karten 1. FC Saarbrücken:
Gelb-Rot für Michael Nushöhr (51.)
Gelb-Rot für Michael Krätzer (66.)

Durch unsere Erfolge fiel die Eingewöhnung wirklich leichter. Wir haben in den ersten acht Spielen nur zwei Tore kassiert und 12:4 Punkte geholt. Beim 4:1-Sieg im Lokalderby gegen Saarbrücken habe ich sogar getroffen – gegen meinen früheren Trainer Peter Neururer.

Wegen der Roten Karte im letzten Spiel mit Essen gegen die Stuttgarter Kickers konnte ich einige Vorbereitungsspiele nicht mitmachen und hab nur trainiert. Da war alles nicht so professionell wie vorher in Essen. Wir haben oft in Erbach trainiert und uns in einer Turnhalle umgezogen. Da war alles nicht so geordnet, wie ich das gewohnt war. Früher in Essen hatte jeder seinen Spind mit seinen Sachen. Hier lag jetzt alles in einem Wäschekorb und jeder konnte sich seinen Kram da raussuchen.

Mein Heimweh ist aber etwas verflogen, weil wir halt sportlich erfolgreich waren. Freizeittechnisch lief in Homburg nicht viel. Neben Daniel Jurgeleit war auch Neal Marmon als älterer Spieler so eine Art Ansprechpartner und abends sind wir dann schon mal mit einigen Spielern rausgegangen, aber relativ selten. Neal hat mir dann auch geholfen, ein Appartement zu finden. Allerdings war es für mich als weltoffenen Ruhrpottjungen nicht so leicht, mit den Homburgern warm zu werden. Das liegt schon an der Sprache. Wir sind so offenherzig und temperamentvoll und die waren irgendwie reservierter, ruhiger, sagen immer erst mal: „Ajoo." Die können ganz schwer aus sich rausgehen.

Innerhalb der Mannschaft hatte ich überhaupt keine Anpassungsprobleme. Noch heute sagt mein bester Freund Steffen Korell: „Wie du das erste Mal in die Kabine gekommen bist, das war so offen und positiv, als ob du immer schon hier gespielt hättest." Das hätte der Steffen selten erlebt. Das kannten die Homburger gar nicht, wie ich auf die Leute zugegangen bin.

Was meine erste Heike betraf, muss ich leider sagen: Aus dem Auge, aus dem Sinn. Wir haben uns teilweise noch mal am Wochenende gesehen, aber sie konnte auch nicht immer, weil sie ja auch arbeitete, und die Entfernung war zu groß. Wenn man sich dann nur ab und zu am Wochenende sieht, baut man eine ganz andere Freundschaft auf. Ich hatte neue Leute in Homburg kennen gelernt, meine Schulfreundin hat im Ruhrpott auch neue Leute dazu kennen gelernt, aber ohne mich. Dann lebt man sich zwangsläufig auseinander und wir haben uns dann getrennt – ohne Tränen. Ich hab mich dann nur auf den Fußball konzentriert, keine Affären, keine Frauengeschichten, nix.

Für mich war eine große Umstellung in meinem kleinen Appartement, dass ich selbst spülen, staubsaugen, die Betten machen und putzen musste. Aber ich hatte von zu Hause ja einiges mitbekommen. Aber gekocht habe ich nie, ich bin immer essen gegangen. Mein Appartement war nur zehn Minuten vom Stadion entfernt, Homburg war mit seinen rund 40.000 Einwohnern eh sehr überschaubar. Meine Eltern sind am Wochenende meistens runtergekommen, das waren 350 Kilometer von Mülheim nach Homburg.

Die Klimaschewski-Methode

Unter Gerd Schwickert habe ich beim FC auf der linken Seite angefangen. Die ersten Vorbereitungsspiele konnte ich nicht mitmachen, weil ich noch gesperrt war. Ich hab mir aber auf Anhieb einen Stammplatz erkämpfen können. Ich war positiv überrascht, Gerd Schwickert war ja gleichzeitig Trainer und Geschäftsführer und machte in der Zeit auch noch seine Fußball-Lehrer-Lizenz. Dann hat auch oft der Co-Trainer das Training geleitet. Das war aber gut. Wir sind ja gut in die Saison gestartet, nur die Zuschauerzahl war am Anfang niedrig, so 3.000 etwa. Dann kamen aber immer mehr, weil wir gute Spiele gemacht haben, dann waren es etwa 7.500.

Unvergessen bleibt unser Sieg beim FC Bayern im Pokal, das war am 17. August 1991. Wir haben super gespielt, mit Rudolfo Cardoso hatte ich auf der linken Seite gegen Stefan Effenberg alles im Griff. Vorher hatte noch der Ommer gesagt: „Wenn ihr die Bayern schlagt, kriegt ihr 100.000 DM in die Mannschaftskasse." 4:2 haben wir im Olympia-Stadion gewonnen, Jupp Heynckes war Trainer der Bayern. Wir hatten natürlich auch eine Phase erwischt, wo München nicht gut drauf war. In der Saison sind die auch nur 10. geworden. Das war ein Riesenerlebnis, da haben wir gefeiert ohne Ende und in der Kabine noch gesungen: „Ommer, hol die Kohle raus!" Das Geld haben wir auch bekommen und dann untereinander aufgeteilt.

Die Kameradschaft war riesengroß, es kamen ja auch kaum Spieler aus Homburg, viele kamen von außerhalb.

Von unserem Zusammenhalt haben wir auch gelebt – bis Uwe Klimaschewski am 4. Januar 1993 Trainer wurde. Das war einer, der passte schon damals nicht mehr in die Zeit. Das ging gar nicht. Das Auftreten von ihm bei seinem Amtsantritt in der Kabine mit großen Sprüchen war kaum zu beschreiben: „Ihr spielt um euren Job, ich brauch mir keine Gedanken um meine Existenz zu machen", hat er großspurig gesagt. So nach dem Motto: „Ich hab ausgesorgt, ihr müsst euer Geld noch verdienen." Wenn wir nicht im Stadion trainiert haben, sondern in Erbach, dann kam er meistens schon umgezogen von zu Hause, ist mit dem Auto vorgefahren und hat ein bisschen trainiert. Der hat sich kaum in der Kabine umgezogen.

Auch die Trainingsmethoden waren schon komisch. Bei ihm mussten wir „schubkarrefahren" auf der Tartanbahn. Nach 200 Metern war immer Wechsel und ich hatte immer die Abdrücke von der Tartanbahn auf meinen Händen. Das war kein Trainer, von dem ich was lernen konnte, eigentlich ging der in der Zweiten Liga wirklich gar nicht.

Einmal mussten wir uns in der Turnhalle bis auf die Unterhose ausziehen, dann hat er Fotos von uns machen lassen und die zu einem Freund nach Berlin geschickt. Der konnte dann anhand der Fotos erkennen, wie verletzungsanfällig jeder Spieler ist und ob wir das nächste Spiel gewinnen. Sensationell, so was hatte ich noch nie erlebt. Der hat auch mal einen farbigen Testspieler unter der Dusche den Ball hochhalten lassen, um zu testen, ob der auch im Regen mit dem Ball umgehen kann. Weil in Afrika ja nur die Sonne scheint.

Gegen den Wuppertaler SV war die größte Story, die ich mit dem Trainer erlebt hatte. Die Wuppertaler hatten sich schon warm gemacht, die Zuschauer waren schon im Stadion. Einen Tag vor diesem Spiel waren wir im Hotel, im Golfhotel Juliane in Wuppertal. Vor einem Auswärtsspiel reist man ja in der Regel einen Tag vorher an. Wir hatten aber zu diesem Zeitpunkt viele angeschlagene Spieler, die hatten die Grippe. Plötzlich klopfte es gegen Mitternacht an der Zimmertür, der Trainer stand da und sagte zu mir: „Du hast doch sicher auch was." „Nee", hab ich geantwortet, „nur ein kleines bisschen Halsschmerzen. Das ist aber nicht schlimm." „Alles klar, du bist auch krank.", hat der Trainer dann gesagt. Ich wusste aber gar nicht so recht, was der wollte, was die Fragerei sollte. Am nächsten Tag beim Frühstück hat er dann gesagt: „Wisster was? Wir spielen nicht." Ich dachte: Was ist denn jetzt los? Wir spielen nicht? „Passt auf, wir lassen den Arzt kommen, rufen beim DFB an und sagen, wir können nicht spielen", hat er zu uns gesagt.

Das hat er aber kurz vor knapp gemacht, erst kurz vorm Anpfiff. Da kam ein Arzt, der hat alle untersucht. Einige waren ja richtig krank, andere haben sich krank gestellt und dann blieben nur sechs Spieler übrig und wir konnten nicht antreten, das war früher so.

Der Trainer hat das gnadenlos durchgezogen. Und wie gesagt, die Zuschauer waren im Stadion, die Wuppertaler haben sich warm gemacht und das Spiel wurde dann trotzdem kurzfristig abgesagt. Ich hab den Arzt vom DFB nicht angelogen, hatte nur etwas Halsschmerzen und hab gesagt, dass ich spielen könnte. Das Schlimme war, dass es ja Riesenpalaver gab und fast noch Tumulte. Ich kann mich auch noch an das Nachholspiel erinnern. Das war an einem Mittwoch, es war schweinekalt, wir kommen in das Stadion, die Leute pfeifen uns gnadenlos aus und das Schlimme ist: Wir gewinnen 1:0 und fahren nach Hause. So was konnte nur der Klimaschewski machen.

Er wurde immer schlimmer und sein Training katastrophaler. Der war nicht mehr tragbar für die Mannschaft. Wir hatten immer dienstags Stammtisch im Bistro in Zweibrücken, da haben wir immer zusammen was getrunken und gegessen und immer Spaß gehabt. Und dann haben wir uns da auch mit der Mannschaft zusammengesetzt und gesagt: „Das geht nicht!" Aber der Geitlinger wollte das nicht hören. Wir haben gesagt, mit dem Klimaschewski schaffen wir den Klassenerhalt nicht. Dann haben wir an einem Abend eine Geheimwahl gemacht: 20:0 gegen den Trainer – bei einer Geheimwahl! Abends sind wir noch zum Geitlinger gefahren, haben ihm gesagt, dass wir nicht mehr mit Klimaschewski zusammenarbeiten wollen. Der hat dann Riesentheater gemacht, gesagt, dass wir dann keine Kohle mehr bekämen und alles hingeschmissen, weil wir hart geblieben sind. Wir haben dann dem Trainer in der Kabine gesagt: „Wir trainieren nicht mehr unter Ihnen." Da hat er das dann kapiert und ist abgehauen.

Den Ommer hatten wir immer seltener gesehen, weil der sich wegen der Sache auch mit dem Geitlinger verkracht hatte und auch vorher schon sein Ding machen wollte. Dann haben sie noch mal nen neuen Trainer geholt. Der war aus der Stadt, hatte ein Sportgeschäft und war früher Spieler in Homburg gewesen. Er hieß Manfred Lenz und war ein netter Mann. Dass wir den Klassenerhalt geschafft haben, war aber nicht ein Verdienst des Trainers, sondern lag an dem super Zusammenhalt in der Mannschaft.

Ich hätte auch nach den drei Jahren in Homburg bleiben und weiter zweite Liga spielen können, hatte aber vorher schon gesagt, dass ich gehe. Mein Heimweh war zu groß. Ich wollte zurück in den Pott. Ausgerechnet Dieter Bast, bei dem ich früher gearbeitet hatte, wurde Sportdirektor bei RW Essen.

Spielstatistik Hallescher FC – FC Homburg 0:1 (0:0)

 ## Hallescher FC – FC Homburg
0:1 (0:0)

Sa 28.09.1991, 15:00 Uhr
2. Bundesliga Süd 1991/1992, 11. Spieltag
Schiedsrichter: Jürgen Jansen (Essen)

Tor: 0:1 Rodolfo Cardoso 78.

Aufstellung Hallescher FC:
Jens Adler
Karsten Neitzel
Frank Schön
René Tretschok
Dariusz Wosz
Uwe Lorenz
Giesbert Penneke
Sergej Gotsmanov
Dirk Wüllbier
Volker Wawrzyniak
Lutz Schülbe

Aufstellung FC Homburg:
Hans-Jürgen Gundelach
Matthias Baranowski
Rodolfo Cardoso
Bernd Gries
Tobias Homp
Daniel Jurgeleit
Michael Kimmel
Steffen Korell
Neale Marmon
Willi Landgraf
Patrick Schmidt

Wechsel Hallescher FC:
Uwe Machold
für Dirk Wüllbier (53.)
Alexander Löbe
für Lutz Schülbe (78.)

Wechsel FC Homburg:
Uwe Kasper
für Matthias Baranowski (68.)

Karten Hallescher FC:
Gelb-Rot für Volker Wawrzyniak (77.)

Karten FC Homburg:
Rot für Willi Landgraf (88.)

Rückkehr in den Pott

Ich hatte eine Rote Karte bekommen bei unserem 1:0-Sieg in Halle und musste zur Strafe bei einer Modenschau mitmachen. Gerade ich, 1,66 groß, bei ner Modenschau. Und dann im größten Center von Homburg, da waren 600 Leute da. Und wie das immer bei mir war, passte nie was. Ich sah aus wie Klüngel-Pit.

Und Heike, meine jetzige Frau, arbeitete in einem Schmuckgeschäft. Die hat uns dann Schmuck dran getan und Uhren. Sie wusste nicht, dass ich Fußballer war, hatte null Ahnung von Fußball. Weil ich ein freches Mundwerk hatte und aus dem Ruhrgebiet kam, fand sie mich am Anfang arrogant. Heike dachte zu dem Zeitpunkt: „Was ist das denn fürn Fatzke?"

Als ich die Heike das erste Mal gesehen hatte, hab ich mich direkt in sie verschossen, volle Kanüle. Die war damals schon bildhübsch, hatte Naturlocken. Irgendwie musste ich jetzt ins Gespräch kommen mit der Frau. Ich hab früher nie Uhren getragen, nie. Auf einmal fand ich eine Uhr so schön und bin über die Uhr mit ihr ins Gespräch gekommen.

Da hab ich gefragt: „Was machst du denn so? Wo ‚wohnst du?" „Ich mache dies und das und arbeite, wie du ja schon mitbekommen hast, im Schmuckgeschäft. Wohnen tu ich bei meinen Eltern." „Und wer wartet auf dich zu Hause?" „Meine Katze Daisy, mein Nymphensittich Pacco und vielleicht meine Eltern." Die ganze Fragerei ging ihr wohl auf den Keks und sie sagte: „Wenn du wissen willst, ob ich einen Freund habe, frage doch direkt danach! Ich habe zurzeit keinen Freund!" Sie hatte es auf den Punkt gebracht, genau das wollte ich wissen.

Am Abend hatte ich einen Bockbieranstich im Homburger Brauhaus, zu dem ich sie eingeladen hatte, aber sie kam nicht.

Erst hatte ich ein paar Tage frei und war zu meinen Eltern nach Mülheim gefahren. Eine Woche später bin ich dann mal zu ihr in den Laden rein. Der Laden war brechend voll und jeder hatte mich gefragt: „Kann ich Ihnen helfen?", und ich sagte immer: „Nee, nur eine kann mir helfen", und hab auf Heike gezeigt. Und die hat ne Bombe bekommen, ist knallrot geworden. Ich bin zu ihr gegangen und hab mir die Uhr gekauft.

Die hab ich heute noch – als Erinnerung an unser Kennenlernen in Homburg. Wir sind ins Gespräch gekommen und ich hab ihr erzählt, dass ich Fußballer bin. „Ausgerechnet ein Fußballer, was will ich mit einem Fußballer?" hat sie gedacht. Das hat sie mir später mal gesagt.

Wir haben uns aber direkt super verstanden und ich hab sie zum Essen eingeladen. Heike hatte sich schon Gedanken gemacht, mit was für einem Auto ich vorfahre, mit einem Mercedes oder so. Und dann kam ich mit meinem Renault Clio an. Ich hab sie von zu Hause abgeholt und wir sind in eine Pizzeria gegangen und haben eine Pizza gegessen. Anstandsgemäß, wie sich das gehört, hab ich sie nach Hause gefahren.

So hat sich das alles entwickelt. Heike ist erst bei ihren Eltern ausgezogen in eine eigene Wohnung, weil sie noch nie alleine gewohnt hatte. Nach ein paar Monaten ist sie in mein Appartement eingezogen. Da haben sich ihre Katze und ihr Nymphensittich wohler gefühlt. Später sind wir nach Bexbach gezogen, da hatte Heikes Tante eine Anliegerwohnung. Das war klasse, wir durften uns alles selber einrichten. Früher war Flieder in. Wir hatten alles in Flieder, Küche in Flieder, Wände in Flieder, Türen in Flieder, Garnitur in Flieder – alles in Flieder.

In Bexbach war auch eine Kaserne für eine Sportfördergruppe, da waren aber nur Ruderer und Badmintonspieler. Da ist nie ein Fußballer gewesen. Es gab aber einen Oberstabsfeldwebel, der war auch beim FC Homburg. Der hat mich mal angesprochen und so bin ich nach Bexbach zum Bund gekommen. Drei Monate Grundausbildung hatte ich, Übernachtung und Frühstück, dann bin ich immer zum Training gegangen. Alle haben mich super unterstützt. Und zum Dank habe ich alle Mann mal eingeladen, die ganze Kaserne, das waren so 500 Leute. Der Verein hat das auch ermöglicht und alle konnten zu einem Heimspiel kommen.

Am 5. Juni 1992 habe ich in Homburg meine Heike geheiratet, erst standesamtlich und am 6. kirchlich. Der Termin passte gut nach der Saison, da konnten auch alle. Polterabend hatten wir vorher im Ruhrgebiet bei meinen Freunden gemacht. Wir sind beide evangelisch.

Meine Frau wollte unbedingt kirchlich heiraten. Das war für mich kein Problem. Eigentlich bin ich nicht so ein gläubiger Mensch. Ich bin kein Kirchengänger, glaub aber schon an viele Sachen. Mit dem lieben Gott konnte ich eigentlich nie so viel anfangen. An Schicksal glaube ich aber schon, an Vorbestimmung oder so Gedankenübertragung. Wenn jemand dich anrufen will und du rufst den im selben Moment an. Gläubig war ich noch nie. Aber ich muss sagen, dass ich manchmal vor ganz schwierigen Spielen doch gebetet habe.

Hat sich der liebe Gott vielleicht doch dran erinnert, dass ich was in den Klingelbeutel reingetan hab. An ein Leben nach dem Tod glaube ich eigentlich auch nicht. Es wäre schön, wenn es noch ein Leben nach dem Tod gäbe. Aber vielleicht komme ich später ja noch mal auf die Welt, so denke ich.

Mein letztes Spiel für Homburg habe ich in Berlin gemacht. Und wenn man sich mal die Aufstellung anguckt, sieht man, wie

Spielstatistik Hertha BSC Berlin – FC Homburg 1:0 (1:0)

 Hertha BSC Berlin – FC Homburg
1:0 (1:0)

So 06.06.1993, 15:00 Uhr
2. Bundesliga 1992/1993, 46. Spieltag
Schiedsrichter: Wieland Ziller (Pulsnitz)

Tor: 1:0   Carsten Ramelow   7.

Aufstellung Hertha BSC Berlin:
Marco Sejna
Uli Bayerschmidt
Daniel Scheinhardt
Gerald Klews
Marco Zernicke
André Winkhold
Mario Basler
Niko Kovac
Carsten Ramelow
Theo Gries
Sven Demandt

Aufstellung FC Homburg:
Peter Eich
Torsten Wruck
Thomas Kluge
Bernd Dudek
Tobias Homp
Willi Landgraf
Rodolfo Cardoso
Christiaan Pförtner
Peter Müller
Sergio Silvano Maciel
Michael Hubner

Wechsel Hertha BSC Berlin:
Ayjan Gezen
für Sven Demandt (74.)
Frank Schmöller
für Mario Basler (74.)

Wechsel FC Homburg:
Thorsten Lahm
für Christiaan Pförtner (68.)
Gerhard Kohns
für Michael Hubner (87.)

viele Spieler da was mit Aachen zu tun hatten: Daniel Scheinhardt, Marco Zernicke, André Winkhold und Theo Gries – die haben alle mal bei der Alemannia gespielt.

Mich hatte aber das Heimweh gepackt. Meine Frau freute sich auch, mal rauszukommen aus Homburg und mal zu gucken, wie das so ist in der Großstadt. Sie wollte unbedingt was Neues kennen lernen.

Ich hatte zuerst eine Übergangswohnung in Essen – 62 Quadratmeter in der Donnerstraße. So war die auch. Vorne raus war Straßenbahn und viel befahrene Straße, hinten raus ist der Zug gefahren und hat immer gehalten, ehrlich, ohne Quatsch. Das war Wahnsinn, die Donnerstraße kreuzte direkt am Donnerberg. Die Katze konnten wir gar nicht mitnehmen, die haben wir immer bei der Mutter gelassen. Die hat das gar nicht ausgehalten, die ist gar nicht aus der Ecke rausgekommen vor lauter Angst. Bei der Tante Mena in Bexbach hatten wir auch noch einen Garten, da hatte die Katze auch noch Auslauf und jetzt bei dem Krach in der Donnerstraße – das war für die Katze sicher auch ein Naturschock gewesen. Meine Frau musste sich in der Großstadt Essen auch erst mal zurechtfinden. Von der Donnerstraße bis zu ihrer Arbeitsstelle hat sie manchmal bis zu zwei Stunden gebraucht, obwohl das gar nicht so weit war. Am Anfang hat sie sich oft verfahren, damals gab es ja noch keine Navigationssysteme. Da musste sie sich durchfragen. Mittlerweile kennt sie sich in Essen viel besser aus als ich.

Damals hatten wir nur aus Kisten gelebt. Ich hatte mir gar nichts geholt, sondern das ganze Geld gespart. Ich hatte mir gesagt: Erst wenn du zurückgehst, dann kaufste dir alles neu. Oft haben wir sogar bei meinen Eltern geschlafen, weil es in der Donnerstraße zu laut war und wir kaum schlafen konnten.

Später hab ich mir dann in Bottrop eine Eigentumswohnung gekauft, in der wir jetzt noch leben. Ehrlich gesagt, hatte

Heike erst mal etwas Heimweh zu ihren Eltern und ihren Freundinnen in Homburg. Aber die Liebe zu mir war so groß, dass sie geblieben ist.

Mama im Dirndl, Willi in kurzer Hose: Da kam 1974 beste Laune auf.

World-Cup-Willi: Der Sechsjährige im grünen Ruhrpott

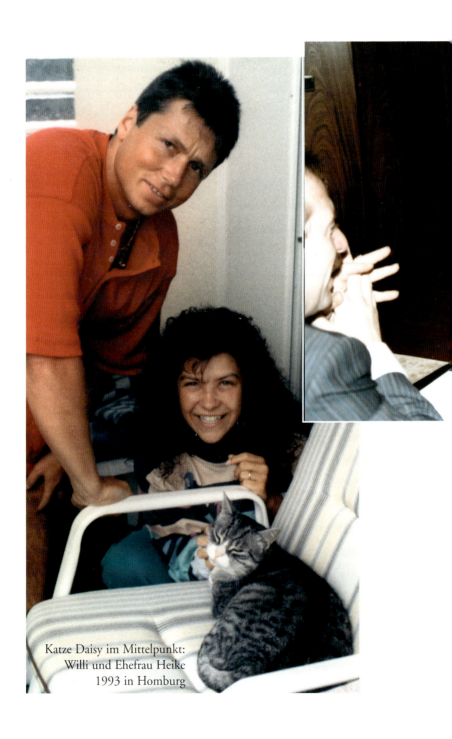

Katze Daisy im Mittelpunkt:
Willi und Ehefrau Heike
1993 in Homburg

Glücklicher Moment: Heike und Willi 1992 im Standesamt Homburg

Die D-Jugend von RW Mülheim auf Tour: Willi und sein Freund Ingo in Österreich

Ausflug ins Berliner Olympiastadion:
Mama und Papa Landgraf mit Schwester Heike
und Schwager Wolfgang beim Pokalendspiel
zwischen Werder Bremen und RW Essen
im Jahr 1994.

Gruppenbild mit Willi: Familie Landgraf mit
Schwager Wolfgang, Schwester Heidi, Bruder Udo,
Schwester Elke und Schwager Manni (oben von
links) sowie Papa Wilfried, Willi und Mama Liselotte

Gutes Debüt von Willi Landgraf

Riesenlob für den „Kleinen" vom „Langen"

„Hoffentlich ist der Kleine nicht zu heiß", war RWE-Trainer Horst Hrubesch vor dem Anpfiff besorgt. Doch die Befürchtungen des „Langen" waren nicht angebracht. Willi Landgraf, 18jähriger A-Jugendspieler von Rot-Weiß, unterliefen zwar bei seinem Debüt in der RWE-Zweitligatruppe einige Patzer und Stellungsfehler, doch unter dem Strich blieb festzuhalten: Aus dem Kleinen kann mal ein Großer werden! Und auch Hrubesch lobte: „Er hat sehr gut gespielt."

„Och ja, ich glaube, ich kann zufrieden sein", strahlte Landgraf nach dem Schlußpfiff. Da war auch der Wadenkrampf vergessen, der ihn eine Viertelstunde vor dem Schlußpfiff kurzfristig außer Gefecht gesetzt hatte. „Das Tempo ist schon erheblich höher, und man macht zwangsläufig viel mehr Meter. Aber davor habe ich keine Angst", ist der 18jährige zuversichtlich, daß er mit den routinierten Profis Schritt halten kann.

Bei Rot-Weiß Mülheim lernte Willi Landgraf das Fußballmitglied Klaus Bimmermann eine Lehre als Kfz-Mechaniker absolviert.

Als Vertragsamateur kann der 18jährige in der kommenden Saison auch für die rot-weiße Amateurmannschaft spielen. Allerdings, so Bimmermann, erhält sein Schützling die gleichen Chancen, unter Profibedingungen zu trainieren, wie alle anderen aus dem Zweitliga-Kader.

Um ein Haar hätte sich Erstligist Fortuna Düsseldorf den Verteidiger an Land gezogen,

Willi Landgraf stapfte nach dem Schlußpfiff zufrieden mit RWE-Kapitän Dirk Pusch (rechts) vom Platz. Der kleine Abwehrspieler aus der rot-weißen Jugend, der wie Pusch von Rot-Weiß Mülheim zur Hafenstraße gewechselt war, bot gegen den 1. FC Saarbrücken eine sehr ordentliche Leistung. Klar, daß er auch das Publikum auf seiner Seite hatte. Die „Williiii"-Rufe haben die Fans noch nicht verlernt und ließen sie am Samstag des öfteren ertönen.
NRZ-Foto: Jörg Werth

Neue Rheinische
Zeitung vom
1. Juni 1987

Bast und sein ...
machen RWE dic...

VON WILFRIED PASTORS

„Williiii..." brüllt Libero Dieter Bast über den Trainingsplatz und zeigt mit gestrecktem Arm nach links. Sofort setzt sich Außenverteidiger Willi Landgraf (19) in Bewegung, schirmt die linke Seite ab.

Seit dem Spiel in Saarbrücken ist Dieter wieder Abwehrchef bei Rot-Weiß Essen. „Von hier kann ich das Spiel besser ordnen, meine Leute dirigieren", erklärt der Routinier (38).

Davon profitiert vor allem Nachwuchsmann Landgraf.

Aber nicht nur auf dem Fußballplatz kann „Turbo-Willi" von Dieter Bast viel lernen.

Der kleine Außenverteidiger ist „Stift" in Dieters Autohaus, lernt im 2. Jahr Kfz-Schlosser. Damit er auch im Fußball weiterkommt, stellt sein Chef ihn zum Training frei.

Mit Erfolg: der kleine Terrier hat sich einen Stammplatz erkämpft.

Gegen Bayreuth macht er morgen mit seinem Boß bei Rot-Weiß dicht.

Und wenn er marschiert, toben die Fans: „Williiii..."

Bild-Zeitung vom
16. Oktober 1987

„Aber klar, Chef..." ... schmunzelt Willi Landgraf (rechts). Er geht bei Dieter Bast (links) in die Lehre – auf dem Fußball-Platz und in der Auto-Werkstatt.

Wieder ist der kleine RWE-Verteidiger Willi Landgraf schneller dran! Hier jagt er dem Saarbrückener Foda den Ball ab und leitet einen Essener Angriff ein. Links Uwe Neuhaus.

WAZ vom 17. Oktober 1987

Für Torjäger Regenbogen
Rot-Weiß weiter mit den

Es ist schon kurios. Da treffen in der Woche vor RW Essens Heimspiel am Samstag, 15.30 Uhr, gegen den Aufsteiger Spvg. Bayreuth immer neue Hiobsbotschaften an der Hafenstraße ein, weil etliche Stammspieler entweder verletzt sind oder ihr Einsatz gefärdet ist. Und dennoch hat Trainer Peter Neururer auf manchen Positionen die Qual der Wahl, so daß trotz der Personalsorgen einstige Stammspieler auf der Reservebank sitzen werden.

Beispiele: Im offensiven Mittelfeld kämpfen gleich drei Spieler um einen Platz: Artur Jeske, der seine Oberschenkelzerrung auskuriert hat, Hubert Schmitz, der im Training und beim Testspiel in Uerdingen überzeugte und das Reservisten-Dasein leid ist, und Uwe Wegmann, der den Vorzug vor den anderen beiden erhält.

Im Sturm spielt Volker Abramczik in der Spitze, da Torjäger Regenbogen endgültig ausfällt. Der Mittelstürmer hat noch immer Probleme mit seinem Außenband, obwohl sein zu kurzes Bein inzwischen mit Einlagen und ei Spezialschuh ausgeglic wurde.

Keine Alternativen Neururer in der Abwehr Peter Stichler mit sei nicht heilen wollenden bestenfalls auf der Rese bank sitzt, erhält Nachwu spieler Willi Landgraf ein neute Chance. Den 19jähr Verteidiger bezeichnet ner Neururer derzeit noc „Notnagel", doch ist er d überzeugt, daß Landgraf nen Weg machen wird

VE 4:0! Riesenspiel!
ns feiern „Williiii!"

!" hallte es von den nn der kleine Essener diger (1,65 m) nach te. Die Rotweiß-Fans neuen Liebling: Willi B), der beim 4:0 Sieg icken sein erstes Spiel s machte.

Willi trat gleich kräftig dazwischen, ging immer wieder mit nach vorne. Lobte Horst Hrubesch: „Toll, wie frech der Kleine spielt." Gipfel der "Frechheit": Er "tunnelt" Saarbrückens Basenach, die Fans tobten.

Der KFZ-Lehrling wurde ganz verlegen: „Ich hatte richtig Angst, als die Zuschauer immer 'Williiii' riefen".

Ob Dirk Heitkamp nächste Saison in Köln spielt, entscheidet sich in dieser Woche. Rot-Weiss will 700 000 Mark und Dezelak als Zugabe.

w.p.

BILD vom 30. Mai 1987

irmt Abramczik
cken zur Wand

tens in der nächsten Sai- ammspieler ist.
wohl die Rot-Weißen un- eter Neururer mit 4:4 ten ihre Leistung stabili- haben, geht es für sie in eimspielen nach wie vor Kopf und Kragen". Ein sieg gegen die Spvg. Bay- , die in diesem Fall über- wird, ist Pflicht. Denn ner Niederlage würde es Essener allmählich kri- und ein Unentschieden uch nicht viel weiter. aunlich ist allerdings, ie Bayreuther noch auf

dem 15. Rang hocken. Denn nach Aussage von Peter Neururer besitzt der Gegener eine ganz starke Mannschaft mit solch überragenden Spielern wie Torwart Grüner, dem vor kurzem erst verpflichteten Berliner Bernd Gerber und Wohland im Mittelfeld sowie den Stürmern Scheler und Stockinger,

Rot-Weiß: Kurth - Bast - Koch, Pusch, Landgraf - Neuhaus, Helmig, Laibach, Wegmann -Abramczik, Pröpper. - Reserve: Gebauer, Jeske, Schmitz, Ehlers. - Verletzt: Mäurer, Noruschat, Stichler, Regenbogen.

KLAUS FLEISS

WILLI LANDGRAF: Bald mehr als nur ein „Notnagel".

2:0-Sieg gegen Wagnerstädter aber...

Nur Landgraf hatte Musik in den Beinen

Von DIRK HAUTKAPP

Neue Rheinische Zeitung vom 19. Oktober 1987

Willi Landgraf, Jeskes Fallrückzieher und...dann fällt es schon sehr schwer, dem Fußball-Zweitliga-Spiel Rot-Weiß Essen gegen SpVgg Bayreuth positive Seiten abzugewinnen. 2:0 (1:0) hieß es am Ende. Essen hatte gewonnen. Zwei Punkte mehr auf dem Konto. Aber richtig freuen mochte sich nach 90 Minuten kaum jemand. Die Spieler nicht. Der Trainer nicht. Die Zuschauer...viele haben den Schlußpfiff erst gar nicht abgewartet.

Und in der Tat. Was die Platzherren zumindest in der ersten Hälfte anzubieten hatten, kann getrost unter der Rubrik „Belangloses" abgehakt werden. Abstimmungsfehler, Fehlpässe, eigensinnige Alleingänge – RWE hatte so ziemlich alles auf Lager, was das Fußballherz nicht begehrt. Lediglich einer ragte aus der tristen Einfältigkeit heraus: Publikumsliebling Willi Landgraf, der seine Leistung in der 55. Minute fast mit einem Tor gekrönt hätte.

Zu diesem Zeitpunkt führte RWE – dank Fortuna und der Sonne – mit 1:0. Uwe Wegmann hatte sich kurz vor der Pause (42.) ein Herz gefaßt und aus 25 Metern abgezogen. Torwart Grüner stand, wie Bayreuth-Trainer Mahr nach dem Spiel spitz bemerkte „Pate", und der Ball tanzte plötzlich in den Maschen.

Nach dem Wechsel konnte sich RWE bei Schiedsrichter Steinborn bedanken, der ein elfmeterreifes Foul an Schneider nicht ahnden mochte. Auf der Gegenseite rehabilitierte sich Grüner, der Chancen von Laibach, und Wegmann zunichte machte. In der 68. Minute brachte RWE-Trainer Neururer Jeske für den enttäuschenden Abramczik. Ein Glücksgriff, denn eben dieser Jeske war es, der in der 89. Minute im Gewimmel vor dem Bayreuther Tor die Übersicht behielt und per Fallrückzieher zum 2:0-Endstand einschoß.

● Für Gesprächsstoff hinter den Kulissen sorgte eine erst jetzt bekanntgewordene Entscheidung, die am vergangenen Donnerstag gemeinsam von RWE-Präsidium und Verwaltungsrat getroffen wurde. Danach wurde Mittelfeldspieler Hubert Schmitz eine dreiwöchige „Denkpause" (sprich Tribünenplatz) verordnet, da, so Präsident Rolf Neuhaus, „bei Schmitz ein krasses Mißverhältnis zwischen Leistung und Bezahlung festgestellt worden ist". Trainer Neururer, zu diesem Punkt befragt, verweigerte zunächst jeglich Stellungnahme, erklärte jedoch hinterher, daß er gegen die Entscheidung der Vereinsspitze gewesen sei. **(siehe Einwurf)**

Form-Barometer RWE

Super	
Stark	Landgraf
Mittel	Helmig, Pröpper, Kurth, Koch, Neuhaus, Bast, Jeske
Schwach	Laibach, Wegmann, Pusch, Abramczik

Wegmann am Boden (großes Foto), Bast „kopflos" (kleines Foto). Zwei nicht untypische Szenen für die Partie – auch wenn Essen am Ende mit 2:0 gewann. NRZ-Fotos: Ulrich von Born

Neue Rheinische Zeitung
vom 3. Juli 1991

Fußball: Auch Pusch ist auf dem Sprung

Herber Schlag für Rot-Weiß: Landgraf geht

Die Bemühungen des Zwangsabsteigers Rot-Weiß Essen eine schlagkräftige Mannschaft für die Oberliga zusammenzustellen, erhielten gestern einen Rückschlag. Spielertrainer Jürgen Röber muß ohne Willi Landgraf planen. Der 1,67 Meter kleine Mittelfeldspieler kehrt der Hafenstraße nach sechs Jahren den Rücken und versucht sein Glück künftig im Saarland. Gestern morgen unterschrieb der 22jährige einen Vertrag in Homburg und nahm bereits am gestrigen Training des Zweitligisten teil. Erfolgsmeldungen gab es allerdings im Falle von Chmielewski und Lipinski (Schöppingen).

Außerdem stehen Abschlüssen mit Kurth und Kontny aus dem alten Zweitliga-Stamm unmittelbar bevor. Auf der Suche nach entsprechenden Arbeitsstellen wurde RWE offenbar fündig. „Mit Kurth und Kontny müßte alles klar gehen", meinte Röber gestern.

Der 37jährige trug Landgraf die Entscheidung zu gehen nicht nach. „Damit mußte man rechnen". In einem Gespräch mit der NRZ betonte Röber: „Meiner Meinung nach konnte er nicht anders handeln. Für ihn persönlich ist es wichtig zu wechseln. Vielleicht hat er sogar die Chance, sich dort noch weiter zu entwickeln. Hier in Essen hatte er ja schon beachtliche Fortschritte gemacht. Aber da ist auch nicht mehr drin."

Noch offen ist die sportliche Zukunft von Libero Dirk Pusch. Durchaus möglich, daß Pusch seinem bisherigen Trainer Hans-Werner Moors nach Münster folgen wird, sofern die Preußen im bezahlten Fußball bleiben. Moors: „Wenn Mainz endgültig keine Lizenz erhält, wäre der Dirk für uns natürlich ein hochinteressanter Mann, zumal die Preußen im Vorjahr riesige Abwehrprobleme hatten."

Burkhard Steiner, der in den RWE-Planung keine Rolle mehr spielt, scheint bei der Suche nach einem neuen Verein fündig geworden zu sein. Zweitligist Carl-Zeiss Jena, der von Klaus Schlappner trainiert wird, bekundete reges Interesse an dem Abwehrspieler. Steiners Plus: Er ist ablösefrei.

● Fest steht seit gestern nachmittag, daß Rot-Weiß keinen Versuch unternehmen wird, mit dem Gang vors Ständige Schiedsgericht die Lizenz zu erreichen. RWE-Schatzmeister Bredendiek betonte: „In Absprache mit Rechtsanwalt Dr. Reinhard Rauball nehmen wir Abstand von dieser Möglichkeit. Die Aussichten auf Erfolg sind einfach zu gering. Außerdem sind die Kosten nicht unerheblich. Die dafür benötigten 60 000 DM können wir an anderer Stelle besser ausgeben."

tom/saha

„Willi-Rufe" wird es an der Hafenstraße nicht mehr geben: Der Publikumsliebling sah in Essen keine Perspektiven mehr und schloß sich Homburg an.

Adel verpflichtet: Landgraf hielt Homburg auf dem Thron

Sein Tor bedeutete die Wende zum 4:1 (1:0) gegen FCS

■ Von unseren Redaktionsmitgliedern
CLAUDIA SCHLEICH und
MICHAEL KLEIN

Als das Flutlicht müde wurde, lux-durchtränkte Schneisen ins dunkle Rund des Homburger Waldstadions zu fräsen, drehte sich Willi Landgraf fast verstohlen um: In riesigen Lettern prangte sein Name an der Anzeigetafel; letzte Ehrbezeugung der Stadionregie an jenen Mann, der mit seinem Treffer zum 2:1 in der 78. Minute endgültig die Weichen auf den späteren 4:1(1:0)-Sieg für Grün-Weiß gegen Blau-Schwarz gestellt hatte.

Alle Wut der Welt habe er dem Ball mit auf die Reise gegeben, als er das Leder aus halblinker Position am Saarbrücker Schlußmann Kostmann vorbei in die Maschen drehte. „Wir mußten die ja schon viel früher wegputzen", machte er nur allzu deutlich, daß der Stachel der Enttäuschung sich tief in das Fleisch des neuen Homburger Publikumslieblings („in Essen war ich das auch schon, weil meine ehrliche Art bei den Fans ankommt") gebohrt hatte. Die Enttäuschung darüber, daß die Gastgeber den Saarbrückern nach 71 Minuten und der Führung von Jurgeleit aus der 39. Minute den Ausgleich durch Akpobories Strafstoß erlaubt hatten.

Signale durch den Bahnhofsvorsteher

Zu einem Zeitpunkt, als der 1. FCS nur noch neun Spieler auf dem Platz hatte, weil der Unparteiische Strigel aus Tuttlingen zweimal die vor dieser Runde eingeführte Matchstrafe zur Anwendung gebracht hatte. Im Hauptberuf Bahnhofsvorsteher im idyllischen Horb am Neckar, bedeutete der Pfiff des 41jährigen nach jeweils vorangegangener gelben Karte die keinesfalls planmäßige, weil verfrühte Abfahrt der Saarbrücker Michael Nushöhr und Michael Krätzer („der Schiedsrichter hat uns von der ersten Minute an benachteiligt, später fehlte uns die Kraft, die Unterzahl zu egalisieren") zum vorzeitigen Duschen. Beiden wurde Homburgs neben Cardoso und Landgraf herausragender Akteur an diesem Abend, Steffen Korell, zum Verhängnis; beide sehen sich als Opfer der Strigelschen Kartenspielertricks. Und beide erhielten Rückendeckung ihres Trainers Peter Neururer, der sich, „obwohl ich schon oft Kunde bei Kindermann war", den Seitenhieb nicht verkneifen konnte, „daß es ja wohl nicht angehe, daß der Schiedsrichter mit seinen Pfiffen die Taktik einer Mannschaft bestimme". Strigel sah dies anders, hob — nachdem er sich kurz akribisch geföhnt, die Krawatte vorschriftsmäßig gebunden hatte — darauf ab, daß beide Akteure mit gelb vorbelastet und sich der Konsequenzen eines weiteren rüden Fauxpas durchaus hätten bewußt sein müssen.

Akpoborie schoß selbst

Klare Worte ebenso beim Saarbrücker Ausgleich, der gleichfalls auf die akustische Intervention des Schiedsrichters zurückging. Eine Attache des Homburgers Bastian gegen Akpoborie bewertete er als Foul im Strafraum, Akpoborie ließ sich die Chance nicht entgehen, verwandelte — obwohl selbst zu Fall gebracht — zum 1:1-Zwischenstand.

„Danach hätten wir das 2:1 machen müssen", ärgert sich Kapitän Nushöhr („wir spielen in dieser Saison ja noch dreimal gegen die Homburger") auf der Saarbrücker Bank über die Unterlassungssünde seines Teamgefährten Preetz (73.), die die Hom-

Toooooor: Homburgs Willi L

burger endgültig aus der Le
„Nach der Dezimierung d
ben wir so ziemlich alles f
was wir nur konnten", sol
Schwickert nach dem Abp
Mit der Einschränkung, daß
Wunder gewirkt habe. „Da
schockt", sagt Landgraf.

Daß ausgerechnet er die
freute ihn besonders: Sein
nach Homburg gekommen.
din Heike mitgebracht. Im
men mit rund 15 000 Zuscha
auch der in Sachen Pokal sp
fan Kuntz-Vater Günther, so
werden, wie sich der bis da
schönste Geschenk zum ge
burtstag machte. Ein Präs
sogar leichter machte, die
men mit der Crew des FCH
bringen.

Auch die Kollegen hatter
was gegen den neuen Pau
Dauerbelastung englischer
Samstag gastierte der FCH
spielt am Dienstag gegen L
Freitag gegen Jena") einzuw
nach Steak und Nudeln m

Krätzer kann es nicht fassen: Als zweiter FCS-Spieler nach Nushöhr schickt ihn der Unparteiische vorzeitig vom Platz.

Saarbrücker Zeitung
30. August 1991

seinen Treffer zum 2:1, zu den ersten Gratulanten gehört Bernd Dudek.
Fotos: Hartung

abschließenden Tore von Kimmel (83.) und Finke (87.) zu feiern, außerdem etwas für die Kameradschaft zu tun.

Derweil machte sich der Saarbrücker Mannschaftsbus, in dem außer verschwitzten Trikots auch die erste Niederlage der Saison verstaut werden mußte — von der Polizei auf den ersten Metern eskortiert — auf den Heimweg in die Landeshauptstadt. Rund 30 Kilometer, die sicherlich zu kurz waren, die Gründe des Saarbrücker Versagens zu ergründen. „Da waren Schwächen im mentalen Bereich, die müssen wir hinterfragen", übte sich der aus den letzten turbulenten Wochen gestärkt hervorgegangene Präsident Norbert Walter in ersten Situationsanalysen, derweil der schwergewichtige Homburger Vorsitzende Udo Geitlinger Walters Amtsbruder Manfred Ommer quietschvergnügt einen Seitenstüber nach dem anderen verpaßte. „Absolut verdient", war sich die Homburger Chefetage einig, sei der Sieg für die eigene Equipe gewesen. Der FCS und sein Trainer hätten sich das Debakel selbst zuzuschreiben, hatten Ommer/Geitlinger im Überschwang des Jubels schnell die Ursachen für das Saarbrücker Negativerlebnis ausgemacht.

Deren Coach aber sorgte am Rande eines alles in allem in geordneten Bahnen verlaufenen Saarschlagers, mit dem auch die Polizei dank ihrer übergroßen Präsenz zufrieden sein konnte, für die Positiv-Szene am Rande. Spontan beglückwünschte Peter Neururer den Homburger Landgraf, nachdem dieser seinem Team den Knock-Out versetzt hatte. In Essen hatten sich vor Jahren die Wege zwischen Trainer und Spieler erstmals gekreuzt. Das Derby bewies, daß manches manche Saison überdauert ...

Homburg: Gundelach — Homp - Finke, Marmon — Korell, Landgraf, Bastian (ab 73. Kimmel), Cardoso, Jurgeleit — Baranowski, Gries.

Saarbrücken: Kostmann — Kostner — Jelev, Fuhl Zechel, Hach, Nushöhr, Schüler (ab 56. Pförtner), Krätzer — Preetz, Akpoborie (ab 80. Glöde).

Schiedsrichter: Strigel (Tuttlingen).

Tore: 1:0 (39.) Baranowski, 1:1 (71.) Akpoborie (Foulelfmeter), 2:1 (79.) Landgraf, 3:1 (83.) Kimmel, 4:1 (87.) Finke.

Zuschauer: 15 000.

Gelb-Rote-Karten: Nushöhr, Krätzer.

Gelbe Karten. Korell, Marmon, Baranowski, Kimmel — Zechel, Kostner.

Saarbrücker Zeitung
3. April 1992

Er hat die Fußballschuhe gegen die Bundeswehrstiefel eingetauscht: Willi Landraf vom FC Homburg. Foto: Groß

Verständnisvoller Chef
Willi Landgraf vom FCH begann seinen Wehrdienst

Bexbach (ha). Bevor Willi Landgraf mit dem FC Homburg am Sonntag beim SV Waldhof Mannheim antreten wird, stand ihm am Donnerstag ein besonderer Lebensabschnitt bevor. Als einer von 300 jungen Männern trat der 24jährige Spieler in der Saarpfalz-Kaserne in Bexbach seinen Dienst bei der Bundeswehr an. Bereits im letzten Jahr hatte ihn die Behörde angeschrieben, um den Fußballspieler, der damals noch in Diensten von Rot-Weiß Essen stand, zu seiner militärischen Aufgabe zu holen. Landgraf: „Da sich ein Wechsel zum FC Homburg abzeichnete, bat ich um Verschiebung des Einberufungstermins." Statt Sportförderkompanie Essen Kupferdreh heißt die Station nun Sportförderkompanie Bexbach.

Klar sei es nun eine Umstellung für ihn, so der Fußballer während der Einkleidung. Aber die Zeit ginge auch vorbei und schließlich habe er mit Stabsfeldwebel Klaus Louia von der zweiten Kompanie einen verständnisvollen Vorgesetzten, wenn es um die Belange seines Sports ginge. Klaus Louia, Leiter der Sportförderkompanie in Bexbach, hat Erfahrung mit Berufssportlern. Unter anderem waren Tennisspieler Patrick Kühnen bei ihm, und noch bis Ende des Jahres steht der Homburger Radsportler, Weltmeister und Olympiasieger Andreas Walzer unter seinem Kommando. Klaus Louia: „Wir wollen nicht, daß ein Berufssportler durch seinen Dienst bei uns ganz seine Form verliert. Schließlich kann es auch um sehr viel Geld gehen." Für Willi Landgraf und seine Kollegen bedeutet dies, daß er in den ersten drei Monaten den ganz normalen Grunddienst zu absolvieren hat, allerdings für die meisten Trainingseinheiten freigestellt wird sowie selbstverständlich für die Wettkämpfe.

Klaus Louia ist im übrigen sehr interessiert, wie seine Sportler in ihren Wettkämpfen abschneiden. Aber auch außerhalb sucht er Kontakt. So besuchte er in dieser Woche eine Trainingseinheit des FC Homburg in der Sporthalle Erbach. Bei den Heimspielen des FCH ist er live vor Ort im Waldstadion.

Neue Rheinische Zeitung 28. September 1996

Lange Jahre war Willi Landgraf der Publikumsliebling im rot-weißen Trikot. Morgen will der Mittelfeldmotor in Reihen des FC Gütersloh eine Bauchlandung gegen seinen ehemaligen Verein verhindern.

Bei Willi Landgraf schlagen morgen zwei Herzen in seiner Brust

Trotzdem will der 28jährige Profi mit Gütersloh gegen RWE nichts anbrennen lassen

Von RÜDIGER HOFF

Die langgezogenen Williiiii-Rufe haben sie mittlerweile auch im Heidewaldstadion drauf. Als unkomplizierter Revierjunge und kleiner Kicker mit großem Kämpferherz eignet sich Willi Landgraf ja auch geradezu ideal zum Publikumsliebling. Nicht anders war's an der Hafenstraße, wo er die Fans als unermüdli-

Schließlich zählt Landgraf eigentlich zum „Hafenstraßen-Inventar". Und es verschlug ihn eher versehentlich ins ostwestfälische „Exil". Als in der vergangenen Saison der rot-weiße Aufstiegszug zwischenzeitlich bereits abgefahren schien, unterschrieb er in Gütersloh einen Drei-Jahres-Vertrag.

Gefühlsmensch Willi l den Verstand walten u stellte die finanzielle Absic rung seiner Familie in c Vordergrund. Wider Erwar bekam RWE bekanntlich do noch die Kurve Richtung P fi-Fußball. Jetzt wäre Lands nur zu gern in Essen geb ben. Seine, wie er selbst gibt, recht naiven Versuc den Wechsel rückgängig machen, waren natürlich z Scheitern verurteilt.

Mittlerweile hat der 28jä

ge im Team von Trainer Hannes Linßen aber bestens Fuß gefaßt. Auf seiner angestammten Position im rechten Mittelfeld konnte er sich in Reihen der erstliga-erfahrenen Bonan, Böger und Reekers einen Stammplatz erobern. „Das war ein hartes Stück Arbeit, der

cher Renner und Rackerer begeisterte. Vor Saisonbeginn verließ der 28jährige jedoch seine „sportliche Heimat" und wechselte vom Fußball-Zweitligisten RWE zum Konkurrenten FC Gütersloh. Dem Duell der beiden Aufsteiger am Sonntag (15 Uhr, Heidewaldstadion) blickt er mit gemischten Gefühlen entgegen.

der Gütersloher größer, den angepeilten Klassenerhalt zu erreichen. Doch auch dem Werdegang der Rot-Weißen verfolgt Willi weiter hautnah und daumendrückend.

Entsprechend groß war auch seine Freude nach dem 4:1-Sieg von Pickenäcker und

bin halt Profi. Die Punkte müssen in Gütersloh bleiben." Punktum.

Aber beim Aufsteiger-Duell gibt's ja noch einen brisanten Aspekt. Schließlich heißt Willis direkter Gegenspieler Dirk Helmig, den er als seinen besten Freund bezeichnet. „Hut

2. Fußball-Bundesliga: Kapitän Heiko Bonan stolz

„Irre, was wir mit dem kleinen Kader schaffen"

Der FC Gütersloh im Abstiegskampf – das hört sich an, als habe der Fußball-Zweitligist eine schwache Saison hingelegt. Das Gegenteil ist der Fall, und wenn den Güterslohern tatsächlich der Klassenerhalt gelingt, dann haben sie nicht nur eine starke, sondern eine ganz starke Saison hingelegt. Gemessen an den personellen Möglichkeiten hat der FCG eine beinahe optimale Bilanz in den bisherigen 32 Spielen erzielt.

Mit Ausnahme von Matysek und Landgraf haben wir gegen Mannheim doch mit der Regionalligamannschaft gespielt", bemerkte Trainer Hannes Linßen nach dem 4:2-Erfolg vom Sonntag. Kapitän Heiko Bonan („Irre, was wir mit unserem kleinen Kader schaffen") wies auf die besondere Belastung der „englischen" Woche hin. Acht Spieler gingen sowohl in Frankfurt als auch drei Tage später gegen Meppen über die volle 90-Minuten-Distanz, fünf hatten auch schon vier Tage vorher gegen Mannheim einen „fulltime-Job" erledigt. Von gutbezahlten Profis kann man das verlangen, aber eine großartige Leistung, zumal unter den psychischen Druck, bleibt es trotzdem, trotz hochgradiger Erschöpfung einen 0:2-Rückstand noch in einen 4:2-Triumph umzubiegen. Christian Meyer, einer von denen mit den Riesenpensum, salbt nach Spielende völlig ausgepumpt in die Kabine. Trotz allem hat es Dirk van der Ven noch genügend Luft zum Scherzen: „Das und halt die letzten Atemzüge für den FC Gütersloh", sagte der irrwischen mit dem Saisontreffern notierte Stürmer, der ab 1. Juli bei LR Ahlen unter Vertrag steht.

Für Heiko Bonan waren es die vorletzten Atemzüge für den FC Gütersloh. „Wir werden versuchen, in Unterhaching ohne unseren Kapitän zu gewinnen", reagierte Hannes Linßen fast trotzig auf die unberechtigte gelbe Karte gegen den Mittelfeldspieler. Es spricht im übrigen für die Routine Bonans, solange mit vier Verwarnungen gespielt zu haben, dann die letzte Karte hat er sich erst in im ersten Vorrundenspiel am 22. Februar eingefangen. Der Vorteil: Im „Finale" am 11. Juni, wenn es für den FC Gütersloh eventuell um alles oder nichts geht, ist Bonan auf jeden Fall dabei.

Geht es nach der aktuellen Vertragssituation, dann ist auch für Ralf Lewe das Ende seiner Zeit beim FCG abzusehen. Der Mittelfeldspieler, der zusammen mit Wojtek Choroba, Andreas Ellguth und Vlado Papic noch von der Oberliga-Meistermannschaft der Saison 94/95 übriggeblieben ist, hat als einziger aus dem jetzigen Kader noch keinen Vertrag für die neue Serie unterschrieben. „Wir kommen schon zusammen", glaubt Manager Volker Graul allerdings an eine Verlängerung. Lewe selbst, dessen disziplinierte Lauf- und Ballarbeit wegen gelegentlicher Abspielfehler weithin unterschätzt wird, kam mit dem Wartestand gut leben. „Erstmal ist wichtig, daß wir drinbleiben, dann können wir uns aus aller Ruhe über meine berufliche Perspektive reden", sagte der 28jährige am Sonntag, „Es würde gerne bleiben, hat aber eine Bedingung. „Es müßte hier in Gütersloh eine berufliche Perspektive geben, aber die ist immer noch nicht da." wol

EHRENRUNDE. Den Weg durch die Fankurve machte Willi Landgraf am Sonntag erstmals nicht allein; auf dem Arm hatte er sein Töchterchen Aileen, das mit neun Monaten fast genauso lange auf der Welt ist, wie ihr Vater mit dem FC Gütersloh in der 2. Liga gegen den Abstieg kämpft. Foto: Vornbäumen

Neue Westfälische 27. Mai 1997

2. Liga

Willi Landgraf

Der König der zweiten Liga

Der König der 2. Liga in stolzer Pose hinter zwei Schach-Königen. Ist er eigentlich auch ein „König der Karten"? Sagen wir mal so: Letzte Saison sah er 14mal Gelb. Aber Rot erst ein einziges Mal, mit 19

307 Spiele in der Provinz. Das macht Willi Landgraf so bald keiner nach. Irgendwie zwar schade, weil es zur großen Karriere nie reichte. Aber auch wiederum ein Kick...

Am Anfang stand eine Enttäuschung: „Willi, wennste 18 bist, darfste auf die Bank", sagte Horst Hrubesch, das Kopfball-Ungeheuer der Nation, damals – im April 1987 – Trainer von Rot-Weiß Essen, zum kleinen Willi Landgraf. Als Talent Willi 18 wurde, spielte Essen im Pokal ausgerechnet gegen die Bayern. Und Willi saß tatsächlich auf der Bank. „Ich hab' so gehofft, daß er mich zum Geburtstag einwechselt, aber er hat's nicht getan", erinnert er sich ein bißchen wehmütig. Vielleicht hätte er ein Riesen-Spiel gemacht, wäre Bundesliga-Spähern aufgefallen und ein ganz Großer geworden. Er wurde es nicht, die 2. Liga wurde sein Zuhause: fünf Jahre Rot-Weiß Essen, drei beim FC Homburg – und seit zweieinhalb FC Gütersloh. Er hatte 15 Trainer, ist nie aufgestiegen, holte keine Titel. Überall war er Publikumsliebling, weil er immer alles gab.

Willi Landgraf spielt seit 1996 für den FC Gütersloh. Aufgrund seiner Zweikampfstärke wird er gern als Sonderbewacher der Spielmacher eingesetzt. Besonders in Heimspielen hat er auch offensive Aufgaben, muß von rechts flanken. Stets begleitet von langgezogenen „Willi"-Rufen. Sein Motto: „Ich muß die Linie sehen"

Sport-Bild 3. Februar 1999

Geburt von Aileen

Zwei Jahre habe ich in Essen gespielt, in der dritten Liga. Zuerst war Wolfgang Frank Trainer, vom Aufwand her war das genauso wie in Homburg. Das Training war sogar noch besser strukturiert, eben durch den besseren Trainer. Außerdem ist Essen ja nicht vergleichbar mit Homburg. Essen ist ein Traditionsklub. Nach dem Pokalfinale war in Essen eine große Euphorie ausgebrochen und man wollte unbedingt zurück in die Zweite Liga. Mein erstes Ligaspiel war dann für Essen ausgerechnet am Tivoli, 1:1 haben wir da gespielt.

Allerdings wurde Wolfgang Frank wegen Erfolglosigkeit entlassen und dann kam Rudi Gores. Mit dem hatten wir viel Späßken. Der konnte das „B" nicht sprechen, statt „blau" sagte der immer „plau". Da haben wir beim Training oder bei Spielersitzungen immer Tränen gelacht, wenn der Anweisungen gab und vom „Pomber" statt vom „Bomber" sprach.

Ich bin dann immer vor lauter Anspannung schweißgebadet zum Training gekommen, wenn ich wusste, dass Mannschaftssitzungen waren. Der Ingo Pickenäcker saß mir immer gegenüber in der Kabine. Und wir haben schon immer drauf gewartet, wenn der loslegte: der „Plinde", der „Pallon". Der Rudi Gores kam aus der Ecke von Gerolstein, die sprechen, glaub ich, so. Ich hatte wirklich immer Angst, in die Kabine zu gehen. Wir haben immer Tränen gelacht. Ich musste sogar Strafen bezahlen, weil ich gelacht hab. 100 DM musste ich zahlen. Rudi Gores hat dann immer gesagt: „Ihr Plöden!".

Was da los war in der Kabine. Ich wusste gar nicht, wo ich hingucken sollte. Ich hab mir fünfmal die Schuhe auf- und zugemacht. Und dann wartest du ja immer wieder nur auf so einen Klops. Der Pickenäcker musste auch zahlen, es kam ja auch immer was. Aber ich hatte dann so ein Glück, dass ich super gespielt hab und da hat er mir das Geld erlassen. Fand ich sehr nett.

Damals ging das auch los mit den Handys. Der Rudi Gores hatte auch eins, so ein großes mit Antenne. Und bei dem klingelte das Handy permanent. Da kann ich auch noch ne Story erzählen: Bei uns hatte damals der Marcus Wuckel gespielt, der war ein guter Stürmer. Und wir hatten im Aufstiegsjahr eine Abschlussfahrt nach Gran Canaria gemacht, genau in der Zeit der Handys. Wir saßen mal alle an einem Tisch, hatten schön gegessen und schön getrunken und Spaß ohne Ende. Und das Telefon vom Rudi Gores ging immer wieder, beim Essen, beim Trinken, der ging auch immer ran. Und uns ging das echt auf den Keks.

Immer ging das Handy, auch früher bei den Mannschaftsbesprechungen, und der hatte es auch überall immer dabei. Da hat der Marcus Wuckel gesagt: „Rudi, wenn jetzt das Telefon noch einmal klingelt, dann schmeiß ich es ins Meer!" Zwei Minuten später ging das Telefon. Da hat der Wuckel es genommen und ins Meer geschmissen. Totenstille am Tisch. Keiner hat gelacht. Auf einmal, mit Verspätung, guckten wir uns alle an und lachten los.

Nur der Rudi Gores war natürlich sauer. So ein Handy war damals schweineteuer. Aber der Abend war gerettet, wir haben wieder mal Tränen gelacht. Der Rudi hat sich ins Taxi gesetzt und ist ins Hotel gefahren, aber am nächsten Tag war alles vergessen. Der Wuckel hatte dann noch probiert, das Handy aus dem Meer zu fischen, es war aber zu dunkel. Dafür hat er dann dem Rudi Gores 600 DM gegeben.

Eine Zeitung in Gütersloh hatte weit vor unserer Abschlusstour rausgehauen, dass ich nach Gütersloh wechsle. Da waren wir auf dem dritten Platz. Zwei Mannschaften stiegen auf und wir waren vier Punkte hinten dran. Und ich hatte etwas Existenzangst, weil ich mir mittlerweile die Wohnung in Bottrop gekauft hatte.

Gütersloh war Erster in der Regionalliga, Wuppertal Zweiter und wir Dritter. In der Phase bekam meine Frau auch Aileen und ich hatte wirklich Angst. Gütersloh stand als Aufsteiger fest und ich sollte suspendiert werden. Rudi Gores hatte mich auf das Übelste beschimpft, die Jungs aus der Mannschaft hatten das nicht verstanden, dass ich nicht mehr spielen sollte. Es ging damals um viel Geld und meine Zukunft als Profi.

Kritiker haben damals gesagt, ich hätte meinen Verein verraten. Das stimmt nicht. Ich habe alles gegeben für Rot-Weiß. Aber so ist halt der Profifußball. Ich musste an meine Familie und an mich denken. Allerdings rief mich dann der Präsident von RW Essen an und dann durfte ich wieder spielen. Gegen Saarbrücken hab ich sogar das entscheidende Tor beim 1:0-Sieg gemacht. Ein Volleyschuss unten rechts in die Ecke. Damals war Stephan Straub bei Saarbrücken im Tor. Da wussten wir nicht, dass wir beide noch mal mit Aachen im UEFA-Cup spielen sollten.

Dann sind wir mit Essen aufgestiegen, der Verein wollte mich unbedingt halten, aber ich hatte schon in Gütersloh den Vertrag unterschrieben. Ich gebs zu: Ich hatte zu dem Zeitpunkt, wo ich in Gütersloh zugesagt hatte, nicht dran geglaubt, dass wir es mit Essen schaffen. Dann hat es doch geklappt, es war wieder Theater, aber ich habe mein Wort in Gütersloh gehalten.

Mit meinem früheren Trainer Hans-Werner Moors hatte ich die Gespräche geführt, der ist aber trotz Aufstieg in Gütersloh geschasst worden. Neuer Trainer wurde Hannes Linßen, den kannte ich gar nicht. Ich glaub, es war gar nicht so geplant, dass ich unter die ersten Elf kommen sollte. Aber die Gütersloher Spieler hatten ganz schlechte Laktatwerte. Ich war mit Stefan Böger der Fitteste und hab mich dann durchgesetzt auf der rechten Seite. In der Vorbereitung hat der Trainer dann irgendwann mal zu mir gesagt: „Ich hätte gar nicht gedacht, dass du so gut bist." War ein schönes Kompliment.

In dem ersten Jahr haben wir uns gehalten, obwohl uns mittendrin zwei Punkte abgezogen wurden. Gütersloh hatte beim DFB falsche Angaben gemacht, um die Lizenz zu bekommen, da war irgendetwas schief gelaufen. Mit einer super Kameradschaft haben wir aber die Liga gehalten.

Ich weiß noch gut, als ich mal zum Training kam und mit Stefan Böger alleine da stand. Ich dachte: Das kann doch nicht sein. Wieso kommt denn keiner mehr? Da war die Steuerfahndung unterwegs. Morgens um 9 Uhr waren die bei den anderen Spielern und keiner durfte mehr telefonieren.

Stefan und ich waren ja neu und hatten mit den Nettozahlungen in der vergangenen Saison nichts zu tun und standen wie zwei Blöde alleine mit dem Trainer auf dem Trainingsplatz. Einer kam mit dem Fahrrad angefahren, der hatte bei der Oma gepennt, das wussten die Steuerfahnder aber nicht. Da hat der Hannes gesagt: „Fahr' mal schnell nach Hause."

Das entscheidende Spiel um den Klassenerhalt hatten wir am letzten Spieltag gegen die Stuttgarter Kickers. Ich hatte ein paar Tage vorher noch Grippe gehabt, aber ich hab mich da so durchgequält und wollte unbedingt am Mittwochabend spielen. Der Hannes Linßen hatte uns noch vorher beim Abschlusstraining zusammengerufen. Der Trainer war ein lustiger Vogel, wir waren aber auch eine bunte Truppe, da konntest du gar nicht streng sein. Wenn uns einer beim Training beobachtet hätte, der hätte gedacht, das ist ein Absteiger ohne Ende. Zum Beispiel war Dirk van der Ven mal eine Woche verschwunden. Keiner wusste, wo der war. Der hatte familiäre Probleme, wir hatten uns auch schon Gedanken gemacht. Zum Spiel war er aber wieder da und keiner war irgendwie sauer. Der hat dann sogar von Anfang an gespielt und auch ein Tor gemacht.

Meine Tochter Aileen ist in Oberhausen geboren, am 4. September 1996. Ich hatte übernachtet im Hotel „Stadt Gütersloh", saß beim Frühstück und auf einmal ging das Telefon. Meine Frau war dran, es war soweit. Der Trainer hat gesagt: „Willi, fahr' schnell runter." Gott sei Dank war kein Stau auf der A2. Ich kam genau zur rechten Zeit an und war bei der Geburt dabei. Das war super! Ich wollte immer ein Mädchen haben, keinen Jungen, weil der immer mit dem Papa verglichen würde. Den Namen Aileen fanden meine Frau und ich so schön. Aileen ist mit dem Fußball in Gütersloh groß geworden, konnte auch auf dem Fußballplatz in ihrem Kinderwagen am besten schlafen. Meine Frau Heike und meine Eltern waren immer dabei, sind auch bei den meisten Auswärtsspielen dabei gewesen.

Der Hannes Linßen ist in Gütersloh ein anderer Mensch geworden, weil der Zusammenhalt eben so stark war. Training hin oder her – beim Spiel waren alle voll konzentriert. Beim Abschlusstraining hat dann der Trainer mit seiner piepsigen, hellen Stimme gesagt: „Hey Männer, und eins will ich euch mal sagen. Ich bin jetzt in die vierte Etage gezogen und hab mir nen neuen Fernseher gekauft. Den hab ich hochgetragen und war kaputt wie Sau. Wenn wir heute Abend nicht gewinnen, hab ich keinen Bock, den Fernseher wieder die Treppen runterzutragen. Das Ding war schwer genug. Also guckt, dass ihr gewinnt!"

Ich hatte vorher noch gedacht: Was kommt denn jetzt noch? Hält der ne Ansprache oder was? Und dann kam das. Wir haben uns kaputtgelacht, hatten Tränen in den Augen. Am Abend ha-

Spielstatistik FC Gütersloh – Stuttgarter Kickers 1:0 (0:0)

 FC Gütersloh – Stuttgarter Kickers
1:0 (0:0)

Mi 11.06.1997, 19:00 Uhr
2. Bundesliga 1996/1997, 34. Spieltag
Schiedsrichter: Hartmut Strampe (Handorf)

Tor: 1:0   Christian Meyer   82.

Aufstellung FC Gütersloh:
Adam Matysek
Rob Reekers
Jens Tschiedel
Dirk Flock
Christian Meyer
Heiko Bonan
Willi Landgraf
Volker Nenne
Wojchiech Choroba
Dirk van der Ven
Vlado Papic

Aufstellung Stuttgarter Kickers:
Thomas Walter
Dirk Wüllbier
Ralf Strogies
Markus Lösch
Achim Pfuderer
Stefan Minkwitz
Adnan Kevric
Janusz Gora
Alexander Malchow
André Sirocks
Markus Sailer

Wechsel FC Gütersloh:
Ansgar Brinkmann
für Vlado Papic (77.)
Andreas Ellguth
für Dirk van der Ven (90.)

Wechsel Stuttgarter Kickers:
Zoltan Sebescen
für Adnan Kevric (35.)
Jochen Novodomsky
für Achim Pfuderer (46.)
Torsten Raspe
für Markus Sailer (70.)

Karten FC Gütersloh:
Gelb für Christian Meyer

Karten Stuttgarter Kickers:
Gelb für Dirk Wüllbier
Gelb für Adnan Kevric
Gelb für Markus Sailer
Gelb für Jochen Novodomsky

ben wir aber gefightet wie verrückt und anschließend den Klassenerhalt bis zum Abwinken gefeiert.

Dann brauchte der Verein wieder dringend Geld, es gab wieder Theater wegen der Lizenz. Deshalb mussten auch Spieler verkauft werden. Der Stefan Böger ist zum HSV gewechselt. Die Vereine durften ja seit dem Bosman-Urteil im Dezember 1995 keine Ablösesummen mehr fordern für die Spieler, deren Verträge ausliefen. Nur wenn einer aus seinem laufenden Vertrag rausgekauft wurde, war eine Ablösesumme fällig. Für mich war das Bosman-Urteil super, denn ich hatte jetzt nichts mehr mit dem Ommer-Fond zu tun. Und da ich Verträge immer eingehalten habe, konnte ich wechseln, wie ich wollte.

Für mich war schön, dass ich mich auch in Gütersloh zum Publikumsliebling entwickeln konnte. Wir hatten einen Schnitt von 8.000 Zuschauern, Gütersloh war zu der Zeit gefragt. Fast alle kamen in den Heidewald mit dem Fahrrad. Das war schon sensationell.

Die beiden besten Kumpels

Ich bin immer gependelt von Bottrop nach Gütersloh – mit meinem Kumpel Uwe Weidemann. Wir haben uns unter der Autobahnbrücke getroffen, er wohnte in Bottrop-Kirchhellen. In den zwei Jahren, in denen wir in Gütersloh zusammengespielt haben, ist eine richtig gute Freundschaft entstanden.

Wir waren ja in dieser Zeit fast öfter zusammen gewesen als mit unseren Frauen, das war ja fast wie eine Ehe. Ich bin meistens gefahren, weil Uwe älter und meistens müde war. Das waren 145 Kilometer, mir hat das nichts ausgemacht, ich fahr gerne Auto. Im Profifußball ist es eigentlich selten, dass eine Freundschaft weiter bestehen bleibt. Da gilt meist das Motto: Aus dem Auge, aus dem Sinn. Es ist ja selten, dass einer in der Nähe wohnt, alles ist weit verstreut, der eine wechselt dahin, der andere dorthin. Aber mit Uwe ist es wie mit Steffen Korell, den ich ja in Homburg kennen gelernt habe, beide sind auch jetzt noch dicke Freunde von mir.

Allerdings hatte es natürlich auch mal Stress gegeben, vor allem wenn man jeden Tag auch zusammen fährt. Ich hatte mal mit Uwe Ärger auf dem Platz und da hat der mit mir die ganze Fahrt von Gütersloh nach Bottrop kein Wort gesprochen. Am nächsten Tag war aber wieder alles vergessen, das fand ich immer super bei ihm. Manchmal war der aber auch so böse auf mich, weil ich nicht abgespielt hab oder Widerworte gegeben hab. Immerhin kam Uwe von Schalke 04, war ein hoch angesehener Spieler. Aber wir konnten uns trotzdem alles sagen und das war das Schöne. Und deshalb sind wir auch noch befreundet.

Toll fand ich auch, dass Jürgen Gelsdorf mir zum 500. Zweitligaspiel schriftlich gratuliert hat. Normalerweise hast du als Spieler kaum noch Kontakt zu ehemaligen Trainern, aber Jürgen Gelsdorf und auch Jörg Berger sind da Ausnahmen. Wir telefonieren auch noch ab und zu.

Gütersloh war eine gemütliche Stadt. Miele und Bertelsmann waren die größten Firmen, sonst war alles sehr überschaubar. Auch wenn wir mit der Mannschaft mal wieder bis in die Puppen gefeiert hatten. Das wusste der Trainer am nächsten Tag sofort. Auch im Verein ging es gemütlich zu. Da haste manchmal gedacht, du bist in der Kreisklasse. Der Zeugwart hat alles für uns gemacht, seine Frau hat immer Waffeln gemacht für uns. Das war alles wie bei einer Kreisligamannschaft. Wir hatten wirklich ne riesen Kameradschaft.

Turbulent war mein drittes Jahr in Gütersloh. Vor der Winterpause ist Hannes Linßen entlassen worden. Der hatte Krach mit dem Vorstand und wollte seinen Rausschmiss wohl provozieren. Denn plötzlich nahm der alle renommierten Spieler raus, setzte die auf die Bank – mich auch.

Ich wusste nicht, warum. Neuer Trainer wurde Dieter Brei, der kam aus Verl, aber das passte nicht. Der war ganz nett, hatte aber keinen Erfolg, holte kaum Punkte. Und in der Rückrunde kam dann Jürgen Gelsdorf für Dieter Brei.

Mit Jürgen Gelsdorf haben wir eine super Rückrunde gespielt und 24 Punkte geholt. Es hat aber trotzdem nicht gereicht. Das war bitter. Wir haben leider das entscheidende Spiel gegen Oberhausen zu Hause 0:3 verloren. Zwar hatten wir vorher gegen Karlsruhe 2:0 gewonnen, in dem Spiel hab ich mir aber die fünfte Gelbe Karte abgeholt und war gegen Oberhausen nicht dabei.

Zu der Zeit war ich wegen meiner temperamentvollen Art und meiner Kampfkraft Führungsspieler in der Mannschaft und fehlte ihr. Nach Spielschluss hab ich geheult, es war der bitterste Moment in meiner Karriere, weil mit dem Abstieg unsere super Kameradschaft gesprengt war und diese Mannschaft mit dem starken Trainer auseinander fiel.

Jürgen Gelsdorf gilt wirklich ein ganz großes Kompliment. Er hat das Optimale aus uns herausgeholt, aber leider waren wir in der Vorrunde zu schwach. Für mich war danach klar, dass ich so etwas nie mehr erleben möchte und nie mehr absteigen will. Mein letztes Spiel für Gütersloh gegen Fortuna war dann nur noch für die Statistik, allerdings gegen drei Kölner, mit denen ich wenig später in Aachen zusammenspielen sollte: Marc Spanier, Marco Zernicke und Ivica Grlic.

Spielstatistik FC Gütersloh – Fortuna Köln 2:1 (1:0)

 FC Gütersloh – Fortuna Köln
2:1 (1:0)

Do 17.06.1999, 19:00 Uhr
2. Bundesliga 1998/1999, 34. Spieltag
Schiedsrichter: Dr. Christian Wack (Gersheim)

Tore:	1:0	Frank Scharpenberg	13.	
	1:1	Kemal Halat	71.	(Eigentor)
	2:1	Darlington Omodiagbe	82.	

Aufstellung FC Gütersloh:
Dirk Langerbein
Frank Scharpenberg
Tomasz Kos
Kemal Halat
Willi Landgraf
Darlington Omodiagbe
Uwe Weidemann
Janosch Dziwior
Horst Elberfeld
Risto Bozinov
David Wagner

Aufstellung Fortuna Köln:
Attila Hajdu
Attila Dragoner
Harutyun Vardanyan
Marc Spanier
Hans Sarpei
Olaf Renn
Ivica Grlic
Marco Zernicke
Hajrudin Catic
Macchambes Younga-Mouhani
Toralf Konetzke

Wechsel FC Gütersloh:
Giuseppe Canale
für David Wagner (46.)
Christian Meyer
für Horst Elberfeld (79.)

Wechsel Fortuna Köln:
Markus Schuler
für Hajrudin Catic (46.)
Adam Cichon
für Olaf Renn (46.)
Rainer Schütterle
für Macchambes Younga-Mouhani (63.)

Karten FC Gütersloh:
Gelb für Kemal Halat
Gelb für Tomasz Kos
Gelb für Risto Bozinov
Gelb-Rot für Risto Bozinov (60.)

Karten Fortuna Köln:
Gelb für Marc Spanier

Der Aachener Unterhändler Klein

Der frühere Essener Wolfram Klein war es, der dann den Kontakt nach Aachen hergestellt hat. Alemannias damaliger Trainer Werner Fuchs suchte noch einen Mann für die rechte Seite, weil Andy Winkhold aufhörte. Wolfram hat mich empfohlen, gesagt, dass ich mich für die Vereine immer voll reinhänge und Gas gebe. Und da hat Werner Fuchs gesagt: „Der passt zu uns." Wolle nahm mit mir Kontakt auf und für mich war klar, dass ich nach Aachen wechseln wollte.

Wir hatten einen Termin mit Werner Fuchs ausgemacht und einen Tag vorher starb er völlig überraschend. Weil ich mit ihm gar nicht mehr sprechen konnte, hab ich auch nicht mehr dran geglaubt, nach Aachen wechseln zu können. Dann ist ja Eugen Hach Trainer geworden in Aachen und anscheinend wusste der Vorstand, dass mein Name im Gespräch war. Eugen hat mich angerufen und die Sache klargemacht. Entscheidend war aber Wolle Klein, ohne den ich sicher nicht in Aachen gelandet wäre. Von der Alemannia wusste ich fast nichts. Es war halt wieder ein Traditionsverein wie Essen.

Im Holiday Inn hatten wir uns getroffen, Bernd Krings, Dietmar Heeren, Eugen Hach und ich. Die haben mich gefragt, wie ich es mir mit Aachen vorstelle. „Wir müssen erst mal gucken, das wir drin bleiben.", hab ich gesagt. Mit dem Vertrag ging es noch was hin und her, weil der vom Vorstand abgesegnet werden musste. Ein paar Tage später hat Eugen mich angerufen, dann konnte ich den Vertrag unterschreiben.

Ich hab immer alle Verträge ausgehandelt ohne Berater. Ehrlich gesagt hat mich auch nie ein Berater angesprochen. Vielleicht war ich nicht lukrativ genug oder die Berater haben gedacht, der schaffts nicht so weit. Ich bin aber immer gut damit gefahren. Ich war mit dem Geld, was ich bekommen habe, immer zufrieden. Ich hab auch in den Verhandlungen nie überzogen. Ich wusste immer, was die Großverdiener in Essen oder Gütersloh hatten. Ich war keiner, hab nie Riesengeld verdient. Ich war aber auch nie neidisch auf andere. Ich bin immer klargekommen. Und wenn ich unterschrieben hatte, war unterschrieben, Ende. Natürlich bin ich in die Verhandlungen immer mit höheren Forderungen reingegangen, ist doch klar. Ich hab aber auch immer Rücksicht auf die Möglichkeiten der Vereine genommen. Ich würd mich als fairen Verhandlungspartner bezeichnen. Gerade in Aachen war es immer ein Geben und Nehmen.

Eigentlich finde ich in der heutigen Zeit Spielerberater ganz gut, allerdings nur die seriösen, die auch eine Lizenz haben. Die Rundumbetreuung – vor allem was das Finanzielle betrifft – halte ich schon für wichtig. Ich war immer sparsam. Dieter Bast hat mir früher immer gesagt: „Guck, dass du dein Geld sammelst, dir ne Wohnung kaufst und die schnell abbezahlst. Da haste schon dein halbes Leben."

Heute gibt es sicher auch noch sparsame Profis, aber die Spielergenerationen haben sich doch geändert. Zum Beispiel muss der Trainer heute auf jeden Typ einzeln eingehen: Der eine ist sensibel, der andere, was weiß ich.

Früher gabs das nicht. Da war der Trainer immer streng – zu allen, außer zu den ganz großen Spielern. Die hatten einen anderen Stellenwert in der Mannschaft. Die Hierarchie in der Mannschaft war klar abgesteckt. Heute ist viel an Respekt verloren gegangen. Die Jungs sind anders groß geworden, sind anders erzogen worden. Von den Eltern haben die alles bekommen.

Heutzutage ist für viele junge Spieler auch alles zu selbstverständlich. Viele sind zu gleichgültig, die kümmern sich um nichts. Die machen sich wahnsinnig viele Gedanken, aber nicht um den Fußball. Wenn früher einer einen Fehler gemacht hatte, gab es keine Diskussionen, dann warst du halt schuld. Heute ist keiner um eine Ausrede verlegen, da war es der Platz, der Schiedsrichter oder der Ball war nicht richtig aufgepumpt. Einzelgespräche? Diskussionen? Gab es früher nicht. Entweder hast du gespielt oder nicht. Da hat dir kein Trainer erklärt, warum, wieso, weshalb.

Früher gab es aber auch mehr Typen wie Erik Meijer oder mich, die richtig für den Fußball gelebt haben. Die sterben aber aus. Wir sind sicher auf unsere Art oft lustig, wir wissen aber auch ganz genau, wann wir den Knopf umschalten müssen. Wenn es läuft, sind alle gut. Aber in einer schwierigen Situation haben wir uns immer gestellt. So konnten sich die anderen auch an uns hochziehen.

Das hat aber auch mit den Veränderungen in der Gesellschaft zu tun. Ich bin ganz anders groß geworden. Computer, Playstation und den ganzen Kram, den gab es früher nicht. Die jungen Spieler kommen heute auch weniger aus Arbeiterfamilien wie ich. Für mich zählte nur der Fußball. Heute sind viele „Söhne" und Studenten dabei, die drehen dir das Wort im Mund rum. Da sind viele Oberschlaue dabei. Ich kann damit leben und komm damit klar. Wenn wir früher ein Auswärtsspiel verloren hatten, war es mucksmäuschenstill im Bus. Heute werden die Laptops rausgekramt und dann wird gespielt. Das würde ich mich auch heute nicht trauen.

Aber auch die Medienwelt hat sich ja total verändert. Früher gab es nur eine Kamera. Da konntest du auch mal einen Trainer vom Gegner beschimpfen, ohne dass es einer mitbekam. Ich hab mal zu Werner Lorant gesagt, der war damals bei 1860:

„Setz dich mal hin, du blinde Nuss!" Das wäre heute undenkbar.

Natürlich bin ich auch zum Beispiel durch das DSF bekannter geworden. Ich habe aber auch enorm viel dafür tun müssen. Wenn du heute mal vier, fünf gute Spiele machst, bist du direkt groß im Gespräch bei den Medien. Das war früher anders. Ich will nicht sagen, das früher alles besser war. Aber manchmal bringt dich die „alte Schule" zurück zum Erfolg.

Wir hatten in meiner vorletzten Profisaison ein total schwaches Spiel in Dresden, da haben wir 2:0 verloren. Unser Trainer Dieter Hecking war richtig sauer und hat dann den Knüppel ausgepackt. Wenn das Trainingsprogramm ein Psychologe, Sportmediziner oder wer auch immer analysiert hätte, hätte der gesagt: „Der macht alles falsch in der Phase der Saison." Hatte er aber nicht, weil er danach wieder Erfolg hatte.

Ich kann zwar nicht in die Zukunft des Fußballs schauen. Ich glaube aber, dass viele Vereine mehr auf die eigene Jugend setzen und weniger ausländische Spieler verpflichten werden. Die Profiklubs müssen ja Internate errichten, um überhaupt die Lizenz zu bekommen, zumindest in der Ersten Liga ist das Vorschrift. Die Tendenz geht meiner Meinung nach dahin, auf jüngere Spieler zu setzen, um auch Geld zu sparen.

Fußball wird in Deutschland immer an erster Stelle stehen, Fußball lieben alle. Das zeigt das stetige Anwachsen des Dauerkartenverkaufs. Und das hat ja auch die WM 2006 gezeigt. Das war ja Wahnsinn!

Der Fußball wird auch immer besser. Die Entwicklung ist positiv. Es wird mehr technischer Fußball gespielt. Ich persönlich meine, dass ich weniger laufen musste als früher. Ich spiel heutzutage mit einer Viererkette und hab davor einen Spieler, den es früher nicht gab. Da musste ich rauf und runter laufen. Heute spiel ich den an, der bewegt sich mit nach vorne. Sicher bin ich heute auch nach den 90 Minuten ausgepowert, aber früher war ich noch fertiger. Früher stand der Kampf noch mehr im Vordergrund, jetzt ist es die Technik und die Taktik. Heute wird viel mehr verschoben, ist vieles raumorientiert, was früher noch mannorientiert war.

Zwischen meinen Anfangsjahren und meiner letzten Saison bei Alemannia Aachen liegen Welten, das kann man kaum vergleichen. Das liegt auch daran, dass die Trainer viel besser geschult sind. Früher dachte keiner an Viererkette oder Dreierkette, um Gottes Willen. Da wurden die zwei Stürmer in Manndeckung genommen.

Alles hat sich weiterentwickelt, auch die Wissenschaft hat Einzug in den Fußball gehalten. Pulsuhren oder Laktatteste hat es früher nicht gegeben. Da hat sich doch keiner Gedanken drüber gemacht. Ich hab mich früher erst mal warm gemacht, dann habe ich lange Läufe gemacht und dann Sprints, dann warste platt oder nicht platt. Von wegen Erholungsphasen – die gabs nicht. Wenn du wieder dran warst, biste losgerannt. Es hat aber auch funktioniert. Vielleicht war ich auch deshalb noch so lange dabei, weil ich die Ausdauer und die Kraft hatte, auf dem hohen Niveau zu spielen.

Gästetoilette am Tivoli

Zurück zu meinem Start am Tivoli: Die erste Vorbereitung in Aachen ging los mit einem kuriosen Trainingslager in Spa. Das war so eine Art Jugendherberge, wir waren zu dritt und zu viert auf dem Zimmer. Da haben wir hart trainiert wie die Teufel. Wir hatten kaum erfahrene Spieler, außer Markus von Ahlen, Dietmar Berchtold und mir. Die Chemie zwischen Trainer und Spielern stimmte. Auch wenn wir direkt dieses komische Pokalspiel in Plauen vergeigt hatten. Kein Mensch wusste, wo Plauen überhaupt liegt. Wir sind dahin geflogen mit kleinen Propeller-Maschinen. Ein Glück, dass ich eigentlich keine Flugangst habe. Aber da waren in den Anfangsjahren in Aachen schon einige Maschinen dabei, wo ich gedacht hab: Hoffentlich kommen wir wieder heil runter. Gerade in so kleinen Dingern, in die nur elf Leute reinpassen, hab ich schon mal ein mulmiges Gefühl gehabt. In Plauen hatten wir ein Tageshotel und da war es richtig heiß, so um die 36 Grad. Da hab ich auch gespielt wie der letzte Hänger.

Danach haben wir uns in der Tennishalle in Aachen getroffen, der Trainer und der Mannschaftsrat, in den ich direkt reingewählt worden war. „Trainer", hab ich gesagt, „mir fehlte in Plauen noch eine Woche Spritzigkeit." Der hat das dann auch akzeptiert und wir haben versprochen, dass wir uns gegen die Stuttgarter Kickers zerreißen. Die haben wir dann auch auseinandergenommen und waren Tabellenführer. Anschließend haben wir zwar in Bochum fünf Stück gekriegt, die Fans haben uns aber trotzdem gefeiert.

Spielstatistik Alemannia Aachen – Stuttgarter Kickers 4:1 (1:1)

 Alemannia Aachen – Stuttgarter Kickers
4:1 (1:1)

So 15.08.1999, 15:00 Uhr
2. Bundesliga 1999/2000, 1. Spieltag
Schiedsrichter: Hermann Albrecht (Kaufbeuren)

Tore:	1:0	Dietmar Berchtold	37.
	1:1	Tomislav Maric	44.
	2:1	Stephan Lämmermann	50.
	3:1	Taifour Diane	75.
	4:1	Henri Heeren	87.

Aufstellung Alemannia Aachen: **Aufstellung Stuttgarter Kickers:**

André Lenz   Maik Kischko
Willi Landgraf   Carsten Keuler
Frank Schmidt   Darko Ramovs
Clirim Bashi   Achim Pfuderer
David Marso   Michael Kümmerle
Erwin Vanderbroeck   Carsten Marell
Markus von Ahlen   Markus Weinzierl
Dietmar Berchtold   Alves de Barros Cassio
Stephan Lämmermann   Niko Chatzis
Luciano Emilio   Adnan Kevric
Taifour Diane   Tomislav Maric

Wechsel Alemannia Aachen: **Wechsel Stuttgarter Kickers:**

Bernd Rauw   Markus Sailer
für Erwin Vanderbroeck (57.)   für Alves de Barros Cassio (62.)
Henri Heeren   Mario-Ernesto Rodriguez
für Dietmar Berchtold (68.)   für Michael Kümmerle (76.)
Wolfram Klein   Alexander Blessin
für Luciano Emilio (80.)   für Tomislav Maric (80.)

Karten Alemannia Aachen:
Gelb für Luciano Emilio
Gelb für Frank Schmidt
Gelb für David Marso
Gelb für Bernd Rauw
Gelb für Erwin Vanderbroeck

Karten Stuttgarter Kickers:
Gelb für Michael Kümmerle
Gelb für Achim Pfuderer
Gelb für Markus Sailer

Im ersten Jahr passte alles. Da hat der Trainer manchmal in der Halbzeit sensationell ausgewechselt – wie bei unserem 2:1-Sieg in Offenbach. Da bringt der Emilio und Diane in der zweiten Hälfte und beide machen die Tore.

Zu Frank Schmidt und Lämmi hatte ich direkt ein sehr gutes Verhältnis. Wir telefonieren heute noch miteinander. Lämmi war ja verdientermaßen Publikumsliebling und damit hatte ich überhaupt keine Probleme. Ohne Lämmi wäre Aachen sicher nicht in der Zweiten Liga. Sicher kann er die Tore auch nicht alleine schießen, er war aber immer präsent. Er war ein außergewöhnlicher Spieler. Ich hätte damals nie gedacht, dass ich sieben Jahre in Aachen spielen würde. Aachen ist für mich eine zweite Heimatstadt geworden. Hier fühle ich mich wohl. Ich sitz gerne am Dom und hab das Gefühl, dass ich alle Leute kenne, weil alle Alemannia-Fans sind.

Wie sich das alles geändert hat: Als ich anfing, hatten wir auf dem Tivoli einen Schnitt von 12.000 Besuchern. Zuletzt sind fast immer 18.000 gekommen. Die Karten sind mittlerweile so begehrt, das ist sensationell.

Aber auch sonst hat sich viel getan. Als ich kam und mal auf den Topf musste in der Gästekabine, da konntest du dich nur dreimal umdrehen. Da war Schimmel, das war ekelhaft. Der Tivoli ist halt ein altes Stadion. Damals hab ich schon gesagt, obwohl ich noch nicht wissen konnte, dass Bayern München tatsächlich mal zu einem Pflichtspiel nach Aachen kommt: „Wenn sich einer von denen in der Gästekabine auf Toilette setzt, der kippt direkt um. Da ist alles alt, die Wände sind gerissen, alles ist sehr klein." Auf der anderen Seite hat es sicher auch irgendwo seinen Charme, überheblich kannste hier nicht werden und du vergisst nie, wo du herkommst.

Allerdings finde ich den Wandel von den alten Stadien hin zu den großen Tempeln echt positiv. Fußball ist auch mehr Show geworden, dazu gehören auch die Arenen. Die brauchst du auch für die Sponsoren. Dazu brauchst du die VIP-Lounges.

Wichtig ist allerdings, dass die Stehplatzkultur nicht verloren geht. Viele Vereine achten ja auch darauf, dass Stehplätze erhalten bleiben. Je mehr Komfort so ein Tempel bietet, desto mehr Zuschauer kommen auch, vor allem mehr Frauen und Kinder.

Früher war in den Stadien auch mehr Krawall untereinander. Mit wenigen Ausnahmen gibt es das auf den Rängen kaum noch. Wie oft wurden Spiele früher mit Verspätung angepfiffen, weil Leuchtraketen gezündet worden waren und das ganze Stadion vernebelt war. Gibts kaum noch. Natürlich sind jetzt mehr Schicki-Micki-Anhänger in den Tempeln, aber die bringen ja auch Geld mit. Der eigentliche Fan ist seinem Klub treu geblieben, die Zuschauerzahlen sind weiter gestiegen, der Fußball boomt auch in Zukunft. Früher saßen alle auf den gleichen harten Holzbänken oder haben im Regen gestanden. Da gab es keine Ledersessel auf der Tribüne, auch der Präsident hatte nur eine Holzbank.

Heutzutage gibt es drei Kategorien: Sponsoren in den noblen VIP-Lounges, für die das Spiel an sich vielleicht gar nicht so interessant ist, die aber Kontakte knüpfen wollen. Dann gibt es die normalen Zuschauer, die von dem Komfort in den modernen Arenen auch gerne profitieren, weil sie schön im Trockenen auf besseren Plätzen sitzen. Und es gibt die Fans, die bei Wind und Wetter kommen und ihre Mannschaft auf den Stehrängen anfeuern.

In den neuen, modernen Arenen fühlst du dich als Spieler aber auch wohler. Da ist alles super sauber, du hast eine Aufwärmhalle, jeder hat einen eigenen Spind, es gibt ein Entmüdungsbecken und und und. In manchen Stadien, wie auch früher am Tivoli, kannst du gar nicht auf Toilette gehen, da musst du dir die Hände desinfizieren, wenn du ne Klinke angepackt hast. So was gibt es in den Tempeln nicht mehr.

Früher hat es kaum Gespräche mit Sponsoren gegeben und so große Autogrammstunden wie in Aachen. Ich habe mich solchen Situationen angepasst. Mir ist das nicht schwergefallen. Sponsoren weiß ich sehr zu schätzen. Aber schade ist, dass der Bratwurstduft in den neuen überdachten Stadien kaum noch zu riechen ist. Ich hab das immer geliebt.

Der verunglückte Schuss

Gut kann ich mich noch an das erste Spiel von Hans Meyer erinnern. Er war neuer Trainer bei Borussia Mönchengladbach und wir gewinnen 2:1 – in Unterzahl am Bökelberg. Der war in Schwarz-Gelb getaucht, so viele Fans hatten uns dahin begleitet.

Wir hatten aber in Blau-Weiß gespielt. Damit hatte keiner gerechnet, dass wir als Aufsteiger in Gladbach gewinnen. Mit Hans Meyer habe ich nach dem Spiel nur kurz gesprochen, der hatte andere Dinge im Kopf. Wir haben für den Sieg sogar eine Extra-Prämie vom Präsidenten Hans Bay bekommen. Das hat er direkt gesagt im Bus bei der Rückfahrt.

Als wir mit Eugen Hach unser erstes Trainingslager in Portugal an der Algarve bezogen hatten, hab ich einen Hund k. o. geschossen. Wir hatten außerhalb der Hotelanlage trainiert, der Platz lag frei und hinten dran war so ne Appartement-Anlage mit Balkons. Beim Torschusstraining hab ich den Ball übers Tor und über den Zaun gedonnert, treff da nen Hund und der bricht sich ein Bein. Das ist kein Scherz! Der Mann kam dann zur Rezeption, brachte den Ball mit und hat sich von uns die Arztkosten für seinen Hund erstatten lassen. 100 DM hat das gekostet.

In der Winterpause hatten wir uns mit Xie Hui verstärkt, den kannten wir aber gar nicht. Der sah nicht so aus wie ein Superstar aus China. Wie ich den das erste Mal gesehen hab, hab ich gedacht: Was ist das denn für ne Wurst! Wie er sich dann aber in der Vorbereitung präsentiert hat, war nicht

Spielstatistik Borussia Mönchengladbach – Alemannia Aachen 1:2 (1:2)

Borussia Mönchengladbach – Alemannia Aachen
1:2 (1:2)

Sa 11.09.1999, 15:30 Uhr
2. Bundesliga 1999/2000, 4. Spieltag
Schiedsrichter: Michael Weiner (Hildesheim)

Tore:
0:1 Frank Schmidt 16. (Foulelfmeter)
1:1 Toni Polster 18.
1:2 Taifour Diane 41.

Aufstellung Borussia Mönchengladbach:

Uwe Kamps
Sladan Asanin
Markus Reiter
Thomas Vogel
Michael Frontzeck
Max Eberl
Zeljko Sopic
Marcel Ketelaer
Marcel Witeczek
Arie van Lent
Toni Polster

Aufstellung Alemannia Aachen:

André Lenz
Willi Landgraf
Frank Schmidt
Clirim Bashi
Henri Heeren
Michael Zimmermann
Markus von Ahlen
Bart Meulenberg
Dietmar Berchtold
Stephan Lämmermann
Taifour Diane

Wechsel Borussia Mönchengladbach:

Damir Buric
für Thomas Vogel (46.)
Marcelo José Pletsch
für Max Eberl (46.)
Matthias Hagner
für Zeljko Sopic (64.)

Wechsel Alemannia Aachen:

Ingo Menzel
für Taifour Diane (61.)
Luciano Emilio
für Dietmar Berchtold (61.)
Wolfram Klein
für Bart Meulenberg (75.)

Karten Borussia Mönchengladbach:
Gelb für Sladan Asanin
Gelb für Damir Buric
Gelb für Max Eberl
Gelb für Marcel Ketelaer
Gelb für Toni Polster

Karten Alemannia Aachen:
Gelb für Clirim Bashi
Gelb für Luciano Emilio
Gelb für Willi Landgraf
Gelb für Markus von Ahlen
Gelb für Stephan Lämmermann
Gelb-Rot für Stephan Lämmermann (56.)

schlecht, irgendwas hat er gehabt. Er war ein super Kopfballspieler, ging hoch wie ein Hubschrauber, das konnteste direkt sehen. Er hat sich eigentlich gut integriert, hat fleißig Deutsch gelernt.

Geholt hatten ihn Eugen Hach und Volker Schlappner. Der war der Sohn von Klaus Schlappner, Ex-Bundesligatrainer von Waldhof Mannheim und Nationaltrainer von China. Volker war Spielerberater und zu denen hatte ich immer ein gutes Verhältnis. Wenn wir da in der Nähe gespielt haben, haben die die Mannschaft immer zum Essen eingeladen. Bitter war unser Auswärtsspiel bei Tennis Borussia Berlin. Nicht weil ich gefehlt hab – ich hatte vorher bei unserer 0:1-Heimniederlage gegen Bochum Gelb-Rot gesehen. Bitter war es wegen Frank Schmidt.

Winnie Schäfer war in Berlin Trainer. Die waren als Favorit in die Saison gegangen, spielten aber schwach. Die waren ziemlich frustriert. Das Spiel ging los und nach einer guten halben Stunde zog sich Frank in einem Zweikampf mit Uwe Rösler einen ziemlich komplizierten Fuß- und Wadenbeinbruch zu. Von dem hat er sich leider nie mehr richtig erholt. Wir haben das Spiel zwar dann noch 2:1 gewonnen. Es war aber ein trauriger Sieg, weil Frank auch noch in einem Berliner Krankenhaus bleiben musste und keiner wusste, wie es mit ihm weitergeht, ob er womöglich

> Spielstatistik Alemannia Aachen – FC Energie Cottbus 1:0 (0:0)

 Alemannia Aachen – FC Energie Cottbus
1:0 (0:0)

Fr 05.05.2000, 19:00 Uhr
2. Bundesliga 1999/2000, 30. Spieltag
Schiedsrichter: Herbert Fandel (Kyllburg)

Tor: 1:0 Erwin Vanderbroeck 84.

Aufstellung Alemannia Aachen:
Christian Schmidt
Willi Landgraf
Bernd Rauw
Clirim Bashi
Henri Heeren
Ugur Inceman
Dietmar Berchtold
Erwin Vanderbroeck
Lars Müller
Stephan Lämmermann
Taifour Diane

Aufstellung FC Energie Cottbus:
Tomislav Piplica
Rudi Vata
Christian Beeck
Rayk Schröder
Olaf Renn
Jörg Scherbe
Vasile Miriuta
Janos Matyus
Steffen Heidrich
Antun Labak
Franklin

Wechsel Alemannia Aachen:
Luciano Emilio
für Dietmar Berchtold (62.)
Thierry Bayock
für Lars Müller (62.)
Peter Keller
für Ugur Inceman (79.)

Wechsel FC Energie Cottbus:
Sebastian Helbig
für Antun Labak (75.)
Mike Jesse
für Jörg Scherbe (80.)
Moussa Latoundji
für Janos Matyus (87.)

Karten Alemannia Aachen:
Gelb für Dietmar Berchtold
Gelb für Henri Heeren
Gelb für Lars Müller

Karten FC Energie Cottbus:
Gelb für Janos Matyus
Gelb für Vasile Miriuta
Gelb für Franklin
Gelb für Steffen Heidrich
Gelb-Rot für Franklin (15.)
Gelb-Rot für Steffen Heidrich (43.)

seine Karriere beenden muss. Wir haben dann recht ordentlich weitergepunktet und empfangen nach dem 4:1-Sieg gegen Karlsruhe Energie Cottbus zu dem berühmt-berüchtigten Spiel auf dem Tivoli.

Tabelle der 2. Bundesliga 1999/2000 am 30. Spieltag

Pl.			Verein	Sp	S	U	N	Tore	Diff	Punkte
1.	(1.)		1. FC Köln	30	17	8	5	59:31	+28	59
2.	(2.)		VfL Bochum	30	16	6	8	58:43	+15	54
3.	(3.)		FC Energie Cottbus	30	14	4	12	52:37	+15	46
4.	(5.)	↗	1. FC Nürnberg	30	12	10	8	46:43	+3	46
5.	(4.)	↘	Borussia M'gladbach	30	11	12	7	50:39	+11	45
6.	(7.)	↗	Alemannia Aachen	30	12	9	9	42:45	-3	45
7.	(6.)	↘	Hannover 96	30	12	7	11	50:47	+3	43
8.	(9.)	↗	SV Waldhof Mannheim	30	10	12	8	45:45	0	42
9.	(8.)	↘	Tennis Borussia Berlin	30	10	10	10	39:42	-3	40
10.	(10.)		Rot-Weiß Oberhausen	30	9	12	9	34:32	+2	39
11.	(11.)		SpVgg Greuther Fürth	30	8	15	7	34:35	-1	39
12.	(15.)	↑	FSV Mainz 05	30	8	12	10	35:35	0	36
13.	(12.)	↘	Chemnitzer FC	30	9	9	12	38:43	-5	36
14.	(14.)		FC St. Pauli	30	7	14	9	29:34	-5	35
15.	(13.)	↘	Stuttgarter Kickers	30	9	7	14	45:52	-7	34
16.	(16.)		Kickers Offenbach	30	7	11	12	30:49	-19	32
17.	(17.)		Fortuna Köln	30	5	11	14	28:45	-17	26
18.	(18.)		Karlsruher SC	30	4	11	15	32:49	-17	23

Wir hatten gegen Karlsruhe 4:1 gewonnen, stark gespielt und dann gegen Cottbus ein Spitzenspiel auf dem Tivoli. Und die Cottbuser hatten einen Spieler dabei, der hieß Franklin. Das war einer, der sich immer fallen ließ mit großem Theater und so.

Es war eine viertel Stunde gespielt. Der steht auf meiner Seite vor der langen Stehtribüne und rast auf einmal wie ein Verrückter quer übern Platz auf die andere Seite. Da war ein Riesentumult, ich konnte kaum was sehen. Aber der Trainer muss den Franklin wohl gewürgt haben und wurde dann gesperrt. Es war das erste Mal, dass ein Trainer für eine Tätlichkeit für Monate aus dem Verkehr gezogen wurde.

Durch ein Tor von Erwin Vanderbroek haben wir diese hektische Partie gewonnen. In der Kabine hat dann unser Trainer gesagt, er hätte den Franklin nicht geschlagen oder gewürgt, er hätte nix gemacht. Der Trainer war natürlich immer mit Leib und Seele dabei, aber ich weiß bis heute nicht, ob er was gemacht hat oder nicht.

Aber ich halte ihm zugute, dass er in dieser Saison wirklich immer mit der Mannschaft mitgelebt hat. Wenn wir die anschließende Partie in St. Pauli gewonnen hätten, wären wir ganz oben dran gewesen. Wir sind da zwar früh durch Adem Kapic in Führung gegangen, haben uns aber in der zweiten Halbzeit einen Doppelschlag geholt von Ivan Klasnic und Marcus Marin und fuhren mit einer 1:2-Niederlage ziemlich bedröppelt nach Hause.

Vielleicht hat es mit daran gelegen, dass der Trainer gesperrt war und nur auf der Tribüne saß. Wir hatten nicht so viele spielerische Möglichkeiten, sondern kamen mehr über Kampf, Einsatzbereitschaft und Willen. Und zu diesem Zeitpunkt waren wir schon ziemlich ausgepowert.

Bei dem Spiel hatte Andy Winkhold zum ersten Mal das Sagen an der Linie. Er war ein typischer Co-Trainer. Viele kamen nicht so klar mit ihm, weil sie ihn schon länger kannten. Ich hatte keine Probleme. Mir gegenüber war er immer korrekt und vernünftig. Pech für ihn war, dass wir unter ihm dann kein Spiel mehr gewonnen haben. Erst haben wir gegen Köln zu Hause 2:1 verloren und dann fahren wir nach Oberhausen und holen uns eine 3:0-Klatsche ab. Da sind wir dann untergegangen wie nix. Zum Schluss haben wir uns mit einem 2:2 gegen Fürth noch versöhnlich von den Fans verabschiedet.

Nach dem Cottbus-Spiel hatten wir zwar die Chance, ganz oben ranzukommen, aber wir hatten nicht das Potenzial im Vergleich zu den anderen Mannschaften vor uns. Das Jahr über haben wir auf einem ganz hohen Niveau mit einer kleinen, namenlosen Mannschaft gespielt. Vor der Saison hatte jeder gesagt: „Aachen ist Absteiger Nummer 1." Spieler wie Frank Schmidt, Mike „Zimbo" Zimmermann, Bart Meulenbergh oder unser Pflegefall Clirim Bashi kannte vorher keiner. Oder David Marso, der war am ersten Spieltag gleich in der „kicker"-Elf des Tages, hat es aber im Profifußball dann nicht geschafft.

Supertor gegen den MSV

Dann wollten aber alle mehr. Im ersten Jahr war unser erklärtes Ziel der Klassenerhalt, im zweiten Jahr präsentierte sich der Klub nach außen ganz anders. Jetzt sollte ein Platz unter den ersten Sechs angestrebt werden, die Erwartungshaltung war viel größer – im zweiten Jahr des Zweitliga-Aufsteigers! Ich sage immer: „Das zweite Jahr eines Aufsteigers ist immer das schwerste."

Und ausgerechnet in der Vorbereitung war unser Trainer gesperrt, zwar nicht lange, aber am Anfang stand er nur am Rand und hat zugeguckt. Das war schon komisch. Aber wir hatten uns schon fast etwas daran gewöhnt, weil er zum Ende der letzten Saison schon nicht mehr dabei war. Kurios war schon, dass er bei den Waldläufen im Paulinenwäldchen immer mit einem Regenschirm am Weg stand und zuschaute.

Es war eine brutale Vorbereitung, weil die Vorgaben des Vereins hoch waren. Die im Präsidium haben dann wirklich unkontrolliert was rausgehauen, was unrealistisch war.

Denn so toll hatten wir uns wirklich nicht verstärkt. Nur Marco Zernicke war vom Namen her bekannt.

Drei Monate Sperre hätte Eugen Hach eigentlich absitzen müssen, beim ersten Spiel in Mannheim war er aber wieder dabei. Es war ein schlechter Auftakt. Bei hohen Temperaturen sind wir direkt mit 3:0 unter die Räder gekommen. Danach haben wir aber drei Spiele hintereinander gewonnen und gegen Duisburg hab ich mein erstes Tor für Aachen geschossen.

Spielstatistik Alemannia Aachen – MSV Duisburg 1:0 (0:0)

 Alemannia Aachen – MSV Duisburg
1:0 (0:0)

Mo 11.09.2000, 20:15 Uhr
2. Bundesliga 2000/2001, 4. Spieltag
Schiedsrichter: Peter Sippel (München)

Tor: 1:0 Willi Landgraf 64.

Aufstellung Alemannia Aachen:
André Lenz
Willi Landgraf
Clirim Bashi
Henri Heeren
Marco Zernicke
Marc Kienle
Markus von Ahlen
Dietmar Berchtold
Ugur Inceman
Hui Xie
Taifour Diane

Aufstellung MSV Duisburg:
Gintaras Stauce
Hans Sarpei
Torsten Wohlert
Marijan Kovacevic
Pavel Drsek
Thomas Hoersen
Horst Steffen
Michael Zeyer
Hendrik Liebers
Peter Közle
Goran Milovanovic

Wechsel Alemannia Aachen:
Marc Spanier
für Willi Landgraf (75.)
Martin Guzik
für Marc Kienle (82.)
Christian Schäfer
für Dietmar Berchtold (87.)

Wechsel MSV Duisburg:
Jean-Kasongo Banza
für Peter Közle (27.)
Darlington Omodiagbe
für Horst Steffen (55.)
Sören Seidel
für Hendrik Liebers (66.)

Karten Alemannia Aachen:
Gelb für Hui Xie

Karten MSV Duisburg:
Gelb für Jean-Kasongo Banza

Wir hatten eine Prämienregelung im Paket gemacht: Wenn wir aus vier Spielen neun Punkte holen, dann kriegen wir noch ne Sonderprämie. Duisburg war dann das vierte Spiel und durch meinen Treffer bekamen wir die Sonderprämie. Ich glaub, das waren so um die 10.000 DM für die Mannschaft. Derjenige, der sich daran heute noch erinnert, ist Christian Schmidt, unser damaliger zweiter Torwart, der ist jetzt Torwarttrainer. Der hat sich von dem Geld eine wunderschöne Uhr gekauft und sagt heute noch: „Weisste noch, Willi, die Uhr hast du mir damals reingeschossen."

Mein Tor gegen Duisburg: ein super Schuss in den Winkel, ein Pfund ohne Ende. Alle hatten sich schon abgedreht, aber der Ball ist dann im Knick eingeschlagen. Dann bin ich losgerutscht und losgerannt und musste eingefangen werden, sonst wäre ich noch auf die A4 gerannt. Es war ein wunderschöner Tag, weil meine Frau auch noch Geburtstag hatte, es war der 11. September. Es war ein Supertor, das uns viel Geld eingebracht hatte.

Kurios war unsere Heimpleite gegen Hannover. Plötzlich stand Christian Schmidt im Tor, und André Lenz war suspendiert. Wir wussten erst gar nicht, worum es geht. André hat uns dann gesagt, dass er einen Tag vorm Spiel im Slaughter House abends einen Salat gegessen hat und der Trainer ihn gesehen hatte. Auf André war der Trainer nicht so gut zu sprechen, weil er möglicherweise wechseln wollte. Außerdem wurde der Druck auf den Trainer immer größer. Eigentlich war André immer Vorbild, hat sich voll reingehängt, ihm war nichts vorzuwerfen. Deshalb waren wir alle auch so überrascht, dass er suspendiert worden war. Beim nächsten Spiel in St. Pauli war wieder Friede, Freude, Eierkuchen. André stand nicht nur wieder im Tor, sondern war auch noch Kapitän – von null auf hundert. Später ist er dann nach Cottbus in die Bundesliga gewechselt, er wollte weiterkommen.

Spielstatistik Alemannia Aachen – Hannover 96 0:4 (0:3)

 Alemannia Aachen – Hannover 96
0:4 (0:3)

Fr 24.11.2000, 19:00 Uhr
2. Bundesliga 2000/2001, 14. Spieltag
Schiedsrichter: Markus Schmidt (Stuttgart)

Tore: 0:1 Michél Mazingu-Dinzey 12.
       0:2 Danijel Stefulj   19.
       0:3 Daniel Stendel   30.

       0:4 Jan Simak   72.

Aufstellung Alemannia Aachen:
Christian Schmidt
Willi Landgraf
Clirim Bashi
Henri Heeren
Marco Zernicke
Taifour Diane
Markus von Ahlen
Ugur Inceman
Dietmar Berchtold
Stephan Lämmermann
Hui Xie

Aufstellung Hannover 96:
Jörg Sievers
Fahed Dermech
Danijel Stefulj
Moudachirou Amadou
Oliver Schäfer
Altin Lala
Nico Däbritz
Carsten Linke
Michél Mazingu-Dinzey
Jan Simak
Daniel Stendel

Wechsel Alemannia Aachen:
Lars Müller
für Ugur Inceman (46.)
Marc Kienle
für Henri Heeren (72.)
Andreas Rüppel
für Dietmar Berchtold (72.)

Wechsel Hannover 96:
Mourad Bounoua
für Nico Däbritz (65.)
Steven Cherundolo
für Michél Mazingu-Dinzey (81.)
Michael Molata
für Daniel Stendel (85.)

Karten Alemannia Aachen:
Gelb für Clirim Bashi
Gelb für Lars Müller
Rot für Taifour Diane (87.)

Karten Hannover 96:
Gelb für Carsten Linke
Gelb für Fahed Dermech
Gelb für Jan Simak
Gelb für Danijel Stefulj
Gelb-Rot für Altin Lala (87.)

In der Kabine saß er mir immer gegenüber und hat auch schon mal ne Dose Haarspray verbraucht. Seine Leistung wurde wirklich noch besser, wenn die Haare richtig glatt waren. Wir hatten trotz André immer viele Gegentore bekommen, in Gladbach sechs, in Nürnberg sechs, in Osnabrück fünf, in Duisburg vier. Nur zu Hause waren wir stark, trotzdem sind wir Zehnter geworden.

Im Vergleich zum ersten Jahr hat sich Eugen Hach brutal verändert. Er hat eine Riesenwandlung gemacht. Er war sehr besessen und nicht mehr so zugänglich wie am Anfang. Da kam er locker in Jeanshose und fuhr mit seinem alten Peugeot vor. Später zog er Anzug und Mercedes vor.

Leider hat er sich immer sehr schnell angegriffen gefühlt. Sicherlich muss jeder seinen Stil finden, ich fand den Jugendstil aber besser. Aber er war eine Art Alleinherrscher am Tivoli. Das war ein Fehler des Präsidiums. Wenn er jemanden zur Seite gehabt hätte, einen Manager z. B., wer weiß, wie seine Entwicklung dann verlaufen wäre. Wichtig ist, nicht nur seine eigene Meinung im Kopf zu haben, sondern auch mal zwei, drei Meinungen zu hören. Als Trainer immer nur alles ganz alleine zu entscheiden ohne Rücksprache, kann mal gut gehen, ist aber nichts auf Dauer. Oft hat er sich ja auch stur gestellt gegenüber den Medien. Wir haben ja auch mitbekommen, dass da oft

Theater war. Trotz allem hat er sich immer vor die Mannschaft gestellt, das darf man nicht vergessen.

Eugen Hach war es auch, der uns dann mal in ein Fitness-Studio geschleppt hat zum Steppaerobic. Anschließend bin ich von einem Reporter gefragt worden, ob ich so was schon mal gemacht hätte. Da hab ich einen Spruch rausgehauen, der dann durch die Gazetten und durchs Internet ging: „Junge, ich komm aus Bottrop – da wirste getötet, wenn du das in der Muckibude machst!"

Markus mit der kleinen Tafel

Mein Vertrag lief nach dieser Saison aus und es gab in allen Vertragssachen etwas Theater, weil das Präsidium von unserem Abschneiden enttäuscht war. Aber ich muss ehrlich sagen, mit der Mannschaft war nicht mehr drin.

Eine große Enttäuschung war dann auch Xie Hui. Der war ja in China ein Superstar und hat das bei uns auch mehr und mehr raushängen lassen. Mal ist er nach China geflogen, hat beim Training gefehlt und sich immer öfter hängen lassen. Das fand ich noch am schlimmsten. Und der Trainer hat da drüber hinweggesehen, weil er Tore geschossen hat. Wenn Xie sich vernünftiger verhalten hätte, wäre er auch hier eine Riesenrakete geworden. In Deutschland ist er aber an sich selbst gescheitert.

Unser Trainer hat auch auf Ugur Inceman gestanden. Der hat zwar auch gut gespielt, aber ich habe ihm gesagt: „Denk dran, Ugur, du wirst nicht immer so einen Trainer wie Eugen Hach haben. Du musst dich auch durchbeißen, wenn es mal nicht so gut läuft. Woanders hast du keinen, der so hinter dir steht." Ugur war ein sehr fleißiger, bissiger Typ. Der hat auch mal die Ballsäcke geschleppt und sich was sagen lassen. Er war ein hundertprozentiger Profi und sehr netter junger Mann, schon ziemlich reif für seine jungen Jahre.

Der schnellste Waldläufer im Team war Waffi Douaydari. Wie der durch das Paulinenwäldchen gerannt ist, hast du noch nicht erlebt. Normal laufen wir die große Runde in 24 Minuten, der hat die in 18 Minuten geschafft. Hinzu kam noch, dass der besser Sänger geworden wäre. Der hätte locker bei „Deutschland sucht den Superstar" mitmachen können, da wär der ganz weit vorne gewesen. Der konnte nämlich besser singen als Fußball spielen.

Sehr geschätzt habe ich Markus von Ahlen. Er war mein Kapitän. Der hatte immer eine kleine Tafel dabei, das fand ich lustig. Darauf hat er immer die Spielzüge aufgezeichnet, die wir machen sollten. Die hat er uns dann immer in der Kabine gezeigt. Er hat sich immer viele Gedanken gemacht. Ich hab zu ihm gesagt: „Du bist unser dritter Trainer." Mir hat es sehr leid getan, als er sich im Spiel gegen Ahlen so schwer verletzt hatte und später seine Karriere beenden musste. Er war eine große Spielerpersönlichkeit, die uns gefehlt hat. Ich war sehr mitgenommen, als er sich die Bänder im Knie gerissen hatte. Wir haben das Spiel 4:3 gewonnen und ich hatte ein Tor gemacht. Ich weiß noch, wie er auf der Bahre gelegen hat und später in der Kabine bei Jupp Vanhouttem, unserem Physiotherapeuten. Da hab ich ihm in der Halbzeit gesagt, dass ich das Tor für ihn gemacht hab und er hat mich noch gedrückt. Er war ein toller Spieler, aber manchmal ist er mir auch ein bisschen auf den Geist gegangen mit seiner Tafel.

Merkwürdig fand ich die Verpflichtung von Mark Rudan. Das war ein Vorstopper aus Australien, der bei uns ein Probetraining gemacht hatte. Wir hatten so viele Gegentore kassiert und wollten die Abwehr stabilisieren. In der Winterpause hat der Trainer ihn geholt. Mark Rudan hatte zwar einen guten Kopfball, aber mich hat er nicht überzeugt. Später sollte er ja noch eine Hauptrolle im Kofferskandal spielen.

Ein verrückter Typ war auch Clirim Bashi, unser Pflegefall. Wir wussten schon, dass er sich oft in Kreisen bewegte, in denen man sich besser als Fußballer, der in der Öffentlichkeit steht, nicht bewegen sollte. Sicher haben wir im Bus auf den Fahrten auch mal Karten gespielt. Aber in meiner Laufbahn habe ich nur Clirim erlebt, der wirklich richtig brutal gezockt hat. Er ist dann auch ziemlich abgesackt. Der Trainer hat später nicht mehr hinter ihm gestanden und ihn fallen lassen. Dadurch ist er noch weiter abgerutscht. Heute kennt ihn kaum einer mehr. Aber das ist Fußball, das geht ganz schnell und weg biste.

Früher haben wir auch mal auf uns gesetzt und gewettet, dass wir gewinnen. Aber dass es so einen Wettskandal wie in Deutschland mal geben würde, hätte ich nie für möglich gehalten. Ich war richtig perplex, dass ein Schiedsrichter ein Spiel so verpfeifen kann. Dass man auf sich mal selber tippt, war keine Frage. Wir wollten ja jedes Spiel gewinnen. Da haste mal 100 Euro auf deine Mannschaft gesetzt, das war normal. Da hat sich keiner Gedanken gemacht.

Zu Schiedsrichtern hatte ich immer ein gutes Verhältnis. Ich bin so lange dabei gewesen, da lernt man sich kennen. Sicher bin ich auf dem Platz auch mal impulsiv, das gehört dazu.

Mit zunehmendem Alter bin ich aber ruhiger geworden oder ich beruhig mich auch schneller. Über die Schiris hab ich mir aber auch wenig Gedanken gemacht, ob sie gut oder schlecht sind. Was ich nicht mag, ist, wenn man sie nicht ansprechen kann und sie arrogant wirken. Man muss sich auch mit dem Schiri unterhalten können, das bringt Lockerheit rein. Und dann sagst du auch mal schneller zu nem eigenen Mitspieler: „Mensch, halt doch mal die Klappe!"

Als es zu dieser Zeit gut lief, waren alle begeistert. Wenn es mal schlecht lief, war Untergangsstimmung. Vor allem der Präsident Hans Bay war sehr launisch und direkt sauer auf die Spieler, die er nicht so gut fand. Die hat er auch beschimpft, so weit ging das. Da hörteste von der Tribüne aus das Gemeckere: „Wie der da rumläuft, der hat das Geld gar nicht verdient." Solche Sachen kamen da rüber. Auf dem Spielfeld kriegste das ja nicht mit, aber es wird dann doch irgendwie an dich rangetragen. Das ist wie „Stille Post". Fand ich immer schade.

Der Start in die Saison 2001 ging vollends in die Hose. Erst verloren wir gegen Mainz, anschließend gegen Hannover. Vorher war schon jede Menge Unruhe im Verein, weil wir „nur" Zehnter geworden waren. Und jetzt hieß es: „Guckt, dass ihr unter die ersten Fünf kommt!" Meiner Meinung nach hatten die sich da wieder viel zu weit aus dem Fenster gelehnt.

Auswärts hatten wir wieder nichts auf die Reihe gekriegt, die Fans wurden unruhig, der Druck wurde größer – auch auf den Trainer. Wir sind immer gependelt zwischen Platz 13 und 11, zu mehr hatte es in dieser Phase nicht gereicht. Und der Trainer machte immer komischere Äußerungen, wurde mit dem ganzen Druck nicht mehr fertig. Dann kam das Spiel in Schweinfurt. Ich war gesperrt. Wir hatten schon gespürt, dass es richtig Theater geben würde, wenn der Trainer nicht gewinnt.

Der Präsident Hans Bay und der Schatzmeister Bernd Krings wären mit Eugen Hach durch dick und dünn gegangen, aber der Verwaltungsrat und auch die Fans hatten die Schnauze voll. Nach der Niederlage in Schweinfurt war klar, dass der Trainer gefeuert wurde.

Schon beim Abschied von Erwin Vanderbroek hatte Eugen Hach viel Kredit beim Publikum verspielt, weil er den Erwin nicht aufgestellt hatte. Das haben die Fans dem Trainer nicht verziehen. Später hat er sich noch mit Lämmi angelegt und ihn nicht mehr spielen lassen. Die beiden hatten viele Meinungsverschiedenheiten, aber Stephan war ein angesehener Spieler. Die Fans haben gemerkt, dass er das Gleiche wie beim Erwin auch mit Lämmi abziehen wollte. Das ist dann alles hochgekocht. In der Phase war ich noch nicht so der Publikumsliebling, da war Stephan Lämmermann ganz weit vorne und ich glaube, diese Popularität der Spieler mochte Eugen nicht.

Als der Trainer entlassen wurde, gab es einige Spekulationen, wer sein Nachfolger werden könnte. An Jörg Berger hatte ich nicht im Traum gedacht. Mein Favorit war Jürgen Gelsdorf. Wir hatten in Gütersloh sehr gut miteinander gearbeitet und er hätte von der Mentalität sicher auch gut zu Aachen gepasst.

Richtiger Mann zum richtigen Zeitpunkt

Aber dann kam Jörg Berger. Zwar war ich in der Zeit, wo wir schwach gespielt hatten, einer der besseren Spieler, trotzdem setzte mich der neue Trainer bei seinem Debüt in Saarbrücken auf die Bank und gab Bernd Rauw auf der rechten Seite den Vorzug. Ich war echt total überrascht, dass ich gegen Saarbrücken nicht dabei war. Beim Trainingslager in Vaalsbroek hatte er mir das gesagt: „Pass auf, Willi. Ich lass den Bernd spielen." Mehr hat er nicht gesagt. Da war das Ding erledigt gewesen. Ich war sehr enttäuscht und wollte auch nicht weiter darüber sprechen. Ich war ziemlich mitgenommen. Aber ich gebe nie auf. Ich kämpfte mich wieder ran und war gegen Eintracht Frankfurt dabei. Da haben wir 2:2 gespielt und seitdem stand ich fast immer in der Startelf.

Zu Jörg Berger hatte ich immer ein gutes Verhältnis, mit ihm hatte ich nie Probleme. Er war ein sehr kompetenter Mann, auch von der Ausstrahlung her. Seine Verpflichtung war zu dem Zeitpunkt das Beste, was Alemannia Aachen passieren konnte. Er hat den Verein wirklich richtig gut repräsentiert. Nicht umsonst eilte ihm ja der Ruf des „Feuerwehrmanns" in der Bundesliga voraus. Er hatte viel Erfahrung. Das merkte man. Plötzlich stand er im Mittelpunkt. Das war gut für uns. Er fing viel ab und strahlte immer Gelassenheit aus. Das brauchte die Mannschaft. Einen, der ihr Selbstbewusstsein gibt und auch im Superstress noch kühlen Kopf behält.

Zumal ja auch noch viel auf den Klub zukam, wie z. B. die so genannte Kofferaffäre. Mark Rudan soll darin verstrickt gewesen sein. An seinen Verein in Australien soll eine Ablöse gezahlt worden sein, die aber nie dort angekommen ist. Mark hat immer gesagt, er hätte damit nichts zu tun. Wir haben alles aus der Presse erfahren und waren völlig baff. Später wurd ja auch noch die Geschäftsstelle mal kurz geschlossen und von der Steuerfahndung durchsucht. Nur Theater am Tivoli, da kam dann ein Ding nach dem anderen.

Zwischenzeitlich kam ja dann auch noch Jörg Schmadtke neu als Sportdirektor. Mit dem hab ich das erste Mal geredet, als es später um unsere Gehaltskürzungen ging. Eine seiner ersten Verpflichtungen war die von Kalla Pflipsen. Jeder wusste, dass Kalla ein großer Spieler war. Wir brauchten noch einen guten Mittelfeldmann und wenn wir ihn kriegen konnten – warum nicht? Kalla war ein offener Typ. Ihm eilte ja ein schlechter Ruf voraus, weil er in Gladbach sein Urlaubsgeld eingeklagt hatte. Aber ich muss sagen, dass ich mit Kalla sehr gut ausgekommen bin und der Verein auch. Denn er ist ja auch nach seinem Weggang aus Aachen immer noch ein gern gesehener Gast auf dem Tivoli.

Kalla ist auch gut mit Jörg Berger ausgekommen, der Trainer stand auf gestandene Spieler. Kalla hat auch gezeigt, wie wertvoll er war, wenn er fit war. Allerdings missglückte sein Einstand total: Er kam, spielt das erste Mal mit und verliert 5:1 bei Union Berlin. Da hatte er mir noch gesagt: „Ach, du dickes Ei! Wo bin ich denn hier gelandet?" Aber das war unsere typische Auswärtsschwäche, die haben wir nie in den Griff gekriegt.

Das erste Trainingslager mit Jörg Berger in der Türkei war sehr gut. Wir hatten den Schwung aus dem 1:0-Sieg gegen Mainz vor der Winterpause mitgenommen und haben wirklich gut gearbeitet. Ich fand den Trainer immer gut, wenn er in der

Kabine vor uns stand. Er hat viel Humor und konnte viel erzählen. Manchmal hat er auch bei einer Besprechung von einem Spieler gesprochen, der gar nicht mehr bei dem gegnerischen Klub spielte. Aber das haben wir ihm gar nicht übel genommen, weil wir ihn gemocht haben. Ich bin immer sehr gut mit ihm ausgekommen. Der hatte auch immer „Angst" vor mir, weil ich immer genau wusste, wo er im Ruhrgebiet überall rumgefahren ist und wo er überall war. Da hat er sich immer kaputtgelacht, wenn ich ihm sagen konnte, wo er überall gewesen ist. Ich hab halt viele Kumpels im Revier und die rufen mich immer an.

Wir steckten mitten im Abstiegskampf, in einer sehr schwierigen Phase, und mit seinem Co-Trainer Frank Engel war Jörg Berger der richtige Mann zum richtigen Zeitpunkt am richtigen Ort. Der hatte auch immer Glück, der war ein richtiges „Glücksschwein".

Schneller Abgang

Nach dem Trainingslager dachten wir, jetzt kommt endlich wieder mal Ruhe in den Laden rein. Kaum waren wir in Aachen, wurde Mark Rudan verhaftet – immer was Neues. Ein Chaos. Alles drehte sich nun um die Festnahme von Mark Rudan. Und wir spielten eine Woche später gegen Hannover 96.

Ein paar Tage später bekamen wir auch noch einen neuen Präsidenten. Theo Lieven hieß der Mann. Jörg Schmadtke kam in die Kabine und sagte uns, wir hätten jetzt einen neuen Präsidenten. Und vom Hörensagen wussten wir, dass der richtig Asche haben sollte.

So viele Sitzungen wie in dieser Phase hatte ich noch nie erlebt. Wenn ich aus Bottrop nach Aachen kam, hab ich als erstes gefragt: „Ist heute Sitzung?" „Ja, heute ist Sitzung." Meistens war noch einer vom Vorstand dabei, es war immer was. Deshalb dachte ich auch, dass der Lieven mit seiner Kohle ein kompetenter Mann gewesen wäre und hab zu meiner Frau gesagt: „Für den Verein sieht es jetzt richtig gut aus."

Aber so einen Präsident wie Theo Lieven – ohne dem Mann etwas zu wollen – hatte ich noch nie erlebt. Im Fußballgeschäft war der völlig fehl am Platz. Das einzig Gute an dem war, dass er alles ans Tageslicht gebracht hatte, alle Zahlen und Bilanzen. Ohne ihn hätten wir nicht gewusst, wie viele Schulden der Verein hatte und wie das Geld zum Fenster rausgeschmissen worden war.

Jörg Schmadtke kam dann rüber in die Kabine und sagte: „Um den Spielbetrieb überhaupt sichern zu können, müsst ihr auf Geld verzichten." Schon in der Winterpause war davon die Rede.

Außerdem kam der Crash mit den Fernsehgeldern, die nicht mehr so üppig ausfallen sollten. Wir sollten uns mal Gedanken machen, meinte Jörg. Wir haben dann auf Geld verzichtet, alle Spieler, allerdings jeder für sich. Ich hab auf 30 Prozent verzichtet. Auf wie viel die anderen verzichtet haben, ist eigentlich uninteressant. Wichtig war, dass alle mitgemacht haben.

Ich musste immer schmunzeln, weil wir den reichsten Präsidenten der Liga hatten und jetzt auf Geld verzichten mussten. Aber er hatte von Anfang an eine klare Linie und hat gesagt: „Ich geb dem Verein nichts!" Eigentlich war das unvorstellbar. Er hätte sich natürlich einen Riesennamen machen können. Er hätte der Held von Alemannia Aachen werden können. Stattdessen mussten wir mit der Sammelbüchse durch die Stadt laufen.

Ich hab schon vieles erlebt, aber das war eine der peinlichsten Situationen in meinem Leben. Ich dachte vorher schon, viel kann das ohnehin nicht bringen. Ich fand das sehr toll von den Fans, dass sie uns unterstützt haben. Aber noch mal: Ich fand es sehr peinlich, dass ich von jungen Leuten und auch von Kindern Geld annehmen musste.

Das war eine Zeit, in der wir sehr viel mitgemacht haben und die ich auch nicht vergessen werde. Gerade auch der Präsident, ein sehr reicher Mann, der sich von Kindern Münzen in seine Sammelbüchse stecken ließ. Ich kann mich noch an Bilder in der Presse erinnern, wo er Geld von einem Jungen angenommen hat. So was konnte keiner verstehen. Wir alle haben gedacht, dass er in dieser kritischen Phase was dazubuttert. Er hat es aber nie gemacht und hat dem Verein nichts gebracht – bis auf die Aufdeckung der Misswirtschaft.

Sportlich absolut entscheidend war dann unsere Auswärtspartie in Karlsruhe. Wir mussten unbedingt gewinnen, das wusste jeder – alle Spieler bis hin zu Markus Daun, der in der Winterpause gekommen war, richtig gut in die Truppe passte und gut gespielt hatte.

Dann kam noch hinzu, dass sich Jörg Berger mit unserem Busfahrer gestritten hatte, weil der nicht den besten Weg zum Stadion gefahren war. Die hatten immer Streit, auch wenn es um die Fahrt zum Trainingsplatz ging. Heinz hieß unser Busfahrer und der fand die Plätze nie, das war wirklich ein Heinz. Die beiden hatten sich immer in den Haaren.

Der Trainer hatte uns gar nicht spüren lassen, dass es so ein wichtiges Spiel war, der war sehr locker und hatte eine sehr gute Ausstrahlung. Wir wussten natürlich auch, worauf es ankam und haben uns noch an dem Abend zuvor in Karlsruhe gesagt: „Wenn wir auch sonst nix auswärts reißen – das Spiel müssen wir gewinnen."

Vorm Spiel kam der Trainer mit Jörg Schmadtke in die Kabine und sagte: „Passt auf, Jungs! Ich hab noch was. Der Theo Lieven hat angerufen. Wenn ihr gewinnt, kriegt ihr noch 50.000 Euro für die Mannschaftskasse." Das war ja alles schön und gut, aber Geld ist nicht immer der entscheidende Grund für die Motivation. Ich habe immer zuerst für den Verein gespielt und nicht fürs Geld. Daran hab ich im Spiel auch nie gedacht. Wirklich nie!

So Gott wollte, haben wir dann auch 2:1 gewonnen. Der Markus hat sogar noch ein Tor geschossen – und der Jupp Ivanovic. Danach konnten wir nicht mehr absteigen, hatten den Klassenerhalt gesichert. Das war eine Busfahrt zurück. Ich hab gedacht, der Bus fällt auseinander. Wir haben so gefeiert, gesungen, richtig die Sau rausgelassen. Der Trainer war auch super drauf. Und jetzt hatten wir auch noch die Zusatzprämie gewonnen.

Die sollten wir eigentlich am nächsten Tag bekommen. Henri Heeren war unser Kapitän und der hat sich darum ge-

Spielstatistik Karlsruher SC – Alemannia Aachen 1:2 (1:2)

 Karlsruher SC – Alemannia Aachen
1:2 (1:2)

Sa 20.04.2002, 15:00 Uhr
2. Bundesliga 2001/2002, 32. Spieltag
Schiedsrichter: Volker Wezel (Tübingen)

Tore: 0:1 Josef Ivanovic   14.
       0:2 Markus Daun   28.
       1:2 Carsten Rothenbach   45.

Aufstellung Karlsruher SC:

Thomas Walter
Carsten Rothenbach
Thijs Waterink
Torsten Kracht
Marco Engelhardt
Aydin Cetin
Carsten Birk
Chinwuza Gabriel Melkam
Danny Fuchs
Daniel Graf
Bruno Labbadia

Aufstellung Alemannia Aachen:

Stephan Straub
Willi Landgraf
Marc Spanier
Edwin Bediako
Henri Heeren
Ivica Grlic
Bernd Rauw
Christian Schmidt
Josef Ivanovic
Taifour Diane
Markus Daun

Wechsel Karlsruher SC:

Clemens Fritz
für Marco Engelhardt (38.)
Stefan Ertl
für Carsten Birk (76.)

Wechsel Alemannia Aachen:

Daniel Rosin
für Bernd Rauw (55.)
Olivier Caillas
für Markus Daun (60.)
Sascha Hildmann
für Josef Ivanovic (74.)

Karten Karlsruher SC:
Gelb für Torsten Kracht

Karten Alemannia Aachen:
Gelb für Edwin Bediako
Gelb für Olivier Caillas
Gelb für Willi Landgraf
Gelb für Marc Spanier
Gelb für Ivica Grlic
Gelb-Rot für Ivica Grlic (62.)

kümmert. Der Präsident hat dann gesagt, das Geld käme vom Verein, der war aber total blank, das musste er ja wissen. Und so musste er aus seiner eigenen Schatulle zahlen. Was da los war!

Henri hat den dann noch mal angerufen. Mit Wut hat Theo Lieven das Geld ausgezahlt und anschließend sein Amt als Präsident niedergelegt. Und wir haben gefeiert wie die Teufel, weil wir auch das Geld hatten.

Keiner hat Theo Lieven auch nur eine Träne nachgeweint. Er passte nicht in den Verein.

Es darf auch nicht vergessen werden, dass er mal einfach unseren Zeugwart Michael Förster rausgeschmissen hatte. Er wollte ja am liebsten alle rausschmeißen, um alles zu kürzen. Und dann muss man sich vorstellen, haut er unseren besten Zeugwart, der alles super im Griff hatte und sowieso nicht so viel verdient, schnell mal weg.

Wir haben direkt nach dem 2:1-Sieg gegen Duisburg in der Kabine eine Sitzung gemacht und sind dann zum Präsidium gegangen und haben gesagt: „Wir brauchen den Michael Förster. Ohne den läuft gar nix."

Der Präsident hat sich dann irgendwie entschuldigt. Er kannte den Michael Förster gar nicht. Der wusste gar nicht, was ein Zeugwart ist und wie wichtig ein so guter Zeugwart wie Michael Förster ist. Und da hat er den Rausschmiss zurückgenommen.

Michael Förster blieb und Theo Lieven ging – später nach unserer Prämienforderung. Dann kam ja das neue Präsidium mit Horst Heinrichs und Tim Hammer, die waren auch oft in der Kabine.

Das war auf jeden Fall meine schlimmste Saison im Profifußball, noch schlimmer als in Essen oder Gütersloh. Wir sind damals in den Sommerurlaub gegangen und wussten gar nicht, ob wir noch mal alle zusammenkommen, ob im neuen Spieljahr der Verein noch existiert. Die Schulden waren so erdrückend, dass keiner richtig wusste, ob und wie es weiterging. Die Auflagen für die Lizenz waren richtig brutal.

Das kannte ich zwar aus Essener Zeiten schon, aber diesmal war es sehr, sehr kritisch, das hatte Jörg Schmadtke uns gesagt. Wir hatten vor dem Sommerurlaub noch ein kleines Essen im Starfish mit allen Spielern. Aus dem Urlaub hatte ich ein paar Mal mit Jörg telefoniert, um zu hören, wie es weitergeht. Ich hatte ja noch einen Vertrag und konnte nicht zweigleisig fahren. Mir waren komplett die Hände gebunden. Das hat sich hingezogen und der Verein sagte immer: „Wir schaffen das, wir schaffen das!"

Krebsdiagnose von Jörg Berger

Ich hatte meinen Urlaub gebucht und bin nach Andalusien geflogen, da fliege ich fast immer hin im Sommer. Ich hab dann viel telefoniert mit Jörg Schmadtke oder auch den Spielern, vor allem Marc Spanier, aber keiner wusste irgendwas Neues.

Auch Robert Moonen, unser Stadionsprecher, hat uns immer Mut gemacht. Wir hatten auch ein sehr gutes Verhältnis. Robert war immer optimistisch und hat gesagt: „Jungs, es geht weiter!" Ich hab mir auch viele Gedanken gemacht in dieser Zeit. Ich bin aber immer wieder zu dem Schluss gekommen, dass wir die Lizenz bekommen. Es kann doch nicht sein, dass so ein Traditionsklub wie Aachen von der Bildfläche verschwindet. Das konnte ich mir nicht vorstellen. Existenzängste hatte ich, ehrlich gesagt, nicht. Nach meinen Erfahrungen in Essen und Gütersloh bin ich sehr ruhig geblieben. Ich war selber von mir überrascht. Ich hatte ja alles schon mal erlebt – keine Lizenz, dann doch wieder ne Lizenz, dieses ganze Hin und Her.

Mit hohen Auflagen haben wir dann die Lizenz bekommen, wir konnten uns keinen Zentimeter bewegen und mussten sogar Bernd Rauw verkaufen nach Bielefeld. Beim ersten Training standen acht Profis und fünf Amateure mit unserem Trainer Jörg Berger auf dem Platz. Wir konnten so gerade mal Sechs gegen Sechs spielen, Elf gegen Elf ging gar nicht.

Unser Trainer hatte sich das auch anders vorgestellt, aber es ging ja nicht anders. Jeder, der ein bisschen Fußball spielen konnte, hat sich in dieser Zeit bei unserem Trainer vorgestellt.

So viele Probespieler hatte ich vorher noch nie erlebt. Das war unglaublich. Aber so peu à peu wurden dann doch noch einige Spieler verpflichtet während der Vorbereitung wie Alexander Klitzpera, Quido Lanzaat, Miroslav Spizak und Eric van der Luer.

Für uns ging es nur darum, die Klasse zu halten. Der Trainer hat wirklich auch schon in der Vorbereitung das Beste aus der Situation gemacht. Er hat uns immer gesiezt, ich hab auch immer alle Trainer gesiezt und mit „Trainer, Sie" angeredet.

Der Start in die Saison war sehr holprig – kein Sieg in den ersten fünf Spielen. Beim 2:3 in Burghausen hab ich mir eine berechtigte Ampelkarte geholt. Ich hatte an der Seite meinen Gegenspieler weggegrätscht.

Vorher waren wir im Pokal bei dem Verbandsligisten SV Bahlingen ausgeschieden, hatten 1:0 verloren. Das war auch sensationell. Da waren wir so schlecht, die hätten uns auch fünf Kisten einschenken können. Das war zwei Tage nach meinem Geburtstag. Wir hatten gar kein Selbstvertrauen, haben uns aber danach gefangen und eine kleine Serie gestartet.

Alles schien sich ins Gute zu wenden, da platzte die Nachricht von der Krebserkrankung unseres Trainers wie eine Bombe in unseren Mannschaftskreis. Nach dem 3:0-Erfolg über Union Berlin hat er uns noch mal alle reingeholt in die Kabine und uns informiert: „Ich habe Darmkrebs. Den werde ich bekämpfen. Ich habe schon viele Kämpfe im Leben gewonnen. Also macht euch keine Sorgen. Ich bin ein positiv denkender Mensch. Und zum Beginn der Wintervorbereitung bin ich im Trainingslager wieder da."

Ich war total schockiert, als ich das gehört hatte. Es war das erste Mal, dass eine Person aus meinem engeren Umfeld Krebs hatte. Und dann ausgerechnet Jörg Berger, die Frohnatur. Er hatte richtig Ruhe reingebracht und jetzt das wieder.

Wir wurden vom Vorstand gefragt, ob wir ein Problem hätten, wenn Frank Engel die Leitung so lange übernimmt, bis Jörg Berger wieder da ist. Die Anwort war einstimmig: „Nein". Frank Engel war die optimale Lösung. Es war nie ein Thema, dass ein neuer Trainer kommen sollte.

Frank Engel hat immer viel, sogar das meiste gemacht. Wir hatten viel Respekt vor der Arbeit, die er geleistet hat. Sein erstes Spiel war in Mainz. Da haben wir zwar 3:1 verloren, aber wir hatten gut gespielt. Und die Stimmung war sehr gut, weil alle Zuschauer Jörg Berger gefeiert hatten. So etwas hatte ich noch nicht erlebt. Auch die Mainzer Fans ließen Jörg Berger hochleben. Das war einmalig. Daran konnte man sehen, dass Fußballer doch zusammenhalten. Ich fand, das war mehr als eine schöne Geste.

Frank hatte immer eine gute Verbindung zur Mannschaft als Co-Trainer, er war ein sehr netter Mensch. Jörg Berger und Frank Engel waren aber fast identisch, was das Training betraf. Die Mannschaft hatte auch unter Frank Engel voll mitgezogen und war noch enger zusammengerückt.

Verpasster Aufstieg

Wie versprochen, kehrte unser Trainer pünktlich zum Trainingslager zurück. Wir sind nach Belek geflogen und ich bin fast vom Hocker gefallen, als ich Jörg Berger wiedergesehen hab. Der sah aus wie das blühende Leben: braun gebrannt, als ob er zehn Monate auf Mallorca gewesen wär, super Figur, ganz der Alte.

Ich hatte mir vorher viele Gedanken gemacht: Wie wird das wohl, wenn du den das erste Mal wiedersiehst? Womöglich hat er keine Haare mehr oder so. Und wie wird er uns aufnehmen nach den zwei Monaten Krankheit? Er hat uns alle gedrückt. Wir waren so positiv überrascht, dass er so fit ausgesehen hat, und dann sind wir in die Vorbereitung gegangen. Der Trainer hat sich dann auch wieder ganz schnell reingefunden und hatte sich auch etwas verändert. Er ist noch lockerer geworden. Wie früher war er natürlich leidenschaftlich dabei, aber man merkte, dass er um sein Leben gekämpft hatte und jetzt viel entspannter wirkte, nachdem er diesen großen Kampf gewonnen hatte. Ich fand das super.

Dieser positive Lebensmut hat uns dann auch irgendwie beflügelt und wir haben in der Rückserie noch einige bemerkenswerte Spiele gemacht. Ich denke da an das 3:3 in Köln. Mit Thierry Bayock hatte ich auf der rechten Seite gespielt. Kurz nach der Pause bin ich ausgewechselt worden, weil es ja schon 3:0 für Köln stand.

Das passte nicht, ich war nicht so gut drauf. Auch mit Thierry klappte das Zusammenspiel nicht so gut. Dann hab ich mir

Spielstatistik 1. FC Köln – Alemannia Aachen 3:3 (1:0)

 1. FC Köln – Alemannia Aachen
3:3 (1:0)

Mo 10.02.2003, 20:15 Uhr
2. Bundesliga 2002/2003, 20. Spieltag
Schiedsrichter: Dr. Christian Wack (Gersheim)

Tore: 1:0 Dirk Lottner   45.
       2:0 Dirk Lottner   52.
       3:0 Florian Kringe   66.
       3:1 Emmanuel Krontiris   70.
       3:2 Emmanuel Krontiris   84.
       3:3 Emmanuel Krontiris   90.

Aufstellung 1. FC Köln:	Aufstellung Alemannia Aachen:
Alexander Bade	Stephan Straub
Moses Sichone	Willi Landgraf
Thomas Cichon	Alexander Klitzpera
Markus Happe	Quido Lanzaat
Andrew Sinkala	Dirk Caspers
Florian Kringe	Thierry Bayock
Dirk Lottner	Ivica Grlic
Alexander Voigt	Eric van der Luer
Matthias Scherz	Karlheinz Pflipsen
Markus Kurth	Josef Ivanovic
Christian Springer	Miroslaw Spizak

Wechsel 1. FC Köln:
Francis Kioyo
für Markus Kurth (86.)
Sebastian Helbig
für Christian Springer (90.)

Wechsel Alemannia Aachen:
George Stanley Mbwando
für Willi Landgraf (57.)
Emmanuel Krontiris
für Thierry Bayock (57.)
Mark Zimmermann
für Miroslaw Spizak (85.)

Karten 1. FC Köln:
Gelb für Christian Springer
Gelb für Andrew Sinkala
Rot für Thomas Cichon (75.)

Karten Alemannia Aachen:
Rot für Quido Lanzaat (77.)

das Spiel von der Bank aus angeguckt und hätte nie gedacht, dass wir das Spiel noch mal kippen würden. Dann wurde Emmanuel Krontiris eingewechselt. Den hatten wir in der Winterpause von Dortmund verpflichtet. Ich kannte ihn noch von Tennis Borussia Berlin. Er war ein Riesentalent, konnte mit links und rechts schießen und machte im halbfertigen neuen Kölner Stadion drei Tore: sensationell! Vielleicht wäre es für Emu besser gewesen, wenn er in Aachen geblieben wäre. Was im Profifußball oft nicht mehr zu zählen scheint, gibt es in Aachen noch – Menschlichkeit und Kameradschaft. Die beiden Dinge haben uns immer wieder nach vorne gebracht.

Wir konnten auch Niederlagen gut wegstecken, haben uns nie verrückt gemacht.

Außerdem haben wir auch neben dem Fußball einiges zusammen gemacht. Mal sind wir zusammen essen gegangen, mal haben wir Bowling gespielt. Wir haben riesige Mannschaftsabende gefeiert. Da ist der ein oder andere schon mal am Tisch eingeschlafen. Wenn wir nix konnten und manchmal nicht gewonnen hatten – trinken konnten wir wie die Weltmeister. Auch so etwas schweißt zusammen. Wir waren eine richtig lustige Truppe. Der lustigste Vogel war zu der Zeit George Mbwando. Der konnte den Trainer super parodieren mit sächsischem Dialekt. Auch Jupp Ivanovic war immer für einen Spaß gut. Und bei uns hat sich auch Emu wohlgefühlt und meist gut gespielt. Dann ging er zu 1860 München und ist untergetaucht, bis er überraschenderweise im Juni 2006 wieder an den Tivoli zurückgekehrt ist.

Am Ende sind wir dann überraschend Sechster geworden. Endlich war mal Ruhe im Verein.

Als ich hörte, dass Erik Meijer im Sommer 2003 verpflichtet worden war, war ich total überrascht. Ich kannte Erik nur aus dem Fernsehen und fand es super, dass wir jetzt zusammen spielten. Als wir uns zum ersten Mal sahen, uns gegenüberstanden und uns die Hand gaben, dachte ich: Ich bin ja schon ein Pflegefall, aber jetzt haben wir noch einen zweiten Pflegefall dazubekommen. „Da bist du ja endlich, ich bin Williken", hab ich zur Begrüßung gesagt. Da war das Eis schon gebrochen.

Erik war alles andere als ein Pflegefall, er hat sich sehr schnell und sehr gut angepasst. Er kam vom Hamburger SV, hatte dort einiges bewegt und sollte ja bei uns noch mehr bewegen. Daran hatte ich aber in dem Moment nicht gedacht. Ich hab mich sehr gefreut, dass wir mit Stefan Blank und auch mit Kai Michalke, der in der Winterpause zu uns gekommen war, zwei weitere gute Neue und somit einen guten Kader hatten.

Dennoch sind wir relativ schwach in die Saison gestartet. Nach den ersten vier Spieltagen hatten wir nur einen Sieg auf unserem Konto, das 1:0 gegen Aue. Am fünften Spieltag fuhren wir nach Fürth, wo wir auf unseren früheren Trainer Eugen Hach trafen. Wir hatten einen rabenschwarzen Tag erwischt und wurden mit 7:1 abgeschossen. Erik Meijer ging neben mir vom Platz, schüttelte den Kopf und guckte mich an: „Wo bin ich denn hier gelandet?" Das war so wie bei Kalla Pflipsens Einstand in Berlin, nur in Fürth hatte es noch mehr hinten gerappelt.

Wir hatten sie so richtig „auf die Fresse gekriegt". Eugen Hach ist ruhig geblieben, hat keine Sprüche oder so was geklopft. Ich war aber auch zu sehr mit mir beschäftigt, um jetzt noch Trost von irgendjemandem entgegenzunehmen. So down war ich lange nicht mehr gewesen.

Anschließend hagelte es Kritik, auch vom Präsidium, fast alles wurde wieder in Frage gestellt. Das konnte ich nicht verstehen, die Kritik war überzogen. Wir hatten so viel Kritik in den Vorjahren einstecken müssen und hatten diesmal wirklich eine gute Truppe, die noch mehr zusammenhielt. Wir hatten eine charakterstarke Mannschaft.

Nach diesem Debakel haben wir uns zusammengesetzt und in aller Ruhe über die Fehler gesprochen. Ich hatte noch in Interviews vorher gesagt, dass mir ein 1:7 einmal lieber ist als sieben Mal 0:1 und bin dafür auch von verantwortlichen Funktionären kritisiert worden. Das war mir aber egal, denn es war meine Meinung.

Und wenn ich jetzt rückblickend die erfolgreichen Jahre von Alemannia Aachen analysiere, dann war tatsächlich dieses Spiel bei der Spielvereinigung Greuther Fürth der Knackpunkt oder der Wendepunkt, wie man will. Denn nach diesem Spiel ging es trotz kleiner Rückschläge ständig bergauf mit dem Verein. Und wir starteten eine Serie mit fünf Siegen in Folge.

Darunter war auch unser 5:3-Sieg in Lübeck, ein Wahnsinnsspiel. Das war das erste Mal, dass mich Jörg Berger zur Pause ausgewechselt hat. In der Halbzeit sagt er zu mir: „Du, Willi, ich muss dich auswechseln. Du bist elfmetergefährdet." „Wie elfmetergefährdet?", hab ich verdutzt gefragt. Die Jungs saßen in der Kabine und guckten mich auch fragend an. Wir führten 3:1! Ich war traurig, fand, dass ich gut gespielt hatte. „Ich wechsel dich nicht aus, weil du schlecht gespielt hast, sondern weil du elfmetergefährdet bist", sagte Jörg Berger noch mal. Ich hatte in der ersten Halbzeit den Lübecker Türkmen in unserem Strafraum festgehalten, der Schiri hatte aber nicht gepfiffen. „Aber du spielst auf jeden Fall nächste Woche wieder.", hat der Trainer dann noch schnell gesagt. Und alle mussten griemeln. Später im Bus haben wir alle herzhaft darüber gelacht.

Spielstatistik SpVgg Greuther Fürth – Alemannia Aachen 7:1 (4:1)

SpVgg Greuther Fürth – Alemannia Aachen
7:1 (4:1)

So 14.09.2003, 15:00 Uhr
2. Bundesliga 2003/2004, 5. Spieltag
Schiedsrichter: Thomas Frank (Hannover)

Tore:	1:0	Marcus Feinbier	6.
	2:0	Petr Ruman	10.
	2:1	Erik Meijer	16.
	3:1	Marcus Feinbier	34.
	4:1	Petr Ruman	40.
	5:1	Petr Ruman	60.
	6:1	Christian Eigler	73.
	7:1	Christian Eigler	89.

Aufstellung SpVgg Greuther Fürth:

Sven Neuhaus
Heiko Westermann
Thomas Kleine
Christian Weber
Carsten Birk
Mathias Surmann
Mirko Reichel
Ugur Inceman
Olivier Caillas
Marcus Feinbier
Petr Ruman

Aufstellung Alemannia Aachen:

Stephan Straub
Willi Landgraf
Alexander Klitzpera
Quido Lanzaat
Stefan Blank
George Stanley Mbwando
Ivica Grlic
Kai Michalke
Karlheinz Pflipsen
Erik Meijer
Emmanuel Krontiris

Wechsel SpVgg Greuther Fürth:
Florian Heller
für Ugur Inceman (59.)
Christian Eigler
für Marcus Feinbier (64.)
Thorsten Burkhardt
für Petr Ruman (66.)

Wechsel Alemannia Aachen:
Edwin Bediako
für Quido Lanzaat (17.)
Thierry Bayock
für George Stanley Mbwando (36.)
Dennis Brinkmann
für Kai Michalke (46.)

Karten SpVgg Greuther Fürth:
Gelb für Christian Weber

Karten Alemannia Aachen:
Gelb für Ivica Grlic

Weniger zum Lachen war unser Montagsspiel gegen Nürnberg. Das war der 24. November, der in die Geschichte der Zweiten Liga einging. Wir führten 1:0 und ich sah, wie Erik mit dem Nürnberger Torwart zusammenprallte. Ich dachte, der sieht jetzt Rot, aber nix passierte.

Und dann gingen die Tumulte auf der Stehplatzgeraden los. Ich stand allerdings etwas weit weg vom Schuss und bin dann da hingerannt, um alle etwas zu beruhigen. Aber da war so viel Hass im Spiel, weil sich Nürnbergs Trainer Wolf am Kopf hielt. Dann musste der in die Kabine und das Spiel war unterbrochen.

Hinterher haben wir erfahren, dass der Trainer von Nürnberg am Kopf getroffen worden sei und verletzt wäre. Aber keiner wusste genau, ob der was hatte und was der denn hatte.

Ich hätte nie gedacht, dass dieses Spiel wiederholt werden muss. Unser Tor hatten wir vorher geschossen und es war ja auch nicht mehr lange zu spielen gewesen. Ob der Trainer die 20 Minuten noch auf der Bank gewesen wäre oder nicht – das weiß jeder, dass das keinen Einfluss hat. Die Trainer sagen ja selber, wenn das Spiel angepfiffen wird, haben sie von außen kaum noch Einfluss auf die Mannschaft. Als Spieler hörste den Trainer

Spielstatistik Alemannia Aachen – 1. FC Nürnberg 3:2 (2:2)

Alemannia Aachen – 1. FC Nürnberg
3:2 (2:2)

Mo 26.01.2004, 20:15 Uhr
2. Bundesliga 2003/2004, 13. Spieltag
Schiedsrichter: Lutz Wagner (Hofheim)

Tore:	0:1	Marek Mintál	7.	
	1:1	Ivica Grlic	9.	(Foulelfmeter)
	1:2	Lawrence Aidoo	11.	
	2:2	Emmanuel Krontiris	23.	
	3:2	Bachirou Salou	79.	

Aufstellung Alemannia Aachen:　　**Aufstellung 1. FC Nürnberg:**

Stephan Straub　　Raphael Schäfer
Willi Landgraf　　Marek Nikl
Quido Lanzaat　　Thomas Paulus
Alexander Klitzpera　　Andreas Wolf
Stefan Blank　　Lars Müller
Frank Paulus　　Tommy Larsen
Ivica Grlic　　Sven Müller
Dennis Brinkmann　　Thomas Stehle
Karlheinz Pflipsen　　Marek Mintál
Erik Meijer　　Lawrence Aidoo
Emmanuel Krontiris　　Robert Vittek

Wechsel Alemannia Aachen:　　**Wechsel 1. FC Nürnberg:**

Edwin Bediako　　Samuel Slovak
für Ivica Grlic (69.)　　für Lawrence Aidoo (74.)
Bachirou Salou　　Herbert Obele
für Emmanuel Krontiris (76.)　　für Lars Müller (80.)
　　Pavel David
　　für Sven Müller (86.)

Karten Alemannia Aachen:

Karten 1. FC Nürnberg:
Gelb für Lawrence Aidoo
Gelb für Andreas Wolf
Gelb für Sven Müller

Besondere Vorkommnisse: Das erste Spiel am 24.11.2003 wurde wegen Zuschauerausschreitungen in der 71. Minute wiederholt.

manchmal gar nicht. Gerade auch auf dem Tivoli. Wenn du auf der anderen Seite spielst, biste froh, wenn du nen Pfiff hörst.

Nach dem Spiel musste ich auch noch mit Daniel Gomez zur Dopingprobe. Das dauerte und dauerte. Aus Scherz sagte ich noch zu ihm: „Nicht, dass du gedopt bist, Junge!" Und was passiert?! Der sollte tatsächlich gedopt gewesen sein. Schon zuvor bei unserem 2:0-Heimsieg gegen Bielefeld, wo er auch noch ein Tor gemacht hatte.

Es kriselte, keiner der Spieler wusste was. Und bei unserem Auswärtsspiel in Osnabrück blieb Daniel auf einmal im Bus. Wir dachten, der wäre auf der Fahrt krank geworden. Erst als Daniel später eine Flasche Bier trank, ahnten wir, dass da was nicht stimmte. Es gab zwar jetzt wieder viel Theater, die Punkte aus dem Bielefeld-Spiel konnten wir aber behalten. Daniel wurde gesperrt, weil er irgendein Mittel von seinem Arzt bekommen hatte, aber Doping war das nicht.

Als dann aus Frankfurt vom DFB der Richterspruch kam, dass das Spiel gegen Nürnberg wiederholt werden muss, war ich echt traurig. Damit hatte ich nie gerechnet.

Das Beste war dann noch, dass Nürnberg im gleichen Wintertrainingslager war wie wir. Und die durften vom Trainer aus gar nicht mit uns sprechen. Das war schon außergewöhnlich. Sicher war das blöd, dass wir in der Türkei im gleichen Hotel waren. Aber uns war es eigentlich egal.

Und dann kam das Geisterspiel, die neu angesetzte Partie gegen Nürnberg vor leeren Rängen. So was hatte ich noch nie erlebt. Ich hatte in Homburg schon vor wenig Zuschauern gespielt, da muss man sich auch selbst motivieren. Aber das war krass!

Das war von der Atmosphäre wie ein Freundschaftsspiel, sich da zu motivieren und hochzupuschen war gar nicht so einfach. So was musste ich Gott sei Dank nicht mehr miterleben. Das war wirklich eine Katastrophe, auch wenn am Ende die Gerechtigkeit – und wir – mit 3:2 gesiegt hatten.

Die Hinrunde war richtig gut gelaufen und trotz des Sieges gegen Nürnberg war die Rückserie eher schlapp. Wir haben uns dann auch mal zusammengesetzt, weil einige im Winter nix getan haben. Leider haben einige Spieler richtig geschludert in der Pause. Das konnte man auch an den Laktatwerten sehen. Es waren wichtige Männer, die namentlich vom Trainer und auch von Erik in der Sitzung angesprochen wurden. Kalla Pflipsen kam nicht aus den Füßen und auch Ivo Grilic und Quido Lanzaat hatten Probleme. Wir hatten uns sicher auch von der guten Hinrunde etwas blenden lassen.

Fünf Spiele hatten wir zu Beginn der Rückrunde nicht gewinnen können, erst in Aue gelang uns im Schnee ein mühevolles 1:0. Ich gab noch die Flanke für Cristian Fiel, der sein erstes Tor für die Alemannia schoss. Ich dachte, wir hätten jetzt die Kurve gekriegt, sind aber auch weiter nicht richtig in die Pötte gekommen. Weil aber auch die anderen nicht besser spielten, hatten wir am vorletzten Spieltag die Riesenchance, mit einem Sieg noch um den Aufstieg mitzuspielen. Dabei hatte vorher keiner damit gerechnet, dass das ein Schlüsselspiel werden sollte gegen Ahlen.

Warum uns der letzte Biss gegen Ahlen fehlte, kann ich bis heute nicht sagen. Wir waren körperlich und geistig ausgepowert. Es war ziemlich heiß und wir waren wie gelähmt. Stephan hielt sogar noch einen Elfmeter – mit einem Sieg wären wir aufgestiegen, es reichte aber nur zu einem 1:1.

Als wir dann nach Schluss erfuhren, dass Cottbus 2:0 in Unterhaching verloren hatte und Mainz nur 0:0 in Regensburg gespielt hatte, waren wir komplett niedergeschlagen.

Aber da war für mich schon klar, dass wir trotz der zwei Punkte Vorsprung auf den Vierten in Karlsruhe nichts reißen würden. Das lag wirklich nicht daran, dass der Trainer beim KSC Frank Paulus den Vorzug gegeben hatte und mich auf der Bank gelassen hatte. Begründet hat er das nicht, ich musste es akzeptieren. Überrascht war ich schon sehr. Hätte der Trainer gewusst, dass ich in Karlsruhe noch nie ein Spiel verloren habe, wenn ich auf dem Platz gestanden habe, hätte er mich vielleicht spielen lassen.

Das ist ne Statistik, die ist unfassbar. Immer, wenn ich beim KSC gespielt habe, haben wir gewonnen – immer! Das hätte ich mal besser dem Trainer vorher gesagt. So saß ich diesmal nur auf der Bank und wir haben verloren.

Wie die Aachener Fans uns da unterstützt haben, war sensationell. Die ganze Kurve war voll. Aber Karlsruhe war klar überlegen, die haben verdient gewonnen, wir haben uns nicht mehr gewehrt. Alle waren riesig enttäuscht. Die ganzen Frauen waren mit und hatten die Tränen in den Augen. Es tat uns allen in der Seele weh und wir haben gesagt: „Wir müssen gucken, dass wir das nächstes Jahr schaffen!" Heike war mit und meine Tochter Aileen, die haben auch geweint. Die musste ich noch mehr trösten.

Lange Zeit, um Trübsal zu blasen, hatten wir nicht, denn nur eine Woche später standen wir im DFB-Pokalfinale in Berlin.

Spielstatistik Alemannia Aachen – LR Ahlen 1:1 (0:1)

 Alemannia Aachen – LR Ahlen
1:1 (0:1)

So 16.05.2004, 15:00 Uhr
2. Bundesliga 2003/2004, 33. Spieltag
Schiedsrichter: Berthold Schmidt (Hermesdorf)

Tore: 0:1 Babacar N'Diaye 35.

1:1 Bachirou Salou 68.

Aufstellung Alemannia Aachen:
Stephan Straub
Willi Landgraf
Alexander Klitzpera
George Stanley Mbwando
Stefan Blank
Frank Paulus
Ivica Grlic
Cristian Fiel
Dennis Brinkmann
Daniel Gomez
Erik Meijer

Aufstellung LR Ahlen:
Bernd Meier
Petar Djenic
Abdoul Thiam
Andrei Frascarelli
Daniel Felgenhauer
Stefan Fengler
Dennis Hillebrand
Zeljko Sopic
Christian Mikolajczak
Musemestre Bamba
Babacar N'Diaye

Wechsel Alemannia Aachen:
Kai Michalke
für George Stanley Mbwando (46.)
Eric van der Luer
für Dennis Brinkmann (46.)
Bachirou Salou
für Willi Landgraf (65.)

Wechsel LR Ahlen:
Paulinho
für Christian Mikolajczak (75.)
Carlos André
für Babacar N'Diaye (89.)

Karten Alemannia Aachen:
Gelb für Stefan Blank
Gelb für Daniel Gomez
Gelb für Ivica Grlic

Karten LR Ahlen:
Gelb für Musemestre Bamba
Gelb für Petar Djenic
Gelb für Babacar N'Diaye
Gelb für Paulinho
Gelb für Zeljko Sopic

Besondere Vorkommnisse: Felgenhauer verschießt Handelfmeter (81.) - Straub hält

Durchmarsch im DFB-Pokal

Begonnen hatte unser Durchmarsch im Pokal mit dem glücklichen Sieg bei dem Regionalligisten in Erfurt. Da hatten wir aber auch gar nix auf die Reihe gekriegt. Ich bin spät eingewechselt worden, in der 87. Minute. Daniel Gomez machte noch den Ausgleich und durch Elfmeterschießen sind wir weitergekommen. Das war vielleicht ein Grottenkick! Während des Spiels dachte ich, dass wir ausscheiden. Vielleicht war Daniels Treffer der wichtigste, der je für Aachen geschossen wurde.

Danach wurde uns 1860 München zugelost – ein Bundesligist auf dem Tivoli, ein Glückslos! Ich sollte gegen Weißenberger spielen und holte nach 11 Minuten Benni Lauth von den Füßen und hatte so einen Elfer verursacht. Gott sei Dank bekam ich nur die Gelbe Karte, und der Trainer holte mich dann auch wenig später runter.

Es war ein dramatisches Spiel, was ich von außen miterlebte. Straubi hat beim Elfmeterschießen sensationell gehalten. Danach war Riesenfreude in der Kabine, aber groß gefeiert wurde nicht.

Obwohl wir eine gute Serie hatten, ließ der Trainer mich beim nächsten Ligaspiel in Berlin draußen. Dennis Brinkmann und George Mbwando spielten rechts – ohne Erfolg. Am Ende verloren wir 2:1. Ich war mit Erik Meijer auf einem Zimmer und wir haben abends nach dem Spiel auf unserem Zimmer eine Flasche Rotwein geköpft. Ab und zu trinke ich mal gerne einen guten Tropfen, das war ein guter Moment. Weil wir in

Spielstatistik Alemannia Aachen – 1860 München 6:5 n.E.

 Alemannia Aachen – 1860 München
6:5 n.E. (1:1 n.V., 1:1, 0:1)

Mi 29.10.2003, 19:00 Uhr
DFB-Pokal 2003/2004, 2. Runde
Schiedsrichter: Lutz Wagner (Hofheim)

Tore:	0:1	Benjamin Lauth	11. (Foulelfmeter)
	1:1	Erik Meijer	73.
	2:1	Erik Meijer	(Elfmeterschießen)
	2:2	Benjamin Lauth	(Elfmeterschießen)
	3:2	Emmanuel Krontiris	(Elfmeterschießen)
	3:3	Andreas Görlitz	(Elfmeterschießen)
	4:3	Kai Michalke	(Elfmeterschießen)
	4:4	Markus Weissenberger	(Elfmeterschießen)
	5:4	Karlheinz Pflipsen	(Elfmeterschießen)
	5:5	Torben Hoffmann	(Elfmeterschießen)
	6:5	Ivica Grlic	(Elfmeterschießen)

Aufstellung Alemannia Aachen: **Aufstellung 1860 München:**

Stephan Straub	André Lenz
Willi Landgraf	Martin Stranzl
Alexander Klitzpera	Rodrigo Costa
Quido Lanzaat	Torben Hoffmann
Stefan Blank	Roman Tyce
Frank Paulus	Danny Schwarz
Ivica Grlic	Rémo Meyer
Dennis Brinkmann	Daniel Borimirov
Karlheinz Pflipsen	Markus Weissenberger
Emmanuel Krontiris	Benjamin Lauth
Erik Meijer	Markus Schroth

Wechsel Alemannia Aachen:

George Stanley Mbwando
für Willi Landgraf (26.)
Kai Michalke
für Stefan Blank (73.)

Wechsel 1860 München:

Andreas Görlitz
für Daniel Borimirov (57.)
Daniel Baier
für Danny Schwarz (75.)
Paul Agostino
für Daniel Baier (82.)

Karten Alemannia Aachen:

Gelb für Ivica Grlic
Gelb für Alexander Klitzpera
Gelb für Willi Landgraf

Karten 1860 München:

Gelb für Rémo Meyer
Gelb für Roman Tyce

Besondere Vorkommnisse: Elfmeterschießen: Meyer verschießt (1860 München) - Straub hält

Berlin Montagabend gespielt haben, sind wir erst am nächsten Tag zurückgeflogen. Normalerweise fahren wir immer nach dem Spiel nach Hause – meist mit dem Bus. Bei weiteren Touren fliegen wir auch schon mal – wie nach Berlin.

Vor unserem nächsten Pokalspiel in Braunschweig kam wieder mal alles Negative zusammen. Wir hatten in Osnabrück verloren, dann kam die Nachricht vom Dopingfall Gomez und als i-Tüpfelchen obendrauf die Meldung vom Wiederholungsspiel gegen Nürnberg. In Aachen war wieder mal Riesentheater, und viele dachten, jetzt vergeigen die auch noch das Pokalspiel beim Regionalligisten Eintracht Braunschweig. Von wegen! Noch jetzt ziehe ich den Hut vor der Mannschaft.

Mit 5:0 und einem Superspiel hatten wir uns zurückgemeldet. Damit hatte keiner gerechnet. Wir hatten uns aber vorher zusammengerauft und uns geschworen: „Wir müssen im Pokal weiterkommen und unser Schicksal in die eigene Hand nehmen!"

Spielstatistik Eintracht Braunschweig – Alemannia Aachen 0:5 (0:1)

Eintracht Braunschweig – Alemannia Aachen
0:5 (0:1)

Di 02.12.2003, 19:00 Uhr
DFB-Pokal 2003/2004, Achtelfinale
Schiedsrichter: Hermann Albrecht (Kaufbeuren)

Tore:	0:1	Emmanuel Krontiris	30.
	0:2	Karlheinz Pflipsen	48.
	0:3	Emmanuel Krontiris	55.
	0:4	Emmanuel Krontiris	60.
	0:5	Erik Meijer	65.

Aufstellung Eintracht Braunschweig:

Thorsten Stuckmann
Sebastian Backer
Marco Grimm
Torsten Jülich
Torsten Sümnich
Benjamin Adrion
Michél Mazingu-Dinzey
Lars Fuchs
Jacob Thomas
Dominik Jansen
Jürgen Rische

Aufstellung Alemannia Aachen:

Stephan Straub
Willi Landgraf
Alexander Klitzpera
Quido Lanzaat
Fabian Ewertz
Frank Paulus
Ivica Grlic
Dennis Brinkmann
Karlheinz Pflipsen
Erik Meijer
Emmanuel Krontiris

Wechsel Eintracht Braunschweig:

Jan Zimmermann
für Lars Fuchs (59.)
Markus Küpper
für Benjamin Adrion (71.)
Marc Arnold
für Michél Mazingu-Dinzey (71.)

Wechsel Alemannia Aachen:

Edwin Bediako
für Fabian Ewertz (33.)
Kai Michalke
für Karlheinz Pflipsen (66.)
Eric van der Luer
für Kai Michalke (71.)

Karten Eintracht Braunschweig:
Gelb für Torsten Jülich

Karten Alemannia Aachen:
Gelb für Fabian Ewertz
Gelb für Ivica Grlic

Der Präsident Horst Heinrichs war noch da, hatte uns Mut zugesprochen, das war auch nicht alltäglich. Es war ein Superspiel, da haben wir Braunschweig richtig eingedreht.

Die Belohnung für diese fantastische Leistung ließ nicht allzu lange auf sich warten. Die Auslosung bescherte uns ein vorgezogenes Weihnachtsgeschenk: Der große FC Bayern München musste am 4. Februar 2004 zum Tivoli reisen.

Im Vorfeld des Spiels sagten alle, es geht nur um die Höhe der Niederlage: „Gegen die habt ihr doch keine Schnitte", hörte man überall. Wir hatten den Samstag zuvor noch 1:0 zu Hause gegen Burghausen verloren und waren gar nicht so gut drauf.

Und dann kamen am Mittwoch drauf Kahn, Ballack, Makaay und Co. nach Aachen – zum Tivoli mit den „tollen" Gästekabinen. Ich bekomme jetzt noch Gänsehaut, wenn ich an das Spiel denke. Das war richtig geil! Ich hatte es auf meiner Seite mit Salihamidzic zu tun und hatte ihn gut im Griff. Aber an dem Abend hatten alle gut gespielt. Als Stefan Blank den Ball aufs Bayern-Tor donnerte und die Kugel wie ein Blitz bei Oliver Kahn einschlug, das war Wahnsinn. Erik hatte das zweite Tor gemacht und mit Tränen in den Augen seinem kranken Vater gewidmet. Nach dem Spiel hab ich gleich zweimal die Trikots getauscht: einmal mit meinem Gegenspieler Hasan Salihamidzic und auch noch mit Bixente Lizarazu. Die waren sehr nett, haben gratuliert und gesagt, wir hätten verdient gewonnen. Sonst hatte ich gar keinen Kontakt zu den Bayern, weder zu Ballack noch zu Kahn.

Spielstatistik Alemannia Aachen – Bayern München 2:1 (1:1)

 Alemannia Aachen – Bayern München
2:1 (1:1)

Mi 04.02.2004, 20:30 Uhr
DFB-Pokal 2003/2004, Viertelfinale
Schiedsrichter: Michael Weiner (Hildesheim)

Tore:	1:0	Stefan Blank	34.
	1:1	Michael Ballack	45.
	2:1	Erik Meijer	81.

Aufstellung Alemannia Aachen: **Aufstellung Bayern München:**
Stephan Straub   Oliver Kahn
Willi Landgraf   Willy Sagnol
Alexander Klitzpera   Martín Demichelis
Quido Lanzaat   Samuel Osei Kuffour
Stefan Blank   Bixente Lizarazu
Dennis Brinkmann   Hasan Salihamidzic
Ivica Grlic   Jens Jeremies
Cristian Fiel   Owen Hargreaves
Karlheinz Pflipsen   Michael Ballack
Erik Meijer   Roy Makaay
Emmanuel Krontiris   Roque Santa Cruz

Wechsel Alemannia Aachen: **Wechsel Bayern München:**
Bachirou Salou   Bastian Schweinsteiger
für Emmanuel Krontiris (69.)   für Jens Jeremies (80.)
Frank Paulus   Claudio Pizarro
für Dennis Brinkmann (74.)   für Bixente Lizarazu (84.)
Edwin Bediako
für Cristian Fiel (87.)

Karten Alemannia Aachen:
Gelb für Dennis Brinkmann
Gelb für Erik Meijer

Karten Bayern München:
Gelb für Jens Jeremies
Gelb für Michael Ballack
Gelb für Willy Sagnol

Danach haben wir spontan abgefeiert in der Stadt. Da kamste ja kaum rein. Ganz Aachen schien den Sieg zu feiern. Mit Polizeischutz bin ich zum Café Madrid gefahren. Durch eine Hintertür bin ich da rein, und da war die Hölle los. Der Trainer hat auch gesagt, dass man so was genießen muss. Der war bei der Feier nicht dabei. Wir haben aber mit den Fans bis zum frühen Morgen durchgemacht und hatten super Spaß. Wir haben ne Achterbahn aus dem Café Madrid gemacht.

Unser Losglück hielt weiter an: Zum Halbfinale empfingen wir den Lokalrivalen Borussia Mönchengladbach auf dem Tivoli. Gegen die große Borussia – nur war diesmal die Ausgangslage eine ganz andere. Gegen die Bayern waren wir die krassen Außenseiter und hatten nix zu verlieren. Und jetzt hieß es auf einmal: „Ihr seid auf Augenhöhe."

Gladbach spielte schwach in der Bundesliga, wir hatten Heimvorteil, dazu noch ein Lokalderby – der Druck auf uns war wesentlich höher. Wir hatten auch das letzte Ligaspiel vor dem Halbfinale gegen Lübeck 3:1 gewonnen und waren ganz gut drauf. Auf einmal waren wir der Favorit als Tabellenvierter in der Zweiten Liga.

Unvergessen bleiben der Freistoß von Ivo Grlic um die Mauer zum Siegtor und George Mbwandos Hand Gottes. Ich hab auf dem Platz kein Handspiel in unserem Strafraum gesehen, ehrlich! Erst später hab ich mir die Szene noch mal genau im Fernsehen angeguckt. Da müssen wir dem George wohl ewig dankbar sein. Der Schiedsrichter hätte pfeifen müssen, Ari van

| Spielstatistik Alemannia Aachen - Borussia M'gladbach 1:0 (1:0) |

 Alemannia Aachen – Borussia Mönchengladbach
1:0 (1:0)

Mi 17.03.2004, 20:30 Uhr
DFB-Pokal 2003/2004, Halbfinale
Schiedsrichter: Edgar Steinborn (Sinzig)

Tor: 1:0   Ivica Grlic   42.

Aufstellung Alemannia Aachen:

Stephan Straub
Willi Landgraf
Alexander Klitzpera
Fabian Ewertz
Stefan Blank
Kai Michalke
Ivica Grlic
Cristian Fiel
Karlheinz Pflipsen
Erik Meijer
Daniel Gomez

Aufstellung Borussia Mönchengladbach:

Claus Reitmaier
Bernd Korzynietz
Sladan Asanin
Jeff Strasser
Bradley Carnell
Markus Hausweiler
Enrico Gaede
Ivo Ulich
Thomas Broich
Vaclav Sverkos
Arie van Lent

Wechsel Alemannia Aachen:

George Stanley Mbwando
für Fabian Ewertz (46.)
Bachirou Salou
für Daniel Gomez (67.)
Emmanuel Krontiris
für Cristian Fiel (90.)

Wechsel Borussia Mönchengladbach:

Tomislav Maric
für Vaclav Sverkos (61.)
Joonas Kolkka
für Bradley Carnell (61.)
Joris van Hout
für Ivo Ulich (78.)

Karten Alemannia Aachen:
Gelb für Erik Meijer
Gelb für Kai Michalke

Karten Borussia Mönchengladbach:
Gelb für Jeff Strasser

Lent hätte den Ball locker eingenickt, wäre nicht George mit der Hand im Spiel gewesen.

Als der Schlusspfiff kam, ist bei mir die Anspannung so abgefallen. Ich riss mir das Trikot vom Leib und rutschte über den Rasen. Erik hat mir später erzählt, dass ich mit dem Kopf gegen eine Sprinkleranlage geknallt bin. Ehrlich: Das hab ich gar nicht mehr gemerkt. Die Konzentration war vorher so hoch, weil für den Verein die einmalige Chance bestand, sich mit dem Einzug ins Finale zu sanieren. Ich konnte mithelfen, dass Alemannia Aachen schuldenfrei wird. Solche Gedanken gingen mir vor dem Spiel durch den Kopf. Und jetzt hatten wir es geschafft, waren unserer Favoritenrolle gerecht geworden und hatten das Derby gewonnen.

Danach haben wir noch einen draufgesetzt im Café Madrid. Ich weiß nur noch, dass die Sonne schien, als ich ins Hotel zurückkam. Nach so einem Erfolg mussten wir halt feiern, was das Zeug hält. Das erlebt man nur einmal. Wie die Leute uns gefeiert haben. Ich hab gedacht, wir sind schon aufgestiegen. Die Straßen waren so voll, die Polizei hat mir wieder geholfen, in die volle Stadt zu kommen.

Leider hatten wir ja dann den Aufstieg vergeigt. Zeit zu trauern hatten wir aber nicht. Vielmehr mussten wir uns noch mal richtig zusammenreißen. Wir wollten unseren Fans zum Abschluss der Saison noch mal etwas bieten.

„Leute, wir spielen im Berliner Olympiastadion gegen Werder Bremen. Da sitzt auch die ganze Republik vorm Fernseher. Da müssen wir noch mal alles geben", hab ich den Jungs gesagt.

Zu dem Zeitpunkt war das Spiel der Höhepunkt in meiner Karriere – einmal im Pokalfinale im Berliner Olympiastadion spielen. Davon träumt jeder Junge! Es gibt wenige Fußballer, die von sich sagen können: „Ich war beim Pokalfinale dabei."

Und so hab ich mich in dieser Woche noch mal voll konzentriert, hab viel mit den Jungs gesprochen. Wir wollten uns von den starken Bremern schließlich nicht eindrehen lassen.

Angereist sind wir schon am Freitag, wie immer, einen Tag vor dem Spiel. Am Mittag hatte ich in Berlin ein Problem. Ich hatte nämlich eine Plombe verloren und musste zum Zahnarzt – Notdienst. Die Ärzte hatten nur bis 12 Uhr Sprechstunde. Einer vom Hotel hat mich dann noch zu einem Notzahnarzt gebracht. Da hab ich dann eine neue Krone bekommen. Hat alles gut geklappt.

Beim Abschlusstraining am Nachmittag im Olympiastadion war klar, dass ich spielen würde. Das konnte man immer sehen, wenn der Trainer die Trainingshemdchen verteilte. Das Wetter war wunderbar, die Stimmung auch. Unser Trainer war ziemlich locker, aber bei mir stieg die Anspannung. Früher auf dem Stoppelfeld haben wir die Tore mit Stöcken selber gemacht. Und morgen läufst du ins Olympiastadion ein! Unglaublich.

Weil ich nicht wusste, was noch kam, hab ich diesen Pokaltag ganz besonders festgehalten – in einem detaillierten Ein-Tagebuch, weil er ein ganz besonderer Tag in meinem Leben war. Sonst mache ich das nie. Aber dieses Erlebnis wollte ich doppelt speichern – im Kopf und auf Papier.

Berliner Tagebuch

8.30 Uhr: Wecken. Ich liege auf einem Zimmer mit Frank Paulus. Der ist direkt eingepennt und hat ganz schön geratzt. Ich konnte nicht einschlafen, bin erst sehr spät weggedöst. Geträumt hab ich nicht vom Pokal. Aber auch sonst träum ich nie. Gegen 6 Uhr bin ich schon wach gewesen. Ich bin eh ein Frühaufsteher. Diesmal bin ich noch was liegen geblieben im Bett und hab mir vorgestellt, wie das wohl so wird im Olympiastadion gegen den Deutschen Meister.

9.00 Uhr: Frühstück. Es gibt, wie immer in den Hotels, in denen wir übernachten, Buffet. Für mich ist ja Nutella ganz wichtig! Ohne die zum Frühstück läuft gar nix. Und viel Kaffee brauch ich morgens.

10.15 Uhr: Abfahrt. Mit dem Bus sind wir zum Sportplatz Siemensstadt gefahren. Die Anlage ist nicht weit weg von unserem Mannschaftshotel. Die Trainingsklamotten haben wir schon an.

10.30 Uhr: Training. Wir haben nicht viel gemacht. Es ist unsere Abschlusseinheit mit viel Dehn- und Lockerungsübungen. Am Schluss haben wir noch ein paar Flanken geschlagen und aufs Tor geschossen. Die Stimmung ist gut. Der Trainer ist noch lockerer als sonst.

11.24 Uhr: Rückfahrt. Ich merke, wie die Anspannung bei mir immer mehr steigt. Das geht schon so seit Freitag. Ehrlich, ich bin richtig nervös. Kein Vergleich zu den vorherigen 471 Zweitligaspielen. Dabei bin ich mit 35 doch schon ein Routinier.

13.00 Uhr: Mittagessen. Zur Auswahl stehen Putenfleisch, Kartoffelbrei, Reis, Rahmsoße, Salat und als Nachtisch gibt es Obst. Ich kann nich so viel essen, nehme mir von jedem etwas.

14.00 Uhr: Bettruhe. Ich kann mittags nie pennen. Jetzt vor dem Finale sowieso nicht! Um auf andere Gedanken zu kommen, lese ich was. Diesmal habe ich „Harry Potter und der Gefangene von Askaban" dabei. Mein Handy ist zwar an, ich telefoniere aber nicht mehr. Das mache ich nie vor Spielen. Ich hab es nur an, um eingehende SMS zu lesen.

16.45 Uhr: Spielbesprechung. Jörg Berger hat gemerkt, dass wir nervöser sind als sonst. Er will uns stark reden und sagt jedem noch mal, wie gut er ist und dass wir keine Angst vor Bremen zu haben brauchen: „Jeder träumt davon, einmal in Berlin spielen zu dürfen. Ich hab die Endspiele bisher nur als Zuschauer gesehen und stehe jetzt zum ersten Mal als Trainer in einem Finale. Genießt das, nehmt die Atmosphäre mit. Das wird euch alles in bester Erinnerung bleiben. Ihr könnt nur gewinnen." Zu verlieren haben wir wirklich nix, denn wir sind ja schon für den UEFA-Cup qualifiziert.

17.00 Uhr: Essen. Wie vor jedem Abendspiel gibt es auch diesmal Spaghetti mit Bolognese. Hunger hab ich keinen.

17.45 Uhr: Mannschaftsspaziergang. Wir drehen noch mal eine Runde um unser Hotel, um was lockerer zu werden. Der Trainer unterhält sich noch mit einzelnen Spielern, aber nicht mit mir.

18.10 Uhr: Abfahrt. Wir steigen in unseren Bus und fahren zum Olympiastadion. Es ist nur eine kurze Strecke. Unterwegs sehen wir viele Fans in Grün-Orange, aber auch in Schwarz-Gelb. Berlin scheint fest in den Händen der Fans zu sein.

18.34 Uhr: Platzbesichtigung. Jetzt steigt mir richtig das Blut in die Birne. Ich sag mir: „Willi, Junge, jetzt musst du dich volle Pulle konzentrieren."

19.05 Uhr: Letzte Anweisungen: Der Trainer ist locker und gibt uns noch ein paar Dinge mit auf den Weg: „Geht raus! Macht euch gut warm!" Mehr sagt der Trainer auch sonst nie so kurz vorm Spiel. Ich krieg aber eh kaum noch was mit.

19.18 Uhr: Warmmachen. Ich lauf durch den Tunnel ein ins Stadion und krieg Gänsehaut. Die Stimmung ist Wahnsinn. Unsere Fans feuern uns jetzt schon an.

19.43 Uhr: Umziehen. Ich bin richtig heiß auf das Spiel, aber auch super nervös. Bevor ich durch den Tunnel in die Kabine renne, klatsche ich unseren Fans in der Kurve noch zu und die brüllen ganz laut: „Wiiillliiiiiiii!" Echt super. Das Gefühl kann ich kaum beschreiben. Es ist fast wie in einem Traum.

19.54 Uhr: Einlauf. Mit den Bremern laufen wir ins Olympiastadion ein. Was auf den Rängen abgeht, ist der Wahnsinn. Als die Nationalhymne abgespielt wird, läuft es mir kalt den Rücken runter.

20.00 Uhr: Anstoß. Wir kommen eigentlich ganz gut in die Partie. Die Nervosität verfliegt schnell.

20.31 Uhr: 0:1. Aus dem Nichts macht Tim Borowski das 1:0 für Bremen. Das ist sehr ärgerlich.

20.45 Uhr: 0:2. Ivan Klasnic, der alte St. Paulianer, macht das 2:0 für Bremen ganz kurz vor der Pause. Das ist total blöd.

Ich unterbrech mal das Tagebuch und sag rückblickend, dass wir nicht verloren hätten, wenn wir dieses blöde Tor nicht kassiert hätten. Wir waren wirklich gut drauf. So, weiter im Tagebuch, sorry, aber das musste ich loswerden.

20.46 Uhr: Halbzeit. Wir ärgern uns und marschieren in die Kabine. Die Fans unterstützen uns unglaublich. Jörg Berger baut uns auf, macht uns keine Vorwürfe, sondern puscht uns. Wir sollen weiter Gas geben, sagt er.

21.04 Uhr: Wiederanpfiff. Wir sind wieder gut im Spiel. Vielleicht geht ja doch noch was, denke ich.

21.11 Uhr: 1:2. Tor für uns, Riesenjubel. Stefan Blank hat eine Flanke von Ivo Grlic eingeköpft. Wir sind am Drücker!

21.32 Uhr: Auswechslung. Der Trainer nimmt mich vom Platz. Schade! Aber ich kann ihn verstehen. Ich bedanke mich bei ihm und wir umarmen uns. Mit Cristian Fiel bringt er noch einen offensiven Mann, die Fans rufen wieder: „Wiiiiilliiiiiiii!" Ich setz mich auf die Bank und drück die Daumen.

21.25 Uhr: Platzverweis. George Mbwando sieht Rot, hat an der Mittellinie einen Bremer umgenietet. Wir springen alle hoch und protestieren. Die Hoffnung auf den Ausgleich schwindet etwas. Aber der Trainer probiert alles, bringt noch Daniel Gomez für Kalla, der ganz schwach gespielt hat, und Eric van der Luer für Dennis Brinkmann. Mehr Offensivleute kann er nicht bringen.

21.56 Uhr: 1:3. Die endgültige Entscheidung. Wieder mal Borowski. Das ist bitter.

21.59 Uhr: 2:3. Cristian Fiel bringt uns zwar noch mal ran, aber wenig später kommt der Abpfiff. Wir sind enttäuscht, dass uns die große Überraschung nicht gelungen ist. Die Fans feiern uns, als ob wir gewonnen hätten. So etwas hab ich wirklich noch nie erlebt.

22.06 Uhr: Siegerehrung. Erik Meijer küsst mich auf den Kopf. Für Späße sind wir immer gut. Wir drücken uns und gehen in die Fankurve. „Williken, nächstes Jahr UEFA-Cup, den nehmen wir noch mit", sagt Erik zu mir. Wir können auf unsere Leistung stolz sein. Sicher ist man enttäuscht, wenn man verliert. Aber bei dem Blick von unten rauf in unsere schwarz-gelbe Kurve ist die Enttäuschung schnell verflogen. Wir sind da rumgetanzt und haben mit den Fans gefeiert. Das war wirklich Wahnsinn! Die Fans waren sensationell! Meine ganze Familie war in Berlin dabei und alle haben geschwärmt davon.

Ganz schnell mussten wir uns umziehen und duschen, weil wir noch zum Sony-Center mussten. Vor der Busfahrt zum „Aktuellen Sportstudio" auf dem Potsdamer Platz hab ich noch mein Trikot mit nem Polizisten gegen seine Mütze getauscht.

Wir sind sehr spät angekommen beim ZDF. Das war ja alles Open-Air und da war superviel los. Im Sportstudio hab ich noch gesagt, dass wir jetzt alle zum Ballermann nach Mallorca fliegen. Und dann durfte ich auf die Torwand schießen, hab aber kein einziges Mal getroffen.

Danach sind wir ins Hotel zum Bankett gefahren. Da war es aber schon weit nach Mitternacht, so 2 Uhr. Aileen ist am Tisch schon eingeschlafen. Ich war auch todmüde. Ein Teil der Mannschaft ist noch rausgegangen, ich bin aber ins Bett gegangen. Alles war top organisiert. Diese Nacht konnten wir mit unseren Familien verbringen.

Spielstatistik Werder Bremen - Alemannia Aachen 3:2 (2:0)

 Werder Bremen – Alemannia Aachen
3:2 (2:0)

Sa 29.05.2004, 20:00 Uhr
DFB-Pokal 2003/2004, Finale
Schiedsrichter: Herbert Fandel (Kyllburg)

Tore:
1:0 Tim Borowski 31.
2:0 Ivan Klasnic 45.

2:1 Stefan Blank 52.
3:1 Tim Borowski 84.
3:2 Erik Meijer 90.

Aufstellung Werder Bremen:

Andreas Reinke
Paul Stalteri
Valérien Ismaël
Mladen Krstajic
Christian Schulz
Tim Borowski
Frank Baumann
Fabian Ernst
Johan Micoud
Ivan Klasnic
Ailton

Aufstellung Alemannia Aachen:

Stephan Straub
Willi Landgraf
Alexander Klitzpera
George Stanley Mbwando
Stefan Blank
Frank Paulus
Ivica Grlic
Dennis Brinkmann
Karlheinz Pflipsen
Bachirou Salou
Erik Meijer

Wechsel Werder Bremen:

Nelson Valdez
für Ivan Klasnic (87.)
Angelos Charisteas
für Tim Borowski (88.)
Victor Skripnik
für Christian Schulz (90.)

Wechsel Alemannia Aachen:

Cristian Fiel
für Willi Landgraf (73.)
Daniel Gomez
für Karlheinz Pflipsen (80.)
Eric van der Luer
für Dennis Brinkmann (83.)

Karten Werder Bremen:
Gelb für Valérien Ismaël

Karten Alemannia Aachen:
Gelb für Alexander Klitzpera
Gelb für Stefan Blank
Gelb für Erik Meijer
Rot für George Stanley Mbwando (76.)

Erstes Telefonat mit Dieter Hecking

Am nächsten Morgen sind wir zurückgeflogen und super in Aachen gefeiert worden. Da war ja der offizielle Empfang im Rathaus und auf dem Markt. Leider spielte das Wetter nicht so mit, es regnete. Aber die Stimmung war trotzdem toll. Der Einzige, der heulte wie ein Schlosshund, war Kai Michalke. Wir haben ihn immer wieder in die Arme genommen, um ihn zu trösten. Er war sehr enttäuscht, dass er im Finale nicht zum Einsatz gekommen war. Im Ratskeller hatten wir noch ein Essen und da wurde schon gemunkelt, dass Jörg Berger als Trainer in Aachen aufhören will.

Von außen wurde immer wieder gesagt, der Trainer passt nicht zur Mannschaft, das geht nicht mehr gut. Deshalb kam für mich sein Rücktritt nicht so überraschend. Ich hatte ein sehr vertrauensvolles Verhältnis zu Jörg Berger. Er war sehr menschlich, passte sehr gut zu uns. Nach dem verpassten Aufstieg und dem super Erlebnis in Berlin hätte er in Aachen vielleicht nicht noch mehr erreichen können. Er hat wohl gedacht, auf dem Höhepunkt hör ich am besten auf. Ich konnte ihn verstehen. Jörg Berger und Frank Engel waren ein tolles Gespann und sie haben genau zum richtigen Zeitpunkt aufgehört.

Denn der Verein wollte auch einen jüngeren Trainer, der frischen Wind reinbringt. Am Pfingstmontag gab es eine große Sitzung mit Jörg Schmadtke und dem Präsidium, wo der Trainer seinen Rücktritt erklärte. Danach hat er alle Spieler angerufen und sich persönlich verabschiedet. „Willi, es war eine sehr schöne Zeit", hat er zu mir gesagt, „du bist wirklich ein toller Typ. Mach weiter so, dann wirst du auch das erreichen, was du erreichen möchtest." Noch heute hab ich zu ihm Kontakt, ab und zu telefonieren wir miteinander.

Vor dem Pokalendspiel hatte es ja noch Theater wegen Kalla Pflipsen gegeben, weil in der Bild-Zeitung gestanden hatte, dass Kalla in der Zweiten Liga keine Zukunft mehr in Aachen hat. Keiner wusste ganz genau, wer das gesagt hatte, aber Kalla dachte, das wär vom Trainer gekommen. Es war schon unglücklich, dass so eine Diskussion öffentlich vor dem Finale losgetreten worden war. Wir sind dann, wie immer, am Ende der Saison nach Mallorca geflogen und wie die Helden gefeiert worden, weil alle da das Endspiel im Fernsehen gesehen hatten.

Und wir waren nach Union Berlin der zweite Zweitligist, der im UEFA-Cup mitspielen durfte. In Spanien haben wir uns keine Gedanken gemacht, wer neuer Trainer wird. Wir haben alles mal in Ruhe auf uns zukommen lassen. Ich hatte einen sehr guten Draht zu Kalla und mir hat er gesagt, dass er nicht in Aachen bleibt. Es gab zwar noch Versuche, ihn zu halten, aber er hat seine Linie durchgezogen und ist dann zu 1860 München gewechselt.

Nach Mallorca bin ich direkt wieder nach Spanien geflogen – mit meiner Familie nach Andalusien. Auf einmal klingelte mein Handy und Dieter Hecking war dran. „In der neuen Saison starten wir richtig durch. Im UEFA-Cup sind wir dabei. Bereite dich gut vor. Ich rechne mit dir. Der Erik Meijer und du, ihr seid wichtig. Ihr müsst den jüngeren Spielern vorleben, wie's geht", hat er mir gesagt. Vorher hatte ich noch nie mit ihm gesprochen. Wir hatten öfter mal in seiner aktiven Zeit gegeneinander gespielt, meistens hatte ich gewonnen. Dass er nun als Trainer vom Absteiger VfB Lübeck kam, hat uns nicht gestört.

Ich war mir natürlich im Klaren darüber, dass Frank Paulus als mein Nachfolger auf der rechten Seite aufgebaut werden sollte. Der Trainer hatte damals gesagt: „Jeder kriegt seine Chance." Und ich hatte eine richtig gute Vorbereitung mit zwei wirklich sehr guten Trainingslagern in Holland.

Wieder einmal passte die Mischung in der Mannschaft. Jörg Schmadtke hatte wieder ein glückliches Händchen bei der Zusammenstellung des Kaders. Die neuen Spieler haben sich auch sehr schnell integriert. Es waren ja einige, die neu gekommen waren: Sergio Pinto, Simon Rolfes, Reiner Plaßhenrich, Moses Sichone, Thomas Stehle.

Vor dem neuen Trainer musste sich jeder noch besser präsentieren, weil man sich ja von seiner besten Seite zeigen wollte, um einen Platz in der Mannschaft zu kriegen. Wir wussten, dass wir vor einer schweren Saison standen, weil wir auf drei Hochzeiten tanzen durften: Meisterschaft, UEFA-Cup und DFB-Pokal. Die Zielsetzung war nach außen hin, nicht wieder auf Platz 6 zu landen, sondern uns zu verbessern – wie auch immer. Aber intern war schon klar, dass wir um Platz 1 bis 3 spielen wollten.

Schon vor Beginn der Spielzeit hatte der Trainer gesagt, dass jeder viele Einsätze bekommen würde. So ist es dann auch gekommen.

Wir sind glänzend in die Saison gestartet, haben ein starkes Spiel zu Hause gegen Frankfurt abgeliefert, aber leider nur 1:1 gespielt. Zwei Wochen später, am 22. August 2004, gab es dann ein Wiedersehen mit meinem alten Klub Rot-Weiß Essen.

Wir waren in der ersten DFB-Pokalhauptrunde zu Gast an der Hafenstraße. Ich war natürlich doppelt motiviert und wusste auch nicht, wie ich empfangen werde. Die Essener Spieler kannte ich weniger, aber einen guten Draht hatte ich noch zum Platzwart Willi Maler. Denn oben in der Jugendbegegnungsstätte am Stadion hab ich damals die Party zur Taufe meiner Tochter gefeiert. Der Willi hatte das damals alles für mich prima gedeichselt und so kennen wir uns auch heute noch. Außerdem haben wir früher öfter – heute nicht mehr so oft – zusammen Lotto gespielt. Der Willi freut sich immer, wenn ich mal komm.

In Essen haben wir 2:0 gewonnen und Erik hat ein Supertor aus der Drehung gemacht. Tor des Jahrhunderts hab ich damals gesagt, so wie Lothar Emmerich 1966 bei der WM in England. Da schwärmt er heute noch von. Und dann kam der Trip nach Hafnarfjördur.

Trip nach Hafna...wat?

Wir hatten uns ja als Vizepokalsieger automatisch qualifiziert für den UEFA-Cup und waren natürlich gespannt, welches Los wir bekommen würden. Als dann Hafnarfjördur gezogen wurde, hab ich nur gedacht: Hafna...wat? Wo liegt das denn? Wo schicken die uns hin? Das konnte sich kaum einer vorstellen, dass wir schnell mal nach Island rüberfahren. Keiner kannte Hafnarfjördur, wir wussten nur, dass die oft Meister geworden waren.

Vorher hatten wir noch ein Meisterschaftsspiel gegen Unterhaching. Wir haben grottenschlecht gespielt, aber 2:0 gewonnen, und da waren Beobachter aus Hafnarfjördur da. Denen haben wir schön Sand in die Augen gestreut. Die haben gedacht, was ist das denn für ne Combo? Wie können die denn so weit oben spielen in der Zweite Liga? Und das war genau deren Fehler gewesen. Die sind von unserer Leistung gegen Unterhaching ausgegangen. Wir haben uns vorher ein Video von denen angeguckt und da muss ich ehrlich sagen: Das war ne Amateurtruppe, ekelhaft zu spielen, weil die immer sehr defensiv eingestellt waren. Und gegen uns machen sie den großen Fehler und sind vorne drauf gegangen. Die haben gedacht, die Aachener können gar nix. So kam mir das vor. Die hatten die ganz falsche Taktik gewählt.

Zwei Tage vor dem Spiel waren wir schon angereist. Wir haben dann in das größte und beste Hotel eingecheckt. Als ich in unser Zimmer kam, hab ich zu Erik gesagt: „Lass erst mal deinen Koffer draußen stehn." Das Zimmer war sooo klein, ich wusste gar nicht, wo der Erik schlafen sollte. Wenn der seine Hände ausstreckte, konnte der beide Wände berühren! Wenn einer im Bad duschen wollte und der andere Zähne putzen, das ging gar nicht, so klein war das Zimmer. Wir haben Tränen gelacht und Susanne Czennia in der Geschäftsstelle in Aachen angerufen und gesagt: „Warn schon mal die Sponsoren vor, wenn die kommen. Die sollen nicht so viel einpacken und lieber nur nen kleinen Koffer mitbringen." Wir haben Tränen gelacht.

Ich war das erste Mal in Island und erwischte richtiges Schweinewetter. Es war alles düster, wurd schnell dunkel und es hat nur geregnet, alles grau in grau, ziemlich trist. Dahin ziehen möchte ich nicht. Einziger Vorteil war, dass das Hotel nur 500 Meter vom Stadion entfernt war. Der Trainingsplatz war auch direkt um die Ecke.

Wir waren eigentlich sehr nervös, hatten die Mannschaft auf Video gesehen und untereinander gesagt: „Normalerweise musste die weghauen." Aber weil wir ja zum ersten Mal im UEFA-Cup dabei waren, weißte ja nicht, was auf dich zukommt. Ich hatte vorher noch nie im UEFA-Cup gespielt und dann gegen Hafnarfjördur, das keiner kennt – das war schon komisch.

Komisch war auch die Prozedur vorm Spiel. Da kam der Schiri noch in unsere Kabine, hat unser Emblem auf dem Trikot gemessen, ob die Größe auch stimmt – dann mussten wir noch unsere Personalausweise zeigen, Kontrolle wie am Zoll. Da dacht ich nur: Was ist denn hier los?

Dann sind wir raus auf den Platz zum Warmmachen, waren hochkonzentriert. Mehrere hundert Aachener hatten uns begleitet und machten Rambazamba, viele Isländer waren nicht im Stadion, aber da gehen eh wenig Zuschauer zum Fußball.

Ruckzuck stand es 3:0 zur Pause für uns, weil der isländische Trainer bei der Taktikwahl einen kompletten Blackout hatte. Für uns lief es super. Wir wollten aber auch unbedingt weiterkommen und die Gruppenphase erreichen und waren wirklich hochkonzentriert.

Ich hab dann auch ein Tor vorbereitet, das dritte. Der Klitze spielt den Ball über mich weg in den freien Raum fast zur Eckfahne. Alle hatten sich schon abgedreht, weil sie dachten, der Willi kriegt den Ball nicht mehr. Aber von wegen! Ich bin losgesprintet wie ein Verrückter und hab den Ball von der Grundlinie im Fallen noch reingebracht und bin auf dem nassen Rasen in die Barriere reingerutscht. Ich konnt den Ball kaum noch sehen. Auf einmal rutscht der Erik rein: Tor!

Ich bin hochgesprungen, hab gejubelt und bin losgerannt und will den Erik abklatschen und seh im letzten Moment, dass das der Schiri ist. Eine super Szene, über die wir noch heute lachen – wie ich den Schiri in Hafnarfjördur abklatschte. Der Schiri hatte aber auch gelacht. Am Ende hieß es 5:1. Wir waren echt fix und fertig, aber überglücklich.

Am gleichen Abend sind wir dann noch zurückgeflogen. Im VIP-Raum auf dem Flughafen haben wir auf den Sieg angestoßen. So richtig damit gerechnet, dass wir in die Gruppenphase kommen könnten, hatte keiner. Jetzt hatten wir es aber so gut wie geschafft. Unser Trainer hatte noch gesagt, wenn meine Oma mich gesehen hätte, dass ich am Spielfeldrand Anzug und Krawatte tragen musste – das hätte die nicht geglaubt.

Für uns war es ein schönes Erlebnis. Mal raus aus der Zweiten Liga, rein in den UEFA-Cup. Und jetzt winkte die Gruppenphase.

Zwei Tage später hatten wir zu Hause gegen Köln 3:2 verloren, und Stefan Blank flog noch vom Platz. Auch mit zehn Mann hatten wir noch gute Chancen. Kai Michalke machte mit einem Supertor den Ausgleich, aber Marius Ebbers erzielte den Siegtreffer für Köln. Ausgerechnet der Marius, der uns später mit zum Aufstieg schießen sollte.

Spielstatistik FH Hafnarfjördur - Alemannia Aachen 1:5 (0:3)

 FH Hafnarfjördur – Alemannia Aachen
1:5 (0:3)

Do 16.09.2004, 22:30 Uhr
UEFA-Cup 2004/2005, 1. Runde
Schiedsrichter: Ceri Richards (Wales)

Tore:	0:1	Kai Michalke	13.
	0:2	Kai Michalke	14.
	0:3	Erik Meijer	44.
	1:3	Atli Björnsson	84.
	1:4	Alexander Klitzpera	89.
	1:5	Reiner Plaßhenrich	90.

Aufstellung FH Hafnarfjördur:

Larusson
Saevarsson
T. Nielsen
Bjarnason
S. Gardarsson
Bett
Stefansson
Hallfredsson
H. Gudjonsson
J. Gardarsson
Borgvardt

Aufstellung Alemannia Aachen:

Stephan Straub
Willi Landgraf
Alexander Klitzpera
Moses Sichone
Stefan Blank
Cristian Fiel
Reiner Plaßhenrich
Simon Rolfes
Sergio Pinto
Erik Meijer
Kai Michalke

Wechsel FH Hafnarfjördur:

Jonsson
für H. Gudjonsson (46.)
Atli Björnsson
für Stefansson (56.)
Asgeirsson
für Bett (70.)

Wechsel Alemannia Aachen:

Dennis Brinkmann
für Simon Rolfes (46.)
Chris Iwelumo
für Erik Meijer (69.)
Thomas Stehle
für Moses Sichone (73.)

Karten FH Hafnarfjördur: **Karten Alemannia Aachen:**
Gelb für Saevarsson
Gelb für Jonsson

Trotz der Niederlage hatten wir uns in einen kleinen Rausch gespielt. In Aue 1:1, gegen Dresden auf dem Tivoli 5:1 und gegen Saarbrücken 3:1.

Aber vor Saarbrücken war das Rückspiel gegen Hafnarfjördur in Köln. Einen Tag vor diesem Spiel hatten wir abends um 20 Uhr Training in Köln. Uns konnte ja eigentlich nix passieren. Wir wussten, dass die uns keine fünf Dinger reinhauen würden.

An dem Abend war alles nicht so gut organisiert. Nach dem Training hatten wir kein Essen. Wir waren um elf im Bus, sind dann nach Aachen gefahren. Ich hab beim Haus Linde angerufen, weil ich den Chef gut kenne und hab gefragt, ob er uns noch Essen machen kann. Der hat Ja gesagt und dann haben wir gegen Mitternacht noch die größten Steaks gegessen, die es gab – Bratkartoffeln noch dazu. So viel wollten wir eigentlich gar nicht essen, aber dann wurds immer mehr. Mit zehn Mann haben wir da noch nett gesessen, bis tief in die Nacht vor dem UEFA-Cup-Spiel.

In Köln wars dann echt super. Das ist schon ein tolles Stadion. Die Kabinen sind nicht zu vergleichen mit unseren am Tivoli. Da steht ein Fernseher in der Kabine. Jeder Spieler hat seinen eigenen Spind. Wir haben uns auch direkt wohlgefühlt.

Das Spiel war weniger aufregend und endete torlos. Wir sind auf Nummer sicher gegangen, die Isländer waren besser auf uns eingestellt als im Hinspiel, weil sie defensiver standen – kein Wunder.

Blau-silberne Fußballschuhe

Natürlich waren wir jetzt gespannt, welche Gegner in unsere Gruppe gelost wurden, denn insgeheim hatten wir schon gehofft, dass wir vielleicht für eine Sensation sorgen könnten. Denn immerhin kam der Dritte in jeder der sechs Gruppen noch weiter.

Dann kam der Tag der Auslosung: Lille, Sevilla, St. Petersburg und AEK Athen: Wow!!! Das wird ganz schön schwer, dachte ich. Ausgerechnet gegen OSC Lille mussten wir in unserem neuen UEFA-Cup-Heimstadion in Köln starten. Eine Top-Mannschaft in Frankreich, die immer oben dabei ist, enorm spielstark – normal hast du als deutscher Zweitligist gegen die keine Chance.

Denkste! Gegen Lille haben wir meiner Meinung nach vom Taktischen, von der Laufbereitschaft, vom Biss und vom Spielerischen her das beste Spiel in meinen sieben Jahren Alemannia Aachen gemacht. Das war erste Sahne.

Wie in Hafnarfjördur hatte ich auch in diesem Spiel eine besondere Begegnung mit dem Schiri. Irgendwann im Spiel hat er die schwarz-rote Farbmünze, mit der er die Platzwahl gemacht hat, verloren. Und wer findet die? Ich natürlich. Ich lag auf dem Boden und sah zufällig die Münze. Im Spiel hab ich sie ihm noch gegeben und der hat sich zigmal bedankt bei mir. Der hat sich richtig gefreut. Und im Laufe des Spiels hatte ich viel Narrenfreiheit bei ihm.

Einmal hab ich einen Franzosen richtig umgehauen, da hat der Schiri mir noch nicht mal Gelb gegeben. Da wusste ich,

Spielstatistik Alemannia Aachen – OSC Lille 1:0 (0:0)

 Alemannia Aachen – OSC Lille
1:0 (0:0)

Do 21.10.2004, 18:15 Uhr
UEFA-Cup 2004/2005, Zwischenrunde Gruppe H
Schiedsrichter: Edo Trivkovic (Kroatien)

Tor: 1:0 Erik Meijer 66.

Aufstellung Alemannia Aachen:
Stephan Straub
Willi Landgraf
Moses Sichone
Alexander Klitzpera
Stefan Blank
Reiner Plaßhenrich
Simon Rolfes
Cristian Fiel
Kai Michalke
Erik Meijer
Sergio Pinto

Aufstellung OSC Lille:
Tony Mario Sylva
Benoît Angbwa
Rafael Schmitz
Efstathios Tavlaridis
Grégory Tafforeau
Jean Makoun
Christophe Landrin
Mathieu Bodmer
Milenko Acimovic
Philippe Brunel
Matt Moussilou

Wechsel Alemannia Aachen:
Florian Bruns
für Cristian Fiel (66.)
Dennis Brinkmann
für Kai Michalke (84.)
Frank Paulus
für Sergio Pinto (89.)

Wechsel OSC Lille:
Milivoje Vitakic
für Grégory Tafforeau (17.)
Johan Audel
für Christophe Landrin (76.)
Geoffrey Dernis
für Milenko Acimovic (76.)

Karten Alemannia Aachen:
Gelb für Cristian Fiel
Gelb für Willi Landgraf
Gelb für Erik Meijer

Karten OSC Lille:
Gelb für Rafael Schmitz
Gelb für Philippe Brunel

heute kannste dir alles erlauben, auch wenn er mir später dann doch noch die Gelbe Karte gezeigt hat.

Erik machte in diesem Superspiel das Siegtor. Ich hatte den Ball lang reingehauen, Simon Rolfes hatte quer gelegt und Erik machte das Ding rein.

Für uns war die Unterstützung der Fans ganz wichtig. Wir hatten nie das Gefühl, in einem Auswärtsstadion zu sein. Sicher war es nicht die einzigartige Atmosphäre wie auf dem Tivoli, wo die Zuschauer ganz nah dran sind. Aber unten auf dem Rasen hallte es noch mehr. Und es war halt mal ein First-Class-Stadion. Die Eltern haben schön gesessen in Ledersesseln, und wir hatten einen schönen VIP-Raum. Dieser Sieg gegen Lille war die Grundlage für unser erfolgreiches Abschneiden im UEFA-Cup. Daran haben wir uns hochgezogen.

Neben dem UEFA-Cup war für mich ein besonderes Spiel immer näher gerückt – mein 480. Zweitligaspiel. Wir hatten einen super Lauf, haben vor allem zu Hause alles weggebügelt. Der Aachener Jo Montanes war bislang mit 479 Spielen Rekordhalter. Wenn alles nach Plan gelaufen wäre, hätte ich auf dem Tivoli gegen Saarbrücken feiern können. Aber ausgerechnet vor dem Spiel in Trier hatte ich eine kleine Grippe. Ich hab zwar zwei Tage vorher noch mittrainieren können. Ich wollte unbedingt spielen, der Trainer sagte aber, ich soll mal ruhig machen und hat mich pausieren lassen. Denn vor meinem Spiel war ja auch die Partie gegen Lille. Stefan Blank konnte auch nicht spielen und so saßen wir mit dem Präsidenten und seiner Frau auf der Tribüne. Wir haben dann von oben mit angeguckt, wie die Jungs Trier auseinandergeschraubt haben. Wir schwebten auf einer Euphoriewolke, das war sensationell: 4:0 in Trier, wo wir uns sonst so schwergetan hatten.

Gegen Lille war ich wieder dabei und gegen Saarbrücken hab ich dann erst mal den Rekord von Jo eingestellt. Von

Saarbrücken hab ich bei dem Spiel noch ein Trikot bekommen mit einer 479 hinten drauf. Mein früherer Mannschaftskamerad Taifur Diane hat mir das Trikot vor dem Spiel überreicht.

Ich wollte eigentlich nicht, dass so ein großes Theater um mich gemacht wird. Die kommende Woche ging mir echt auf den Keks. Jeder wollte was von mir, außerdem war ich jeden Tag im Fernsehen. Für das DSF haben wir „Willis Weisheiten" gedreht. Die ganze Show war witzig. Ich musste immer lustige Sprüche klopfen wie: „Vor dem Duschen ist nach dem Duschen." Eigentlich war das ziemlich dumm, aber ich hab den Spaß mitgemacht.

Alle Zeitungen der Welt haben mich angerufen. Mir war es zwar auf der einen Seite zu viel Rummel, auf der anderen Seite bin ich aber durch diesen Rekord so richtig bekannt geworden.

Vor dem Anpfiff hatte mir Erfurts Kapitän Rudolf Zedi ein Trikot mit der Nummer 480 geschenkt. Schöne Geste, dafür hatten wir den Erfurtern drei Punkte dagelassen. Ich war wirklich froh, als das Spiel vorbei war. 1:0 hatten wir verloren durch einen fragwürdigen Handelfmeter. Wir waren aber auch sehr schwach.

Von der Mannschaft hab ich ein super Geschenk bekommen – ein paar Adidas-Schuhe. Alexander Klitzpera hatte sich sehr darum gekümmert, weil er auch schon ein Praktikum bei Adidas gemacht hatte. Und Erik hat mir gesagt, er hätte sogar mit Franz Beckenbauer wegen der Schuhe gesprochen. Naja …

Die silber-blauen Schuhe sind etwas ganz Besonderes: Auf der Hacke steht „WL 6", außerdem alle Vereine, und auf der Seite steht „Rekordspieler". Einen Fehler hat sich Adidas doch noch erlaubt, weil die „Alemania" geschrieben haben, also nur mit einem „n". Das war natürlich peinlich, macht die Schuhe aber noch wertvoller.

Über das Geschenk der Mannschaft hab ich mich super gefreut. Die Jungs wussten, dass ich fußballschuhverrückt bin. So

Spielstatistik FC Rot-Weiß Erfurt — Alemannia Aachen 1:0 (0:0)

 FC Rot-Weiß Erfurt – Alemannia Aachen
1:0 (0:0)

Mi 27.10.2004, 17:30 Uhr
2. Bundesliga 2004/2005, 10. Spieltag
Schiedsrichter: Dominik Marks (Berlin)

Tor: 1:0   Markus Kreuz   51. (Handelfmeter)

Aufstellung FC Rot-Weiß Erfurt:

René Twardzik
David Fall
Torsten Traub
Andreas Richter
Henning Bürger
Rudolf Zedi
Angelo Barletta
Alexander Schnetzler
Oliver Glöden
Markus Kreuz
Najed Braham

Aufstellung Alemannia Aachen:

Stephan Straub
Willi Landgraf
Alexander Klitzpera
Moses Sichone
Stefan Blank
Reiner Plaßhenrich
Simon Rolfes
Florian Bruns
Kai Michalke
Erik Meijer
Sergio Pinto

Wechsel FC Rot-Weiß Erfurt:

Enrico Neitzel
für Najed Braham (69.)
Stephan Keller
für Markus Kreuz (81.)
John van Buskirk
für Alexander Schnetzler (88.)

Wechsel Alemannia Aachen:

Jens Scharping
für Sergio Pinto (58.)
Chris Iwelumo
für Reiner Plaßhenrich (78.)
Dennis Brinkmann
für Florian Bruns (78.)

Karten FC Rot-Weiß Erfurt:

Karten Alemannia Aachen:

Gelb für Alexander Klitzpera
Gelb für Jens Scharping
Gelb für Florian Bruns

war ich immer. Wenn es um Fußballschuhe und Bälle geht, bin ich der kleine Junge geblieben.

Nur einmal hab ich die Rekordschuhe angezogen – in Erfurt. Jetzt stehen sie unten auf dem Regal bei mir in der Wohnung. Zu Hause hab ich mir ne kleine Ecke eingerichtet mit einigen „Schätzgen": Da steht zum Beispiel das tollste Foto von Sevilla und unser weißes UEFA-Cup-Trikot. Ich hab so um die 250 Trikots gesammelt. Die meisten lagern im Keller. Meine Frau hat die alle in Säcke reingesteckt, so viele sind das.

Abends in Erfurt hab ich noch mal an die Gespräche mit Jörg Schmadtke gedacht. Ich weiß noch, wie er mir am Anfang der Saison immer gesagt hat: „Weißt Bescheid, Willi. Wir verpflichten einen für deine Seite." Ich hatte nie Angst, weil ich wusste, was ich kann. Schon gar nicht, als Frank Paulus geholt wurde. Frank war ja zwei Jahre da und danach kamen mit Bernd Rauw und Matthias Heidrich gleich zwei Neue, die meine Position spielen konnten. „Wehe, die schaffen das nicht! Und sollte es wieder einer von den beiden gegen dich nicht schaffen, muss ich dich leider überfahren", hat Jörg im Spaß gesagt. „Nicht, dass du das auch machen musst", hab ich geantwortet.

Ich schätze Jörg, weil er sehr geradlinig ist. Er weiß immer, was er will. Mit wenig Geld hat er in Aachen sehr viel bewirkt. Bei Neuzugängen hat er fast immer ein glückliches Händchen gehabt. Nur auf meiner Seite hat er ein paar Anläufe gebraucht.

Gegen Oberhausen folgte der Liga-Alltag. Mit dem 2:1 hatten wir unsere Schlappe in Erfurt wettgemacht. Und nach Sevilla sind wir ganz locker einen Tag vor dem Spiel angereist. Vorher konnte jeder sogar noch die Stadt besichtigen, also machen, was er wollte.

Ich war als Andalusien-Fan schon öfter in Sevilla und kannte mich ganz gut aus – eine Superstadt. Wir bummelten durch die Straßen, hatten unsere Alemannia-Trainingsanzüge an und wurden von den Sevilla-Fans erkannt. Das war aber sehr locker. Die Kathedrale hat mir wieder besonders gut gefallen. Die Gassen sind zum Teil sehr eng, einige Touristen haben uns angesprochen und Glück fürs Spiel gewünscht.

Das sind wir am nächsten Tag ganz locker angegangen. Wir haben spätabends gespielt. Die Polizei hat uns im Hotel abgeholt und bis zum Stadion geleitet. Das Stadion liegt mitten in der Stadt und war ein Traum von den Zuschauern her. In der Kabine hab ich noch gesagt: „Wenn hier nach 20 Minuten die Zuschauer ‚Olé, Olé, Olé' brüllen, dann haben wir nen Fehler gemacht, denn dann liegen wir 3:0 zurück oder wir sind noch nicht einmal an den Ball gekommen." Die ganze Kabine hat gelacht.

Im Ernst: Sevilla war ne Mannschaft, gegen die wir kaum ne Chance hatten. Das wussten wir vorher. Aber wir haben sehr ordentlich gespielt. Wir lagen zwar schnell zurück, haben dann aber immer besser ins Spiel gefunden. Ein Elfer hat uns das Genick gebrochen. Danach musste ich raus. Der Trainer hat mit Chris Iwelumo einen Stürmer für mich gebracht, am Ende ging aber das 2:0 für Sevilla in Ordnung.

Sogar die einheimischen Fans haben Aktionen von uns beklatscht. So was ist in Spanien sehr selten, dass Heimfans die Gastmannschaft beklatschen. Tolle Stimmung, Riesenerlebnis!

Im Hotel haben Erik und ich noch ne schöne Flasche südafrikanischen Rotwein geköpft. Normalerweise schläft Erik immer zuerst ein, aber an dem Abend schmeckte mir der Wein so gut, dass ich zuerst eingenickt bin und Erik die Flache alleine leer trinken musste.

Gegen Zenit St. Petersburg bin ich erst spät für Reiner Plaßhenrich eingewechselt worden. Die Wochen zuvor fand mich der Trainer wohl nicht so stark, war aber kein Problem für mich. Dennis Brinkmann hat für mich angefangen. Es war wieder tolle Stimmung in Köln und ein dramatisches Spiel. Nachdem ich

Spielstatistik FC Sevilla – Alemannia Aachen 2:0 (1:0)

 FC Sevilla – Alemannia Aachen
2:0 (1:0)

Do 04.11.2004, 21:30 Uhr
UEFA-Cup 2004/2005, Zwischenrunde Gruppe H
Schiedsrichter: Dejan Delevic (Serbien & Montenegro)

Tore: 1:0 Carlos Aranda 8.
2:0 Julio Cesar Baptista 78. (Foulelfmeter)

Aufstellung FC Sevilla:
Andres Suarez Esteban
Sergio Ramos
Francisco Javier Navarro
Pablo Alfaro
David Castedo
Jesus Navas
Josep Martí
Renato
Fernando Sales De los Cobos
Carlos Aranda
Julio Cesar Baptista

Aufstellung Alemannia Aachen:
Stephan Straub
Willi Landgraf
Alexander Klitzpera
Moses Sichone
Stefan Blank
Reiner Plaßhenrich
Dennis Brinkmann
Cristian Fiel
Sergio Pinto
Erik Meijer
Kai Michalke

Wechsel FC Sevilla:
Daniel Alves
für Fernando Sales De los Cobos (66.)
Jordi
für Julio Cesar Baptista (84.)
Carlitos
für Carlos Aranda (87.)

Wechsel Alemannia Aachen:
Florian Bruns
für Sergio Pinto (66.)
Chris Iwelumo
für Willi Landgraf (78.)
Jens Scharping
für Cristian Fiel (78.)

Karten FC Sevilla:
Gelb für Carlos Aranda
Gelb für David Castedo

Karten Alemannia Aachen:
Gelb für Dennis Brinkmann
Gelb für Willi Landgraf
Gelb für Moses Sichone

reingekommen war, fiel das 2:1 für Zenit und kurz vor Schluss kriegten wir noch nen Elfer. Chris Iwelumo hatte den rausgeholt und Stefan Blank die Nerven behalten. Der knallte den Ball in die Maschen. Danach wussten wir nicht, ob das Unentschieden nun gut oder schlecht für uns war. Als wir dann die anderen Ergebnisse erfahren hatten, war klar: Um weiterzukommen, mussten wir das letzte Gruppenspiel in Athen gewinnen.

Vorweihnachtsfeier in Athen

Wir hatten uns fest vorgenommen, dass wir am Ende des Jahres 2004 auf einem Aufstiegsplatz stehen und dort auch überwintern. Dazu hätten wir bei der Spielvereinigung Greuther Fürth aber einen Punkt holen müssen. Denn am 16. Spieltag waren wir Dritter – leider zum letzten Mal in dieser Saison – mit 31 Punkten und Fürth Vierter mit 30 Punkten.

Beim Stand von 1:1 bin ich nach der Halbzeit für Dennis reingekommen und ausgerechnet Sascha Rösler macht kurz vor Schluss das Siegtor für Fürth. Der Sascha, mit dem ich anderthalb Jahre später auf der Rathaustreppe in Aachen Arm in Arm stehen sollte. Ist schon kurios, was in so einem Fußballerleben so alles passiert.

Die Zeichen für Athen standen also nicht so gut, auch wenn wir wirklich unglücklich in Fürth verloren hatten. Weil dieses Spiel in Athen aber etwas ganz Besonderes war, durften wir die ganze Familie mitnehmen. Wir sind auch noch anderthalb Tage länger geblieben, haben Urlaub gemacht. Ich hatte auch Aileen aus der Schule befreien lassen, die war mit Heike mitgeflogen.

Unser Hotel war absolut „first class", es passte irgendwie alles. Auf dem Zimmer war ich wieder mit Erik zusammen und abends im Bett hab ich zu ihm gesagt: „Du, Erik, ich glaub, wir gewinnen. Schlechtes Wetter, es regnet, das ist wie Hafnarfjördur hier. Das schlechte Wetter liegt uns – wie in Aachen." „Da haste recht, Willi", hat er vorm Einschlafen gesagt.

In Athen hat sich kaum einer für unser Spiel interessiert, viele wussten gar nicht, dass wir da im UEFA-Cup spielen. Für AEK war aber auch schon alles gelaufen, die konnten nicht mehr weiterkommen, das war unser großer Vorteil.

Als wir dann ins Stadion gefahren sind, dachte ich nur: Ist das alles riesig hier, von außen ein Traum. Große Katakomben, Riesenstadion, aber kaum Zuschauer – um die 5.000, davon bestimmt 1.000 aus Aachen, die uns super unterstützt haben.

Wir sind allerdings schwer ins Spiel gekommen, haben uns von den Athenern den Schneid abkaufen lassen, die sind gut eingestiegen. Vielleicht sind wir auch mit dem Druck nicht so fertig geworden. In der Kabine hat der Trainer gesagt: „Wollt ihr hier verlieren? Ihr wisst gar nicht, wie gut ihr seid. Ihr spielt mit angezogener Handbremse. Jetzt haltet mal richtig dagegen und gebt Gas nach vorne. Spielt Fußball, ihr habt nichts zu verlieren. Die wollen doch gar nicht gewinnen!"

Wir sind hoch motiviert rausmarschiert, haben besser nach vorne gespielt und Erik hat dann auch schnell das 1:0 gemacht. Als Daniel Gomez sechs Minuten vor Schluss das 2:0 machte, war klar, dass wir in die Endrunde des UEFA-Cups eingezogen waren!

Als das Spiel zu Ende war, explodierte unsere Freude. Ich bin Erik auf den Rücken gesprungen und wir haben ne kleine Ehrenrunde gedreht zu unseren Fans in der Kurve. Das war wieder mal Wahnsinn! Ich konnte es kaum glauben: Wir als deutscher Zweitligist hatten die Gruppenphase überstanden. Alemannia Aachen hatte Fußballgeschichte geschrieben!

Natürlich hatten wir auch an die Zusatzeinnahmen gedacht – für den Verein, aber auch für uns. Vor allem Erik. Bei dem anschließenden großen Bankett in unserem Top-Hotel mit Freunden und Sponsoren setzte Erik irgendwann so gegen 1 Uhr nachts zu einer Rede an und machte richtig Druck auf den Präsidenten. Der hatte vorher nämlich eine Zusatzprämie versprochen, wenn wir tatsächlich weiterkämen. Erik hatte sich in der Nacht schon für die Prämie bedankt, die Horst Heinrichs angekündigt hatte – clever gemacht. Wir haben die Prämie aber auch wirklich bekommen.

Am nächsten Tag hab ich aber erst mal so richtig realisiert, was wir geschafft hatten. Meine Familie war auch noch dabei – ein schöneres Vorweihnachtsgeschenk konnte es kaum geben. Zumal wir jetzt noch einen Tag Zeit hatten, um uns Athen anzuschauen.

Allerdings streikten die Taxifahrer. Und unser Hotel war so weit von Athens City gelegen, dass du ohne Taxi nicht wegkamst. Jörg Schmadtke hat dann aber irgendwie einen Wagen mit Fahrer organisiert und wir sind mit vier Leuten auf der Rückbank quasi durch Athen geflogen. Ich hatte noch Aileen auf dem Schoß, wir waren eigentlich fünf hinten. Ich dachte, wenn die Polizei uns jetzt anhält, wirste verhaftet. Aber die hat das überhaupt nicht interessiert.

Wir haben uns auch die Akropolis angeguckt und sind durch Athen gefahren. Ich muss sagen, dass ich etwas enttäuscht war. Ich war vorher noch nie in Athen, dachte aber, dass nach den Olympischen Spielen hier alles tip-top ist.

Aber das sah oft aus, als ob die mit dem Bauen nicht ganz fertig geworden sind. Was soll's: Für uns war es ein tolles Erlebnis, auch für meine Frau und meine Tochter, die diesen großen Erfolg ja hautnah miterleben durften. Es war sicher einer der schönsten Momente in meiner Karriere. Besser hätte das Jahr 2004 für mich nicht ausklingen können. Ich war in diesem so wichtigen Spiel wieder in der Startelf – meine jüngeren Konkurrenten Frank Paulus und Dennis Brinkmann waren nicht dabei.

Und so war das Weihnachtsfest 2004 im Kreise der Familie natürlich auch sehr entspannt. Wir schwebten auf Wolke 7. So wie ich früher als Achtjähriger, als ich eine Faller-Bahn zu Weih-

Spielstatistik AEK Athen – Alemannia Aachen 0:2 (0:0)

 AEK Athen – Alemannia Aachen
0:2 (0:0)

Mi 15.12.2004, 20:45 Uhr
UEFA-Cup 2004/2005, Zwischenrunde Gruppe H
Schiedsrichter: Sergey Shebek (Ukraine)

Tore: 0:1   Erik Meijer   57.
       0:2   Daniel Gomez   84.

Aufstellung AEK Athen: **Aufstellung Alemannia Aachen:**
Chiotis   Stephan Straub
Kontis   Willi Landgraf
Moras   Alexander Klitzpera
Bruno Alves   Moses Sichone
Georgeas   Stefan Blank
Toskas   Reiner Plaßhenrich
Katsuranis   Simon Rolfes
Assuncao   Cristian Fiel
Bourmpos   Jens Scharping
Kampantais   Erik Meijer
Krassas   Kai Michalke

Wechsel AEK Athen: **Wechsel Alemannia Aachen:**
Liberopoulos   Thomas Stehle
für Kampantais (46.)   für Cristian Fiel (67.)
Soares   Daniel Gomez
für Assuncao (46.)   für Jens Scharping (76.)
Rusev   Frank Paulus
für Bourmpos (68.)   für Willi Landgraf (87.)

Karten AEK Athen: **Karten Alemannia Aachen:**
Gelb für Toskas   Gelb für Cristian Fiel
                                 Gelb für Stefan Blank
                                 Gelb für Moses Sichone

nachten geschenkt bekam. Das ist so eine Art Carrera-Bahn mit kleineren Autos, die auch vorne Licht dran haben. Die gibts heute nicht mehr, ich hab aber meine alte noch. Unter den Wagen sind Gleitschienen. Ersatzteile gibts nur noch übers Internet. Aber ich hab auch noch jede Menge Ersatzteile.

Super war auch, als mein verstorbener Bruder mir damals die Eisenbahn zusammengebaut hat. Mein anderer Bruder ist auch ein Eisenbahn-Fan, der hat ein Händchen dafür. Der hat mir immer Tunnel gebaut und schöne kleine Landschaften gebastelt. Die Eisenbahn hab ich heute noch. An der hat sich auch nix verändert. Die funktioniert noch. Und zu Weihnachten bauen wir die immer noch auf, Vater und ich. Auch Bälle hab' ich oft zu Weihnachten bekommen. Da stand ich ja drauf.

Meine Mutter hat immer für alle gekocht und jeder durfte sich die Beilage wünschen. Bei uns hat es immer Heiligabend Rinderfilet gegeben, am ersten Weihnachtstag Karnickel und am zweiten Weihnachtstag Resteessen.

Wir haben immer schön zusammengesessen, gut gegessen und getrunken, aber nie Weihnachtslieder vorm Baum gesungen. Früher spielte sich alles bei meinen Eltern ab, heute kommen alle zu uns und meine Frau kocht.

Wenn wir einen Tannenbaum kaufen, ist das immer der Größte. Manchmal muss ich einen Sessel rausschmeißen, damit der überhaupt reinpasst. Im Gegensatz zu früher schenken wir uns relativ wenig, nix Großes. Aileens Wünsche werden aber erfüllt. Das war früher bei mir so und das ist jetzt auch bei Aileen so.

Da hat sich nicht viel geändert. Nur bei der Erziehung, da hat sich doch einiges geändert. Ich versuch, mich mit Aileen an den Tisch zu setzen und immer alles auszudiskutieren. Früher war das anders, da wurde nicht lange gefackelt, da wurde nicht ellenlang darüber gesprochen, was richtig oder falsch ist. Die

Kinder heutzutage sind aber schon viel früher reif als wir damals. Da ist es vernünftig, viel mit ihnen zu reden.

Und so hatten wir im Kreise der Familie ein wirklich sehr schönes Weihnachtsfest gefeiert und ich freute mich schon auf die Vorbereitung.

Wir haben uns durch Athen, nicht nur die Spieler, sondern der ganze Verein, etwas Sand in die Augen streuen lassen. Wir haben nicht so ne Vorbereitung gemacht, wie wir sie beispielsweise ein Jahr später im Aufstiegsjahr gemacht haben.

Auch unser Trainer Dieter Hecking hat im Nachhinein gesagt: „Daraus habe ich meine Lehren gezogen. Damals dachten alle, jetzt geht es so weiter."

Aus der Winterpause sind wir ganz schwach gestartet. Das war immer unser Manko. Von den ersten fünf Spielen haben wir vier verloren. In schlechter Erinnerung hab ich noch den Auftakt 2005 in Frankfurt. Alle Welt redete vom Wettskandal in Deutschland und ich legte Arie van Lent den Ball zum 1:0 auf. Montagabend, alle saßen vorm Fernseher und ich schieß den Bock. Normal wäre das Spiel 0:0 ausgegangen. Der Spott in der Mannschaft war groß: „Wie viel hat der Arie dir denn gezahlt, Willi?" Ich fand das gar nicht lustig, ich konnte aber damit leben – und musste damit leben.

Danach kam LR Ahlen zum Tivoli und wir verlieren 2:0. Das Theater war natürlich groß, weil jeder dachte, nach Athen geht es so weiter. Wir hatten viele Verletzte, Reiner Plaßhenrich fehlte, auch Erik. Und mit einer Rumpfelf sind wir nach Karlsruhe gefahren.

Ich war Kapitän und die Statistik sollte mir wieder Recht geben. Immer wenn ich in Karlsruhe aufgelaufen bin, haben wir nicht verloren. Mit Gütersloh hab ich 3:2 beim KSC gewonnen und mit Aachen auch fast immer, nur einmal 0:0. Bei dem

Schicksalsspiel, dem 0:1 im vergangenen Jahr, durfte ich ja nicht mitspielen ...

Diesmal war's ein Grottenspiel, aber wir haben 1:0 gewonnen. Jörg Schmadtke hat danach richtig gesagt: „Leute, wir sind noch nicht übern Berg." Genauso war's. Danach haben wir zu Hause gegen Unterhaching verloren und ich sah auch noch gelb-rot. Dadurch hatte ich mich selber rausgeschossen. Ich hatte aber auch nicht mehr so einen guten Lauf wie in der Vorrunde gehabt. Manchmal überdrehe auch ich und ich ärgere mich dann noch mehr über mich. Sieben Spiele musste ich zugucken, erst bei dem Katastrophenkick in Dresden bin ich in der Halbzeit eingewechselt worden.

Die beiden UEFA-Cup-Spiele gegen Alkmaar hab ich von der Bank aus erlebt. Da haben wir richtig gute Spiele abgeliefert, vor allem zu Hause in Köln. Das war die Zeit, wo Jan Schlaudraff noch nicht so gut drauf war, nicht so gut spielte und auch noch nicht die richtige Einstellung hatte. Wir waren jedenfalls in Alkmaar im Trainingslager und vorher hatte der Trainer noch extra gesagt: „Denkt an eure Personalausweise!"

Den mussten wir ja beim Spiel vorzeigen. Und wer hatte in Alkmaar den Ausweis vergessen? Jan. Der Trainer hat ihn dann aus dem Kader gestrichen und Jan war sehr traurig. Das passte genau in das Bild, das Jan seit seinem Wechsel in der Winterpause bei uns hinterlassen hatte. Der war ein netter, ruhiger Typ. Er dachte aber, in Aachen läuft das genauso weiter wie in Gladbach. Er hat aber keine guten Spiele gemacht und auch Druck vom Trainer bekommen.

In Alkmaar, dachten wir, haben wir kaum ne Chance. Aber auf einmal führten wir und hätten durch Simon Rolfes sogar das 2:0 machen können. In der Halbzeit haben wir uns gesagt: „Wenn wir so weitermachen, gewinnen wir das Spiel!" Und dann passierte leider das, was sich vorher schon andeutete.

Aber nachher ist man immer schlauer: Thomas Stehle haut seinen Gegenspieler um und sieht Gelb-Rot. Da hab ich noch auf der Bank gesagt: „Jetzt brechen die Dämme."

Prompt fiel der Ausgleich, wir haben noch dagegengehalten, am Ende hatten wir aber 2:1 verloren und danach ist für uns erst mal ne Welt zusammengebrochen. Erik hatte Tränen in den Augen und hat erst mal den Thomas Stehle beschimpft und war total enttäuscht. Für uns war es eine Riesenchance und Erik verpasste die Sensation in seinem Heimatland. Wir, der kleine Verein Alemannia Aachen, hätten den großen Favoriten schlagen können. Dem Verein, aber auch uns Spielern ist durch diese Niederlage viel Geld durch die Lappen gegangen. In der Kabine war Totenstille, keiner konnte was sagen, bis Erik reinkam und Thomas, auch genannt die Axt, zur Schnecke machte. „Blödmann", hat er ihn angeschrien, so steckte Erik noch voller Adrenalin.

Ich wusste nicht, was in mir vorging, die Tränen kamen hoch, ich konnte sie aber unterdrücken. Aber von dieser Enttäuschung haben wir uns in dieser Saison nicht mehr erholt. Danach sind wir gegen Aue untergegangen, haben 5:1 auf dem Tivoli verloren. Das muss man sich mal vorstellen: Wir, die heimstarken Aachener, lassen uns von der Truppe aus dem Erzgebirge auseinanderschrauben.

Wir hatten auch Torchancen, haben zigmal an die Latte geschossen, die Bälle gingen einfach nicht rein. Wir konnten gar nicht gewinnen, das konnteste sehen, wenn du den Jungs vorher in die Augen geguckt hast.

In der Zwischenzeit hatten wir kein Spiel mehr gewonnen. In Dresden bin ich eingewechselt worden, da war es schweinekalt. Und es war ein Grottenkick, wirklich katastrophal. Der Boden war hart, nix ging mehr, unsere Mannschaft war „tot". Irgendwas musste sich der Trainer einfallen lassen. Der war natürlich nach der 2:0-Niederlage stinksauer und hat danach nicht einen Ton mit uns gesprochen.

Aber wir konnten uns schon denken, was kam. Vom Flieger aus sind wir praktisch direkt in den Wald und sind gelaufen wie die Teufel in Verlautenheide. Ich hab nur noch unseren Co-Trainer Dirk Bremser gesehen, wie der Striche gemacht hat. Wir drehten eine Runde nach der anderen auf hart gefrorenem Boden. Wir haben den Schneeboden fast glatt gelaufen, so ging es da ab.

Ich hab erst gedacht, der Trainer lässt uns zu Recht laufen, aber dann hörten wir gar nicht mehr auf. Freitagabend hatten wir in Dresden gespielt, Samstagnachmittag hatten wir im Wald verbracht und Sonntag hatten wir zweimal Training – normal ist der Sonntag nach Freitagsspielen immer frei. Ich hab wirklich gedacht, ich sitz in einer Zeitmaschine und bin zurück in meiner Anfangszeit, wo die Trainer nur Gas gegeben haben. Ich dachte, ich bin hier wieder bei Uwe Klimaschewski.

Sonntagabend bin ich nach Hause gekommen und hab mich direkt auf die Couch gelegt und war richtig kaputt. Die ganze kommende Woche hat der Trainer mit uns nicht geredet, nur die Hand gegeben, „Hallo" und „Tschüss" gesagt, mehr nicht.

Mit mir hat er ganz kurz gesprochen: „Willi, du bist gegen Trier dabei. Da müssen wir gucken, dass wir aus der Scheiße rauskommen und gewinnen – egal wie."

Wir sind weiter nur gelaufen, die ganze Woche. Aber was man daran sieht: Alte Methoden ziehen manchmal doch. Wir mussten 100 Kontakte spielen mit Freilaufen und Decken, Abwehr gegen Angriff. Die Verlierermannschaft musste Läufe machen: von der Grundlinie zum Fünfer und zurück, dann zum Strafraum und zurück, zur Mittellinie und zurück, zum gegnerischen Strafraum und zurück, zum gegnerischen Fünfer und zurück und zur gegnerischen Grundlinie und zurück. Das erste Spiel hatten wir verloren, da durfte der Angriff dehnen.

Danach verloren aber die Offensivspieler fünfmal hintereinander. Die mussten fünfmal hintereinander diesen Weg laufen. Uns Abwehrspielern war das peinlich. Die Stürmer konnten kaum noch laufen am Ende, die sind gekrochen. Vor allem Jens Scharping, der hatte so extreme Gesichtszüge. Ich hab gedacht, der erholt sich nie mehr.

Intern hatten wir uns aber geschworen: „Wir zerfleischen uns nicht gegenseitig! Da kann der Alte machen, was er will. Wir laufen bis zum Erbrechen und sagen nix." In dieser kritischen Phase war der Zusammenhalt sehr stark. Den während der WM in Deutschland so viel beschworenen Teamgeist haben wir da schon richtig gelebt.

Von da an haben wir wieder eine Serie gestartet, sieben Spiele in Folge meist gewonnen, erst bei 1860 München haben wir verloren. Ich hatte mir beim Abschlusstraining eine Muskelverletzung im Oberschenkel zugezogen und war nicht sicher, obs klappt. In Unterhaching im Trainingslager habe ich ein paar Sprints gemacht und der Muskel machte zu. Es hatte keinen Zweck. So konnte ich nur zugucken.

In München haben wir uns richtig einlullen lassen. Jan Schlaudraff hatte auch nicht seinen besten Tag. Auch wenn wir den Aufstieg mit der Niederlage verpasst hatten: Wir hatten eine tolle Mannschaft, hatten richtig viel erreicht. Der Verein hatte viel eingenommen und somit Planungssicherheit. Lizenzprobleme gab es nicht mehr, der Name Alemannia Aachen hatte mittlerweile einen anderen Klang.

Tränen vor Saarbrücken

Für mich war es ein noch erfolgreicheres Jahr, weil ich von den Lesern der „Aachener Nachrichten" zum Sportler des Jahres gewählt wurde. Die Ehrung war Anfang 2005, ausgerechnet an dem Tag, an dem der Wettskandal richtig Fahrt aufnahm.

Außerdem gab es Gerüchte, dass auch ein Spieler von uns darin verwickelt sein sollte. Als Mannschaft hatten wir auch gewonnen, ich konnte mich aber gar nicht so richtig freuen, weil einen Tag später auch noch eine Durchsuchung bei Laurentiu Reghecampf war, in seinem Hotelzimmer.

Reghe war ein halbes Jahr bei uns, hatte keine gute Leistung gezeigt und jetzt wurde er noch in Verbindung mit dem Wettskandal gebracht. An dem Tag war ich auch noch mit ihm zusammen. Dauernd klingelte sein Handy, der tat mir richtig leid. In der Hektik hat er noch ein paar Fehler gemacht, obwohl er gar kein schlechtes Gewissen haben musste. Er hat mir immer gesagt, er hätte damit nix zu tun. Später ist ja auch alles gegen ihn eingestellt worden.

Kurios war nur, dass vorher die Polizei bei unserem Scout Hermann Grümmer vor der Tür stand. Die Geschichte hat der Hermann mir erzählt. Reghe war nämlich gemeldet bei Hermann Grümmer, deshalb stand die Polizei in aller Herrgottsfrühe beim Hermann auf der Matte und wollte ne Hausdurchsuchung machen. Aber Reghe wohnte ja im Hotel und da haben sie alles beschlagnahmt, auch sein Laptop, das er wahrscheinlich bis heute nicht wieder zurückbekommen hat.

Da ich ja auch oft übernachtet hab im Hotel, haben wir uns auch näher kennen gelernt. Peperiki ist der Spitzname von Reghe, er hat mir den Namen beigebracht. Was er bedeutet, weiß ich nicht. Wir verstehen uns gut, haben uns immer hochgeschaukelt. Mich hat gefreut, dass Peperiki alles gut überstanden hat.

Wie schon gesagt: Ich hätte nie für möglich gehalten, dass es in Deutschland einen Wettskandal geben könnte, dass ein Schiedsrichter in der Lage ist, ein Spiel zu manipulieren. Man sieht, was Geld alles bewirken kann. Dabei sind die Summen, die angeblich gezahlt worden sind, wirklich „Peanuts". Für 20.000 oder 40.000 Euro haben die ihr Leben versaut. Wie lange willste von so einer Summe denn leben? Nicht lange. Im Nachhinein ist der Hoyzer sicher auch schlauer. Ich hab den immer für einen hoch talentierten Schiedsrichter gehalten. Mit Thijs Waterink hab ich in Gütersloh zusammen gespielt, da hätt ich damals auch nicht gedacht, was möglich ist. Aber man sieht: Wenn es ums Geld geht, hört meistens alles auf – auch der Verstand.

Ich hab noch nie gewettet, nur mal Lotto gespielt, mit dem Platzwart von RW Essen. Einmal hatte ich gewonnen, da hatten wir 4 Richtige mit Zusatzzahl, jeder kriegte 240 DM raus. Das war nicht so viel.

In unserer Mannschaft tippen einige, Reghe auch. Der hat oft gewettet, aber nie auf seine eigene Mannschaft. Dadurch wurde die Sache ja bei ihm auch so hochgekocht.

Die Ansage für die Saison 2005/2006 war deutlich: Aufstieg! Vorm ersten Training haben wir alle in der Kabine gesessen und darüber gesprochen, wie wir die Saison angehen. Jörg Schmadtke hat gesagt: „Wir reden gar nicht viel drum herum. Wir gehen volle Kanne auf Risiko. Wir wollen aufsteigen!"

Ich hab in dem Moment gedacht, was sollen wir nach außen auch verkaufen? Durch die Niederlagen im UEFA-Cup und in der Schlussphase der vergangenen Spielzeit sind wir stärker geworden. Das war eine Reifeprüfung. Ich sag immer: „Du musst auch aus was Negativem Positives rausziehen." Das gilt für alle Lebenslagen und ist auch so ein bisgen ein Motto von mir: „Du darfst nie nur schwarz sehen!"

Zuerst hatten wir ein Lauftrainingslager und danach ein fußballspezifisches Trainingslager. Das war alles vom Feinsten, hat super gepasst. Für mich war klar, dass es eine sehr schwierige Saison für mich werden würde. Es wurden wieder Spieler geholt, die meine Position spielen konnten und sollten. Ich hab aber dem Jörg wieder gesagt: „Sei nicht überrascht, wenn ich wieder spiele!"

Allerdings war ich leider nicht von Anfang an dabei. In der Vorbereitung bin ich immer besonders ehrgeizig und nehm mir sehr viel vor, manchmal – so wie diesmal – auch zu viel. Ich hätte mir nämlich im Lauftrainingslager eine Auszeit nehmen müssen, weil ich mir zum ersten Mal überhaupt einen Muskelfaserriss in der Wade zugezogen hatte. Diese Verletzung ist eigentlich mit das Schlimmste für einen Fußballer, weil die Heilung ziemlich lange dauert. Ich muss zugeben, dass ich mit dieser Verletzung sehr fahrlässig umgegangen bin. Das hat mich einige Spiele gekostet.

Ob ich in gesundem Zustand beim Saisonauftakt gespielt hätte, weiß ich nicht, das weiß nur der Trainer. Da ich aber verletzt war, hatte zumindest er ein Problem weniger. Allerdings hatte ich schon das Gefühl, dass ich in dieser Saiosn tatsächlich nur ne Art Nebenrolle spielen sollte. Mit Bernd Rauw und Matthias Heidrich waren zwei Neue gekommen, die beide auf der rechten Abwehrseite spielen konnten.

Ich hatte mich aber durch meine Verletzung selbst rausgeschossen, musste sechs Wochen mehr oder weniger pausieren und war eine Woche vor dem Spiel gegen Saarbrücken wieder fit. Ich war fest davon überzeugt, dass ich zumindest wieder im Kader bin. Der Trainer hat mich aber auf Seite genommen und mir gesagt, dass ich – obwohl ich wieder fit war – zum ersten Mal nicht dabei bin. Das war hart! Das war brutal! Die anderen hatten das Spiel gegen Saarbrücken vor Augen und ich stand da wie ein begossener Pudel, konnte mich in mein Auto setzen und nach Bottrop fahren.

Ich hatte die Tränen in den Augen, denn damit hatte ich, ehrlich gesagt, nie und nimmer gerechnet. Ich war so traurig. Die Tränen sind über die Wangen gekullert. Das tat mir in der Seele weh, das war wie ein Messerstich. Ich wusste nicht, ob ich wütend sein sollte oder losheulen sollte. Ich war erst mal leer. So stelle ich mir das vor, wenn ein Boxer k. o. geht. Als dann wieder Blut ins Gehirn floss, wusste ich: Williken, das wird eine verdammt schwere Saison für dich!

Natürlich war ich sauer auf den Trainer, das hat der auch gemerkt. Als ich aber dann im Auto saß und nach Hause fuhr, dachte ich: O. K., du bist heute nicht im Kader, aber du haust dich voll rein. Dann spielste ein paar Mal bei den Amateuren mit und zeigst dem Trainer, dass du wieder rein willst. Beim Autofahren kann ich gut abspannen, da mach ich mir immer wieder mal Gedanken über dies und das.

Wenn ich traurig oder verletzt bin, brauche ich die Nähe meiner Familie. Allerdings zeige ich meine Gefühle nicht so nach außen, sondern mime weiter den gut gelaunten Sonnyboy. Ich schlucke viel in mich rein. Meine Frau merkt aber, wenn was ist. Sie muss aber alles aus mir rausquetschen. Eigentlich hab ich zu Hause wenig vom Fußball erzählt. Von Problemen schon mal gar nicht. Manchmal hat Heike mehr im VIP-Raum erfahren als von mir. Zu Hause fragt sie mich dann vorsichtig und ich bin auch froh, wenn ich es dann doch erzähle. Meine Mutter merkt sofort, wenn was los ist, ein Problem in der Luft liegt. Ich versuche das immer zu überspielen, aber im Innern rumort es, bin ich tief getroffen – so wie in dieser Phase.

Mein Glück war aber, dass die Mannschaft zwar durchaus erfolgreich war, aber nicht gut gespielt hatte. Vor allem die beiden Jungs, die für mich in die Mannschaft gekommen waren, Bernd Rauw und Matthias Heidrich, wurden von Fans und Medien schon in Frage gestellt. Bernd hatte sich rausgespielt, weil er im ersten Spiel in Aue nicht so gut war – da waren alle nicht so gut. Aber Bernd hatte sich danach etwas zu weit aus dem Fenster gelehnt. Dennoch hielt der Trainer aber erst mal an ihm fest.

Zu Hause wurds für Bernd aber immer schwieriger, weil das Publikum ihm gegenüber sehr kritisch war. Außerdem wurde ich immer fitter und machte natürlich von außen enormen Druck. Ich hab dann auch zum Trainer gesagt, ob die Zeit denn nicht langsam mal reif wäre für mich, das ich auch mal eine Chance bekäme, weil ich ja von der Tribüne oder Bank aus genau sehen konnte, was gespielt wurde. Das war auf meiner Position nämlich kein Fortschritt. Das hat mich auch geärgert, weil ich wusste: Das, was die spielen, kannste auch noch spielen. Spielt einer besser als ich, mach ich mir keine Gedanken darüber. Das ist dann absolut in Ordnung. Aber so kochte es in mir.

508-mal erprobt in Liga 2: Konzentration, Engagement und der Wille zum Sieg.

Der kleinste Tivoli-Kicker:
Training des Kaders 2001/02

Beste Laune im
Trainingslager:
Beleh 2002
(Türkei)

Ein Willi kennt keine Schmerzen.

Papa und sein Mädchen: Tochter Aileen im Dezember 2001 auf dem Tivoli

Geballte Faust:
Willi Landgraf
mit Kurzhaarfrisur
im August 2002

480. Spiel in der Zweiten Liga:
Der Rekord ist gebrochen.

Der Mann mit dem Koffer: Gefüllt mit Erfahrung soll Willi nach Aachen zurückkehren.

Letzte Umarmung: Danke, Jörg Schmadtke!

Ein letztes Mal die Hände zum Himmel:
Ehefrau Heike feiert ihren „Kampfgraf".

Mit den Kindern durch die Stadt:
Aileen (10, rechts) und Helena,
Tochter von Torwart Stephan
Straub, im Alemannia-LKW

Letzte Pressekonferenz am Tivoli: Der Abschied naht.

Ein Gymnastik-Tänzchen zum Abschluss: Willi, Erik und der Rest

Von der Mannschaft getragen: Abschied auf dem Tivoli.

Tränen zum Abschied: Willi mit Tochter Aileen und Erik Meijer in den Armen

Aachen feiert die Aufstiegshelden: Das Rathaus im Mai 2006.

Da staunt sogar der Willi: Walk of fame vor der Tivoli-Geschäftsstelle.

Große Ehre für ein paar Tage im Mai 2006

Der Geist von Hoenderloo

Immerhin war ich bei dem anschließenden Pokalspiel in Regensburg wieder mal im Kader, hatte auch gedacht, dass ich da mal reinkomme, war aber nix. Dann war ich wieder öfter mal dabei. Die Mannschaft hat nicht richtig gut gespielt. Der Druck wurde größer – auf uns und auf den Trainer, weil sich eigentlich nix großartig verbessert hatte – trotz der vielen Neuen.

Das Problem war, dass sich die einzelnen Spieler noch nicht zu einer Mannschaft gefunden hatten. Vor allem die Neuen: In ihren alten Klubs waren die Stammspieler und hier bei der Alemannia mussten sie sich erst einmal unterordnen. Jeder wollte der Chef sein. Die Kritiker sagten: „Das ist keine Mannschaft." Und sie hatten recht. Das konnte man auf dem Platz sehen. Und das wurd uns auch gesagt. Jeder wollte sein eigenes Ding machen und im Mittelpunkt stehen. Aber um Erfolg zu haben, mussten wir uns zusammenraufen und Einzelinteressen hinten anstellen.

Bei unserem Kurz-Trainingslager in Hoenderloo haben wir intern sämtliche Probleme knallhart angesprochen. Der Trainer hat jedem gesagt, was er sehen will und was der einzelne Spieler zeigen muss. Beispielsweise hat er Bernd Rauw gesagt, er soll sich erst mal um seine eigene Leistung kümmern, ehe er Kritik nach außen raushaut wie nach dem Aue-Spiel zum Saisonbeginn.

Es wurde auch die Frage gestellt, ob es in der Mannschaft nicht stimmt, ob wir Streit untereinander hätten. So war es ja nicht. Jeder konnte mit dem anderen umgehen, aber trotzdem fehlte was.

Spielstatistik Dynamo Dresden – Alemannia Aachen 1:3 (1:1)

 Dynamo Dresden – Alemannia Aachen
1:3 (1:1)

Mo 17.10.2005, 20:15 Uhr
2. Bundesliga 2005/2006, 9. Spieltag
Schiedsrichter: Peter Gagelmann (Bremen)

Tore:	0:1	Jan Schlaudraff	34.
	1:1	Witold Wawrzyczek	36.
	1:2	Sascha Rösler	51.
	1:3	Jan Schlaudraff	78.

Aufstellung Dynamo Dresden:
Ignjac Kresic
Dexter Langen
Volker Oppitz
Witold Wawrzyczek
Dennis Cagara
René Beuchel
Karsten Oswald
Ansgar Brinkmann
Alexander Ludwig
Christian Fröhlich
Marco Vorbeck

Aufstellung Alemannia Aachen:
Kristian Nicht
Willi Landgraf
Thomas Stehle
Moses Sichone
Mirko Casper
Emil Noll
Goran Sukalo
Sergio Pinto
Jan Schlaudraff
Sascha Rösler
Erik Meijer

Wechsel Dynamo Dresden:
Michael Lerchl
für Dexter Langen (70.)
Tomislav Stanic
für Alexander Ludwig (73.)

Wechsel Alemannia Aachen:
Alexander Klitzpera
für Thomas Stehle (46.)
Matthias Heidrich
für Sergio Pinto (79.)
Marius Ebbers
für Erik Meijer (88.)

Karten Dynamo Dresden:
Gelb-Rot für Karsten Oswald (66.)
Gelb für Marco Vorbeck
Gelb für Ansgar Brinkmann
Gelb für Dennis Cagara
Rot für Tomislav Stanic (85.)

Karten Alemannia Aachen:
Gelb für Thomas Stehle

Natürlich darf auch nicht vergessen werden, dass wir bis Hoenderloo auch Personalprobleme hatten. Wir konnten beim Training nie 11 gegen 11 spielen. Bei dem Trainingslager in Holland waren erstmals alle wieder fit und wir haben zum ersten Mal 11 gegen 11 gespielt, jeden Morgen fast 90 Minuten. Wir haben da brutal hart trainiert. Kein Wunder: Der Trainer stand unter Druck und musste was ändern.

Und jetzt rückten die älteren Spieler wieder in den Vordergrund. Auch mich hat der Trainer auf sein Zimmer geholt und gesagt: „Pass auf, Willi! Du kriegst die Chance. Du darfst gegen Dresden wieder von Anfang an spielen. Dann will ich aber auch den Beweis haben, dass du besser bist als deine Konkurrenten." Wir älteren Spieler sollten wieder mehr Verantwortung übernehmen. So hat er dann auch die Mannschaft umgestellt.

Mir hat die harte Woche in Hoenderloo sehr gut getan, weil ich nach meiner Verletzung in der Vorbereitung richtig gut rangekommen bin. Von den Älteren fehlte in Dresden Alexander Klitzpera. Er war nach seiner Verletzung noch nicht so weit. Also hieß es: Erik und Willi, ihr müsst es richten!

So eine Konzentration wie vor dem Spiel hab ich lange nicht mehr gespürt. Jeder wollte zeigen, dass er sich in den Dienst der Mannschaft stellt. Der Präsident Horst Heinrichs war ja auch im Trainingslager und hatte zur Mannschaft gesprochen.

Jörg Schmadtke war jeden Tag da, hatte auch viele Gespräche geführt. Und der Trainer hatte mit uns knüppelhart gearbeitet.

Das alles sollte sich auszahlen, denn dieses Trainingslager war der Wendepunkt in der Saison. Der später viel beschworene „Geist von Hoenderloo" hat uns tatsächlich stark gemacht.

In Dresden haben wir uns dann so präsentiert, wie wir uns alle gerne schon vorher gesehen hätten. Die große Substanz war endlich zu erkennen. Wir waren auf dem richtigen Weg.

Applaus für das 500. Spiel

In Dresden hatten wir 3:1 gewonnen, danach kam schon direkt die Frage: „Das nächste Spiel ist doch dein 500.?" Ja klar, aber wer weiß, ob ich überhaupt dabei bin. In Dresden hatte ich ja wieder gespielt, aber trotzdem hat der Trainer immer wieder einen Scherz rausgehauen und gesagt: „Da musst du mir aber schön was in die Tasche tun."

Aber das war natürlich nur Spaß. Was mir in der Woche vor allem immer wieder durch den Kopf geschossen ist, war der Presserummel vor meinem Rekordspiel. Als ich in Erfurt mein 480. Zweitligaspiel gemacht hatte und den Rekord von Jo Montanes eingestellt hatte, klingelte dauernd mein Handy. Alle wollten was, ob DSF, Premiere, auch sämtliche Zeitungen von der „Welt" bis hin zum „kicker", das war Wahnsinn.

Deshalb hatte ich diesmal mit unserem Pressesprecher Thorsten Pracht abgesprochen, dass ich nur zwei Tage zur Verfügung stehe. Wir hatten montags in Dresden gespielt, Dienstag und Mittwoch habe ich die Interviews gegeben. Ich wollte mich voll auf mein Jubiläumsspiel konzentrieren, das war ja gegen Kickers Offenbach. Ich hab dann auch gesagt, dass ich keine große Show will vor dem Anpfiff, weil ich eh nicht aufnahmefähig bin – das haben wir auch gut hingekriegt.

Donnerstag hab ich dann ab 14 Uhr mein Handy ausgeschaltet und mich nur aufs Spiel konzentriert und auch gedacht, hoffentlich geht das alles schnell über die Bühne. Denn ich wurd überall darauf angesprochen, auch bei uns in der Straße.

Unsere Straße ist nämlich eine fußballverrückte Straße, da wohnen eigentlich nur Blau-Weiße, Schalker. Da sind auch viele Kinder, die spielen in einem kleinen Verein in Vonderort. Aber jeder weiß, dass ich bei Alemannia Aachen spiele. Außerdem nehme ich schon mal öfters Kinder mit zum Tivoli und die kommen dann auch und klingeln bei uns. Hier ist wirklich alles fußballverrückt.

Seit zwölf Jahren wohnen wir hier in einer Eigentumswohnung, 117 Quadratmeter, fünf Zimmer, Souterrain, alles verkehrsberuhigt, umgeben von vielen Kindern. Das Geld hatte ich mir damals zusammengespart. Da bin auch stolz drauf, aber stolz war ich vor allem, dass ich in meinem Alter, mit meinen 37 Jahren, in meinem 500. Spiel von Anfang an dabei war. Das war mir fast noch wichtiger als die 500.

Mein Kapitän, der Erik Meijer, der mich sehr gut kennt – wir sind fast immer in Trainingslagern auf einem Zimmer –, hat mir am Donnerstag nach dem Training gesagt: „Pass auf, Willi, morgen läufst du als Letzter ein und genießt deinen Applaus."

Ich hatte ihn extra gebeten, auf großes Trara zu verzichten. „Nein, ich weiß, wie du bist", hat Erik gesagt. „Wir machen keine Ehrung oder so was, du läufst nur als Letzter ein."

Ich habe mich dann nur auf das Spiel konzentriert und das ganze Drumherum gar nicht mitbekommen, auch nicht, dass ich beim Einlaufen einen kleinen Jungen umgerannt habe. Das haben die Jungs mir nachher erzählt. Wie schon in Erfurt ging es mir nur um das Spiel. Ich wollte beweisen, wozu ein Spieler in hohem Alter noch fähig ist. Leider gingen beide Partien, die in Erfurt und die gegen Offenbach, 0:1 verloren. Aber jetzt gibt es ja auch kein Jubiläum mehr.

Das Einzige, was mir während des 500. Spiels plötzlich durch den Kopf schoss, war meine Frau und Kai Pflaume, der von

SAT.1: Hoffentlich macht die nicht irgendein dummes Zeug und hoffentlich singt die nicht. Vorher hat sie nämlich immer gesagt: „Lass dich mal überraschen!" Und die Freundin meiner Frau hatte noch gesagt: „Pass mal auf, Willi, wenn der Kai Pflaume mit dem Wohnwagen vorfährt." Das war das Einzige, woran ich denken musste.

Meine Frau hat mich dann überrascht mit einer DVD, wo alle TV-Auftritte in Fernseh-Studios und Tore von mir drauf sind. Bei einem hatte ich z. B. ein Hemd an – wenn ich das Hemd heute anziehen würde, würde ich wohl verhaftet werden. Das war ein Hemd, da hatte ich noch eine lange Matte – sensationell.

Genauso war es mit den Geschenken, die ich nach dem Spiel bekommen habe. Das waren so viele, ich dachte, da brauchst du einen Laster für. Mit das Schönste war die Ansprache von Erik – dass er den Hut vor mir zieht und dass ich als ehrlicher Sportsmann noch so fit bin in meinem Alter.

„500 Spiele wird keiner mehr schaffen", hat Erik gesagt. Er hat aber auch verraten, dass ich schnarche und er immer das Fenster zumacht, wenn ich eingeschlafen bin. Wir sind ja Zimmerkollegen und ich reiß immer alle Fenster auf, egal wie kalt es ist – volle Kanne, bis er Frostbeulen hat.

Dann hat er gesagt, nachts steht er dann immer auf, damit ich das nicht merk. Erik hat toll gesprochen. Ich fand auch das Geschenk von der Mannschaft toll, eine Zeichnung: ich als Kampfschwein. Die war ganz schön teuer, denn ich hab zufällig noch das Etikett gesehen, auf dem stand, was die gekostet hat.

Abends sind wir dann noch ins Café Madrid gegangen, da hatte meine Frau eine Überraschungsparty organisiert, mit meiner Familie und den engsten Freunden. Ich konnte ja nicht die ganze Straße einladen, das wären dann doch zu viele gewesen.

199

> Spielstatistik Alemannia Aachen – Kickers Offenbach 0:1 (0:0)

 Alemannia Aachen – Kickers Offenbach
0:1 (0:0)

Fr 21.10.2005, 19:00 Uhr
2. Bundesliga 2005/2006, 10. Spieltag
Schiedsrichter: Thomas Frank (Hannover)

Tor: 0:1 Suat Türker 61.

Aufstellung Alemannia Aachen: **Aufstellung Kickers Offenbach:**

Kristian Nicht
Willi Landgraf
Moses Sichone
Thomas Stehle
Mirko Casper
Sergio Pinto
Goran Sukalo
Emil Noll
Sascha Rösler
Jan Schlaudraff
Erik Meijer

Sead Ramovic
Lars Weißenfeldt
Daniel Schumann
Markus Happe
Rüdiger Rehm
Oualid Mokhtari
Stefan Sieger
Thomas Wörle
Thorsten Judt
Suat Türker
Regis Dorn

Wechsel Alemannia Aachen: **Wechsel Kickers Offenbach:**

Marius Ebbers
für Sergio Pinto (66.)
Florian Bruns
für Thomas Stehle (73.)
Laurentiu-Aurelian Reghecampf
für Jan Schlaudraff (78.)

Ole Budtz
für Daniel Schumann (46.)
Alf Mintzel
für Rüdiger Rehm (87.)
Laszlo Kanyuk
für Oualid Mokhtari (87.)

Karten Alemannia Aachen: **Karten Kickers Offenbach:**

Gelb für Mirko Casper
Gelb für Moses Sichone

Gelb für Thorsten Judt
Gelb für Sead Ramovic
Gelb für Suat Türker

Ich war zwar nach dem 0:1 nicht in bester Stimmung, aber als wir reingingen, lief „Eye Of The Tiger" – extra für mich, das hatte auch meine Frau organisiert. Es war eine schöne Sache, so lange haben wir aber nicht gefeiert. Ich bin dann alleine in Aachen geblieben, im Hotel, habe mir den Tag noch mal durch den Kopf gehen lassen und bin auch spät eingeschlafen, weil es was Aufregendes war und ich so viele Hände geschüttelt hatte. Eigentlich war es ein gelungener Abend, nur das Ergebnis passte nicht. Aber die Jungs haben gesagt: „Genieß alles, 500 Spiele in der Zweiten Liga wird keiner mehr schaffen!"

Das glaube ich auch, den Rekord wird keiner mehr knacken. Ich habe mal eine Statistik gelesen: Wenn ein Spieler mit 24 oder 25 noch keine 250 Spiele hat, wird er es kaum schaffen können. Das ist schon harte Arbeit, ich bin auch gesund geblieben und hatte Glück: Ich hatte keine schwerere Verletzung oder größere Operation. Wenn ich mal ausgefallen bin, dann wegen Muskelverletzungen und dann auch nur zwei, drei Wochen.

Dass ich die 500 Spiele geschafft habe und fit geblieben bin, hängt sicher auch mit dem harten Training in der Jugend zusammen. Da haben wir wirklich hart gearbeitet, viel Krafttraining gemacht, und da hat sich auch keiner groß Gedanken gemacht. Wir haben zwei, drei Stunden trainiert, danach noch Torschusstraining gemacht, alles durcheinander. Heute wird alles getrennt. Ich glaube, die harte Arbeit hat meinen Körper geprägt.

Ärgerliche Wadenverletzung

Auch wenn wir gegen Offenbach verloren hatten, war doch erkennbar: Da hat sich was getan in der Mannschaft. Auch im Pokal gegen Hannover haben wir gut ausgesehen, aber mit viel Pech auf dem Tivoli 2:1 verloren.

Dann sind wir nach München gefahren zu 1860, haben gut gespielt, hätten auch gewinnen können. Ich hatte mich leider im Spiel bei 1860 schon nach einer Viertelstunde verletzt und musste früh ausgewechselt werden, weil ich wieder Probleme mit der Wade hatte. Das war richtig blöd und sehr ärgerlich. Wer weiß, wie die Saison für mich weiter verlaufen wäre, wenn ich mich nicht verletzt hätte.

Es war ein Traum, in diesem tollen Stadion spielen zu dürfen, in der Allianz-Arena. Alle hatten vorher schon davon geschwärmt und ich durfte jetzt auch noch in diesem WM-Stadion spielen – sozusagen auf meiner Abschiedstour, wie sich ja später herausstellen sollte. Da waren super Umkleidekabinen, nicht zu vergleichen mit dem Tivoli, alles erste Sahne.

Sehr gewurmt hat mich dann noch, dass ich so früh rausmusste. Ausgerechnet bei dem Trainer, dem Maurer, der nicht so positiv über uns gesprochen hatte. Ich seh noch seinen Jubel vor meinen Augen, als wir vergangene Saison da 3:0 verloren hatten. Und diesmal hatte er sich in den Medien wieder mal abfällig über uns und auch über mich geäußert. Ich wäre viel zu langsam und vor Jan Schlaudraffs Weitschüssen hätte ich auch große Angst. Das war der einzige Trainer, der sich nach außen so gab, als ob er schon alles erreicht hätte. So was mag ich nicht.

Aber man sieht ja, im Endeffekt ist der Bumerang zurückgeflogen. So richtig eingeschlagen hat der ja nicht. Ich sag immer: „Schuster, bleib' bei deinen Leisten!" Man muss immer ruhig und bescheiden bleiben. Man sieht sich im Leben meistens zweimal, oft sogar dreimal.

Deshalb war ich auch so heiß auf das Spiel bei 1860, vielleicht auch ein bisschen übermotiviert. Als ich rausmusste, hab ich noch gedacht, ein Glück, dass nach dem Braunschweig-Spiel 14 Tage Pause wegen der Nationalmannschaft ist. Naja, gegen Braunschweig musste ich pausieren und im anschließenden Freundschaftsspiel in Leverkusen hatte der Trainer Sergio Pinto auf meiner Position ausprobiert.

Der Sergio hat seine Sache wirklich sehr gut gemacht und spielte beim 4:1 in Bochum hinten rechts für mich. Ich saß aber wenigstens wieder auf der Bank. Ich hätte nicht gedacht, dass Sergio mal mein direkter Konkurrent werden würde, aber er hat dieses Flackern in den Augen, den Biss, und hat eine sehr hohe Spielintelligenz.

Ich konnte mich damit auch abfinden, dass er für mich spielt. Sergio hat dann auch richtig gute Spiele gemacht – gegen Braunschweig, Bochum und Paderborn. Der Trainer hatte den richtigen Zug gemacht. Und ich konnte diesen Wechsel auch akzeptieren und hab Sergio den Erfolg von Herzen gegönnt.

Der Erfolg gab dem Trainer auch Recht: Nach der Pleite in meinem Jubiläumsspiel gegen Offenbach hatten wir kein Spiel mehr verloren, ich kam nur noch einmal kurz zum Einsatz – beim letzten Hinrundenspiel gegen Burghausen.

Ich hatte mich natürlich total geärgert, dass ich mich durch so eine dumme Wadenverletzung um meine Chancen gebracht hatte. So schlimm, dass ich jetzt nur noch Pommes rot-weiß

Spielstatistik TSV 1860 München – Alemannia Aachen 0:0

 TSV 1860 München – Alemannia Aachen
0:0 (0:0)

Mo 31.10.2005, 20:15 Uhr
2. Bundesliga 2005/2006, 11. Spieltag
Schiedsrichter: Babak Rafati (Hannover)

Tore: keine

Aufstellung TSV 1860 München:

Timo Ochs
Fabian Lamotte
Lukas Szukala
Rodrigo Costa
Torben Hoffmann
Rémo Meyer
Matthias Lehmann
Daniel Baier
Marco Gebhardt
Paul Agostino
Michal Kolomaznik

Aufstellung Alemannia Aachen:

Kristian Nicht
Willi Landgraf
Alexander Klitzpera
Moses Sichone
Mirko Casper
Reiner Plaßhenrich
Emil Noll
Sergio Pinto
Sascha Rösler
Marius Ebbers
Jan Schlaudraff

Wechsel TSV 1860 München:

Nemanja Vucicevic
für Marco Gebhardt (46.)
Jiayi Shao
für Paul Agostino (55.)
Harald Cerny
für Michal Kolomaznik (78.)

Wechsel Alemannia Aachen:

Goran Sukalo
für Willi Landgraf (16.)
Laurentiu-Aurelian Reghecampf
für Sergio Pinto (69.)
Florian Bruns
für Sascha Rösler (86.)

Karten TSV 1860 München:

Gelb für Rodrigo Costa

Karten Alemannia Aachen:

Gelb für Reiner Plaßhenrich
Gelb für Sascha Rösler
Gelb für Emil Noll
Gelb für Moses Sichone
Gelb für Sergio Pinto

mit Currywurst gegessen hätte, wars aber auch nicht. Immer wenn es mir schlecht geht oder ich Kummer habe, ess ich Pommes mit zwei Currywürsten. Das brauch ich dann, auch wenn mir später vielleicht schlecht ist. Mir war es vorher aber noch nie passiert, dass ich in einer Saison zwei Wadenverletzungen hatte. Aber vielleicht ist die beim ersten Mal nicht richtig ausgeheilt. Muskelfaserriss oder einen großen Bluterguss hatte ich schon mal gehabt, aber sonst nix Großes.

Für mich hatte nach meiner Verletzung eine neue Phase begonnen, ich musste umdenken: Willi, hab ich mir gesagt, du hast so lange deine Knochen hingehalten, jetzt kannste dich auch mal zurücklehnen und die anderen machen lassen. Du musst aber topfit sein, wenn du gebraucht wirst! So bin ich mit dieser neuen Situation positiv umgegangen und hab gedacht: Das ziehste bis zur Winterpause durch und dann werden die Karten neu gemischt. Dann zeigste dem Trainer, wo es langgeht, da gibste noch mal richtig Vollgas, egal wie.

Gedanken, womöglich meine Karriere nach dieser Spielzeit zu beenden, hatte ich zu dem Zeitpunkt noch nicht. Damit hab ich mich später befasst, das war jetzt kein Thema.

Erstmals unter Dieter Hecking haben wir im Winter ein Trainingslager bezogen. Eine gute Maßnahme, denn das ist schon was anderes, wenn du zehn oder 14 Tage außerhalb Quartier beziehst. Man ist zwar weg von zu Hause, dafür aber noch konzentrierter. Man sieht was anderes und erholt sich auch besser.

Wir waren in Portugal, es passte wirklich alles super für uns, den Herbstmeister. Diesmal waren wir ja richtiger Herbstmeister – ohne Geisterspiel. Wir waren in einem Top-Hotel untergebracht, hatten super Trainingsmöglichkeiten. Es war das beste Trainingslager, das ich je erlebt hatte. Und was ich zu diesem Zeitpunkt noch nicht wusste: Es sollte auch das letzte Trainingslager in meiner Profikarriere werden.

Aber auch in Portugal hab ich noch keinen Gedanken daran verschwendet, die Schuhe an den Nagel zu hängen. Nur ganz, ganz kurz hab ich mal gedacht: Wenn wir jetzt tatsächlich aufsteigen, ist das dann nicht der richtige Zeitpunkt aufzuhören? Solche Gedanken hab ich aber direkt verdrängt. Ich wollte mich damit auch noch nicht befassen. Innerlich hab ich mir gesagt: „Weisste was, da hängste in der Bundesliga noch ein Jahr dran." Erst Ende März, Anfang April 2006 bei den Spielen gegen Offenbach und 1860 schlich sich der Gedanke ans Aufhören immer öfter in meinen Kopf, auch wenn mir das nicht passte.

Obwohl die Winterpause relativ kurz war, haben wir knallhart trainiert. Das hatte der Trainer vorher schon angekündigt. „Ach du dickes Ei", hatten wir alle innerlich gedacht. Innerhalb von zwei Wochen mussten wir das Pensum absolvieren, was normal für sechs Wochen gedacht ist. Das war knüppelhart, wir mussten brutale Trainingseinheiten hinter uns bringen. Der Trainer hat die „alte Schule" richtig durchgezogen und das hat uns auch richtig gut getan.

Unser Hotel in der Nähe von Lissabon lag oben auf den Klippen, 400 Treppenstufen über dem Strand. Als wir die Treppen gesehen hatten, wussten wir schon, was uns blüht. Natürlich haben wir dann auch die Treppenläufe gemacht. Dreimal am Tag war Training: Morgens früh sind wir gelaufen, dann sind wir mit den Fahrrädern zum Trainingsplatz gefahren, mittags konnten wir uns ausruhen und nachmittags gings dann weiter.

Wir haben wirklich brutale Läufe gemacht, durch Schluchten, über Sandberge. Wir sind an Farmen vorbeigerannt, wo Hunde frei rumliefen, die wie verrückt bellten und uns verfolgten. So eine harte Wintervorbereitung in so einer kurzen Zeit hatte ich bislang noch nicht mitgemacht.

Aber: „Wer fleißig ist, der wird dafür auch belohnt", ist immer mein kleiner Spruch. Letztes Jahr hatten wir uns von unseren internationalen Erfolgen zu sehr blenden lassen. Diesmal waren wir Herbstmeister und wollten den Platz auch nicht mehr abgeben. In Portugal haben wir nach Hoenderloo den zweiten Grundstein für den Aufstieg gelegt.

Alle hatten ja auch immer gemunkelt: Booah, die Alemannia kommt immer schlecht aus der Wintervorbereitung in die Saison. In der Rückrunde ist die Alemannia schwächer. So war es ja vorher auch immer. Diesmal war es anders.

Unser erstes Rückrundenspiel gegen Aue konnten wir 1:0 gewinnen. Danach gab es auf Schnee und Eis in Karlsruhe zwar noch mal eine Niederlage – auf dem Boden war aber wirklich kein vernünftiges Spiel möglich, das darf man nicht vergessen!

Anschließend haben wir aber eine Serie hingelegt mit acht Siegen und zwei Niederlagen. Leider nicht immer mit mir! Aber ich hatte in der Vorbereitung gezeigt, dass mit mir zu rechnen ist. Der Trainer wusste das und konnte es immer sehen, wenn beim Training Mannschaft A gegen B gespielt hat. Ich sag einfach mal A gegen B und nicht Stammspieler gegen Reservisten. Wir waren ja ein Team, in dem jeder gebraucht wurde, egal wie und auch egal wann und wo.

Die Jungs aus der B-Mannschaft hab ich immer geführt. Wir haben immer richtig Gas gegeben. Die aus der A-Mannschaft spürten, dass sie sich auf ihren Lorbeeren nicht ausruhen konnten.

Ich wusste aber auch, dass ich nur eine Chance bekommen würde, wenn einer verletzt oder gesperrt ist. Die Stammelf hatte in der Hinserie gut gespielt und es auch verdient, nach der Vorbereitung wieder von Anfang an so aufzulaufen. Mein Konkurrent Sergio Pinto hatte im Trainingslager gezeigt, dass er auf der Position ein ganz wichtiger Mann werden kann oder zum Teil auch schon ist. Er ist gut in die Rückserie gestartet.

Bei Mirko Casper hatte ich das Gefühl, dass er mal so einen kleinen Durchhänger gehabt hätte. Aber er hatte einen Bonus, weil er in der Hinserie wirklich konstant gut gespielt hatte. Deshalb war auch verständlich, dass er von Anfang an wieder spielen durfte.

Ich war mit meiner Wintervorbereitung sehr zufrieden, fühlte mich sehr gut und war wohl auch auf der rechten Seite die Nummer 2 direkt hinter Sergio. Der Trainer hatte mir das Zeichen gegeben, weil er mich in den Testspielen, wo hauptsächlich die B-Mannschaft zum Einsatz kam, immer hinten rechts spielen ließ. Für mich war damit klar: Du spielst, wenn Sergio die fünfte Gelbe Karte kassiert oder wir mal fünf Spiele hintereinander verlieren. Aber das hoffte ja niemand, weil wir dann unser Ziel Bundesliga aus den Augen verlieren würden.

Ich sagte mir: „Willi, wenn du irgendwie gebraucht wirst, bist du da!" Und so sind wir aus dem Trainingslager trotz der Konkurrenzsituation als verschworener Haufen zurückgekehrt. Zwar galt ich nach außen hin als Führungsspieler, aber im Gegensatz zu Erik pendelte ich erst mal weiter zwischen Bank und Tribüne.

Anruf von Schalke

Am 20. Spieltag war es mal wieder so weit: Gegen Unterhaching durfte ich von Anfang an spielen, weil Sergio in Karlsruhe seine fünfte Gelbe Karte kassiert hatte. Ich fand, dass ich an dem 1:0-Sieg auch mit beteiligt war, weil ich ein ordentliches Spiel gemacht hatte. Dass ich danach beim 1. FC Saarbrücken wieder spielen würde, war für mich eigentlich klar.

Allerdings fiel die Partie aus und dann kam Cottbus zum Tivoli. Und da kam der Hammer: Ich war auf einmal gar nicht mehr im Kader! Als Begründung hatte mir der Trainer gesagt, er wollte noch einen Stürmer mehr mit auf die Bank nehmen. Sergio spielte wieder auf der hinteren rechten Seite. Ich muss sagen, dass ich das besser akzeptieren konnte als meine Nichtberücksichtigung in der Hinserie. Brutal war natürlich, dass ich gar nicht mehr dabei war – von der Anfangsformation auf die Tribüne.

Aber ehrlich: Ich bin positiv damit umgegangen. Ich hab mir gesagt: „Denk wie ein Profi. Das Wichtigste ist, dass die Mannschaft aufsteigt. Und da bist du auch dran beteiligt und dafür musst du alles tun und deine Interessen zurückstellen." Natürlich war ich jedes Mal sehr enttäuscht, wenn ich nicht unter den ersten 16 war. Mal war ich im Kader, mal nicht. Dazwischen hab ich auch bei den Amateuren gespielt. Die haben oft auf Kunstrasen gespielt, das ist nicht mein Ding. Glücklich war ich darüber nicht. Ich hab mich da fit gehalten und noch was Spielpraxis gesammelt. Für mich war es im hohen Fußballalter eine neue Erfahrung, mit der ich aber positiv umgegangen bin. Immerhin hatte ich in der Winterpause einige Anfragen: von Fortuna Düsseldorf, Wattenscheid 09 und Schalke 04. Die wollten wissen, ob ich nicht Lust hätte, bei ihnen noch ein Jahr dranzuhängen.

Am meisten hatte mich damals Schalke überzeugt. Im Januar hatte Schalke bei mir angeklingelt. Ich musste da so lachen, weil ich zuerst nur die Nummer auf meinem Handy-Display gesehen hatte und abends einfach mal die Nummer gedrückt hab. Da meldete sich der Anrufbeantworter von der Geschäftsstelle von Schalke 04. Ich hab das meiner Frau gesagt. Wir leben ja in Bottrop, da ist Schalke das A und O.

Ich musste so lachen und hab zu Heike gesagt: „Schalke 04, was wollen die denn von mir?" Zwei Wochen später rief Schalkes sportlicher Leiter Helmut Schulte bei mir an. Ich hätte nie im Traum dran gedacht, dass die mir so ein Angebot machen würden, was ich später ja auch angenommen hab. Ich dachte, die wollten was über nen Spieler wissen oder so.

Wir haben uns im Extrablatt in Bottrop getroffen und dann hab ich mich nach hinten umgedreht und gefragt: „Helmut, meintest du jetzt mich?" Ich hab mir das gar nicht vorstellen können, als Führungsspieler zu den Schalker Amateuren zu wechseln. Wenn du mit Aachen aufsteigst, nimmste das mit, hab ich gedacht.

Aber je weniger ich gespielt hatte und je öfter der Helmut anrief – der hat ja nie locker gelassen –, desto mehr kam mir der Gedanke: Das ist sicher ne super Aufgabe. Da stehste noch mal im Mittelpunkt und kannst die Jungen führen. Für mich war jetzt wichtig, dass wir ganz schnell aufsteigen, damit ich wieder einen klaren Gedanken fassen konnte.

Bei mir gings im Kopf hin und her. Bleibste in Aachen und nimmst das Jahr Bundesliga noch mit oder gehste nach Schalke vor deiner Haustür. Auch als unser Aufstieg feststand, war ich hin- und hergerissen. Eigentlich hatte mir der frühe Aufstieg nix gebracht. Ich war immer noch im Zwiespalt.

Dann hab ich mich noch intensiv mit Erik unterhalten. Und der eigentliche Entschluss ist beim Spiel gegen Bochum gefallen. Ich hatte mit meiner Frau schon vorher drüber gesprochen. „Entscheide du! Mach du, wie du es möchtest, wie es für dich am besten ist. Du musst damit klarkommen. Ich helf dir und unterstütz dich!", hatte Heike gesagt.

Nach dem Spiel habe ich dann rausposaunt, dass ich aufhöre und meine Profikarriere beende. Mit Erik hatte ich vor diesem Spiel ja wieder auf einem Zimmer gelegen. Der schlief leider schnell ein. Da hab ich mich noch geärgert, weil mir so viel durch den Kopf ging und ich gerne mit ihm geredet hätte.

Aber während des Spiels gegen Bochum war für mich klar: Das ist danach genau der richtige Moment, um an die Öffentlichkeit zu gehen. Ich hatte so viel erreicht, war aufgestiegen und hab dann gesagt: „Wisster was? Ich beende meine Profikarriere und hör auf!"

Alle waren geschockt, ich aber war erleichtert, dass ich die Entscheidung getroffen hatte. Jetzt war mein Kopf wieder frei und ich konnte mir in Ruhe überlegen, was ich mache: Schalke 04 oder ein anderer Verein.

Ich musste einen Verein finden, der mir das bieten konnte, was ich wollte. Da kam nur Schalke in Frage. Die freuten sich auf mich, der Klub liegt um die Ecke. Ich kann Erfahrungen sammeln in der Jugendarbeit, meine Trainerscheine machen, das passte alles. Schalke ist ein Wirtschaftsunternehmen und Alemannia eine große Familie. Ich will den Schalkern vermitteln, was ich aus Aachen mitgebracht habe: das Familiäre, die Freude am Training, den Spaß am Spiel. Und später, wenn ich zur Alemannia zurückkomme, kann ich am Tivoli das zurückgeben, was ich in Schalke gelernt habe.

Spielstatistik Alemannia Aachen - SC Freiburg 0:1 (0:1)

 Alemannia Aachen – SC Freiburg
0:1 (0:1)

So 07.05.2006, 15:00 Uhr
2. Bundesliga 2005/2006, 33. Spieltag
Schiedsrichter: Babak Rafati (Hannover)

Tor: 0:1 Soumaila Coulibaly 33.

Aufstellung Alemannia Aachen:
Stephan Straub
Willi Landgraf
Alexander Klitzpera
Thomas Stehle
Sascha Dum
Sergio Pinto
Reiner Plaßhenrich
Cristian Fiel
Erwin Koen
Marius Ebbers
Erik Meijer

Aufstellung SC Freiburg:
Alexander Walke
Andreas Ibertsberger
Boubacar Diarra
Youssef Mohammad
Dennis Bührer
Roda Antar
Sascha Riether
Niels Hansen
Soumaila Coulibaly
Karim Matmour
Jonathan Pitroipa

Wechsel Alemannia Aachen:
Sascha Rösler
für Cristian Fiel (46.)
Goran Sukalo
für Willi Landgraf (65.)
Florian Bruns
für Erik Meijer (84.)

Wechsel SC Freiburg:
Seyi Olajengbesi
für Jonathan Pitroipa (87.)

Karten Alemannia Aachen:
Gelb für Sascha Dum
Gelb für Cristian Fiel
Gelb für Erik Meijer

Karten SC Freiburg:
Gelb für Roda Antar
Gelb für Dennis Bührer
Gelb für Niels Hansen

Eigentlich wollte ich diese Entscheidung erst etwas später bekannt geben. Aber ich hatte noch ein Gespräch in Schalke, war beim Training, hab noch was mit Oliver Reck geflachst und dann mit Helmut Schulte und Schalkes Manager Andreas Müller gesprochen. Auf der Geschäftsstelle komm ich aus dem Büro raus, nachdem wir uns per Handschlag geeinigt hatten, und plopp, wer sitzt da? Der Chef von der Bild-Zeitung Gelsenkirchen. Zehn Minuten später ging mein Handy, war der von der Bild-Zeitung Aachen dran. Ich hab dann Helmut Schulte angerufen und gesagt: „Helmut, sollen wir nicht ne Pressemitteilung rausgeben, dass ich nach Schalke wechsel? Das steht morgen sowieso schon in der Zeitung." Helmut hat gesagt, ist o. k. und ich war total erleichtert, weil alles raus war vor meinem Abschiedsspiel auf dem Tivoli gegen Freiburg.

Ich war natürlich ganz stolz darauf, dass die Alemannia mich zurückhaben wollte nach den zwei Jahren Schalke. Aber es ist auch ne lange Zeit. Da muss man mal abwarten, wie sich das alles entwickelt. Im Profifußball gibt es so was kaum, dass ein Verein einen gehen lässt und ihm zusichert, du kannst wiederkommen. Viele Profis wissen nicht, was sie nach ihrem Karriereende machen sollen. Ich aber hatte Schalke und Alemannia: Da konnte das alles so falsch nicht gewesen sein, was ich in Aachen geleistet hatte.

Aufstieg auf der Couch

So richtig an den Aufstieg hatte ich nach dem Sieg in Greuther Fürth geglaubt. Ich war nicht im Kader und saß mit Susanne Czennia auf der Geschäftsstelle vorm Fernseher. Sie kümmert sich hier um fast alles und ist so was wie die rechte Hand von Jörg Schmadtke. Susanne ist immer mein Herzblatt gewesen. Wenn ich sie angerufen hab und wollte was, hat sie immer alles für mich erledigt.

Uns verbinden die schlechten Zeiten am Tivoli. Früher haben Susanne und ich immer auf der Geschäftsstelle zusammengesessen und uns gegenseitig gefragt: „Meinste, das geht hier noch weiter. Oder gehen jetzt hier tatsächlich die Lichter am Tivoli aus?" Susanne hat dann immer gesagt: „Willi, nächste Woche gibts Gehalt, dann geht es bestimmt wieder aufwärts." Und ich hab dann auch Susanne getröstet, so haben wir uns gegenseitig hochgepuscht. Solche Erfahrungen verbinden, die vergisst du nie. Auch wenn Susanne im Stress war – für mich hatte sie immer Zeit. Ich weiß, dass ich sie vermissen werde. Aber wir werden noch oft telefonieren. Jeder Verein würde sich freuen, wenn er so eine Mitarbeiterin hätte.

Neben Susanne waren auch noch Marita Marwig vom Fanshop, Yulus Balaban, Marcus Hesse und Florian Bruns dabei. Ich hatte noch Pizzen bestellt und Getränke besorgt. Wir saßen beim Jörg Schmadtke im Büro und haben Premiere geguckt. Es war eine richtig tolle Sache und zeigte, wie groß auch der Zusammenhalt derjenigen war, die zu Hause bleiben mussten. Einerseits war ich traurig, dass ich nicht dabei war, andererseits war ich auch froh, dass ich nicht mit musste. Das Spiel war ja erst ausgefallen und die Jungs mussten noch drei Tage länger in Fürth bleiben, weil das Nachholspiel schon für Dienstag angesetzt war. Und die Jungs riefen mich immer an und sagten: „Mensch Willi, so eine Scheiße, jetzt müssen wir hier noch länger bleiben. So eine Schikane. Der Platz war bespielbar. Ob Dienstag angepfiffen wird, wissen wir auch nicht." Die waren jedenfalls bedient.

Ich hoffte, dass wir zumindest nicht verlieren. Dann hätten wir Greuther Fürth auf Distanz gehalten. Mit dem 0:0 konnte ich gut leben und war mir ab dem Zeitpunkt sicher, dass wir aufsteigen: Das war mehr als die halbe Miete. Als Marius Ebbers in Offenbach die vier Hütten gemacht hatte, hab ich gesagt: „Wer soll uns jetzt noch stoppen?" Da stand der Aufstieg für mich schon fest. Allerdings war es erst Ostersonntag so weit, als ich in meiner Wohnung auf der Couch saß.

Wir hatten die ganze Familie eingeladen und hatten noch geflachst: „Sollen wir nicht Premiere gucken?" „Quatsch", hab ich gesagt, „Saarbrücken gewinnt sowieso nicht gegen Greuther Fürth, die sind viel zu stark."

Wir hatten ja auch gegen Saarbrücken gewonnen, zwar nicht überzeugend, aber 5:2. Und Fürth, dachte ich, lässt sich auch nicht von Saarbrücken die Butter vom Brot nehmen. Ich hab aber doch mal Premiere angemacht und laufen lassen. Auf einmal schießt Saarbrücken das 1:0! Ach du lieber Gott, dachte ich. „Und wisster was?", hab ich dann zu allen gesagt, weil ich ja auch ein Spiel lesen kann. „Ich glaub, wir können heute feiern."

Die Jungs hatten sich schon am Nachmittag im Café Madrid getroffen, ich hatte versprochen: „Wenn es so weit sein sollte, dann komme ich runter." Und das Spiel lief und lief, immer noch 1:0. Dann waren nur noch fünf Minuten zu spielen, es stand weiterhin 1:0. In der 89. Spielminute schellte es schon an unserer Tür: Klar, ein Unentschieden hätte uns ja auch schon gereicht. Da kamen dann schon die ersten Nachbarn mit Sekt und wir haben eine kleine Spontanparty gefeiert.

Eigentlich ist es ja schöner, wenn man selber spielt und es dann schafft. Vorm Fernseher kannste dich nicht so richtig freuen. Wir haben dann in meiner Wohnung gesungen: „Nie mehr Zweite Liga!" Ich bin in meinen Wagen gesprungen und nach Aachen gefahren, und meine Frau ist zur Tankstelle gefahren und hat noch Sekt-Nachschub geholt. Die Straße wusste Bescheid, dass wir aufgestiegen sind. Meine Tochter hat noch zu meiner Frau gesagt: „Mama, du bist aber peinlich", als sie in unserer Straße gesungen hat. Ich war froh, dass sie sich so sehr gefreut hatte, denn im Endeffekt war es ja auch ein Abschied.

Ich hatte ihr schon mal angedeutet, dass ich im Falle des Aufstiegs Aachen doch nicht mehr mitnehmen wollte und mir was anderes einfallen lassen wollte. Sie wusste, dass wir jetzt feiern konnten, aber auch, dass der Abschied von Alemannia Aachen unmittelbar bevorstand. Vielleicht war sie auch ein bisschen traurig, aber mit dem Alkohol kann man ja auch etwas ertränken. Jedenfalls hat Heike den Abend gar nicht mehr miterlebt, war schon um 23 Uhr im Bett, und meine Mutter hat dann alles zu Hause zugemacht.

Als ich in Aachen ankam, hörte ich schon die Autohupen. Beim Einchecken ins Hotel haben mir alle gratuliert. Ich bin vom Dorinth-Hotel zu Fuß in die Stadt reinmarschiert. Da kamen mir schon Tausende entgegen, ich musste zig Autogramme schreiben und Fotos mit mir machen lassen. Das war eine richtig große Freude in der Stadt. Bei mir kam, ehrlich gesagt, die große Freude erst auf, als ich die Jungs im Café Madrid sah. Da war es brechend voll und total heiß.

Ich hatte nur ein dünnes T-Shirt an, es war die Hölle. Die Jungs spritzten mit Sekt rum, alle waren da. Der Trainer war sogar noch vor mir da. Er hatte sich das Spiel in Saarbrücken angeguckt und sich dann wahrscheinlich nach Aachen gebeamt. Das war aber dann eine super Sache, wir haben gefeiert, die La-Ola-Welle gemacht, gesungen und getrunken.

Wir waren wirklich außer Rand und Band. Erik und ich hatten nicht so lange gemacht, um 2 Uhr waren wir schon im Hotelbett. Die anderen haben aber weiter kräftig gefeiert und durchgemacht. Sergio ist erst am Morgen zum Abschlusstraining vor dem Bochum-Spiel zu uns gestoßen. Unser Glück war, dass es keine Wettbewerbsverzerrung geben konnte, denn Bochum war ja auch so gut wie durch.

Ende eines Lebensabschnitts

Sicher gab es auch Kritiker, die meinten, wir hätten doch auch erst nach dem Bochum-Spiel feiern können. Da sag ich ganz klar: „Nein!" Wir hatten so einen hohen Druck in den vergangenen Monaten, dem wir standgehalten hatten. Dabei war es egal, ob wir auf dem Platz gestanden oder auf der Coach vorm Fernseher gesessen hatten. Wir hatten es geschafft! Wir waren aufgestiegen! Nach 36 Jahren spielte Alemannia Aachen wieder in der Bundesliga. Und da sollen wir jetzt nicht feiern und das Spiel noch abwarten? Nee! Der Trainer hatte Feuer frei gegeben, wenn wir aufsteigen. Das fand ich ne total nette Geste.

Wenn das jetzt ein anderer Klub gewesen wäre, also nicht der VfL Bochum, dann hätten wir auch erst am nächsten Tag gefeiert. Das hatten wir auch so gesagt. Aber VfL Bochum passte optimal.

Wir wollten das Spiel auch gewinnen, aber ich muss ehrlich sagen: Wenn man so ne Nacht durchgezogen und Alkohol im Blut hat, dann reicht auch die Zeit bis 20.15 Uhr nicht, um alles auszudünsten. Das tuts nicht. Die Jungs haben alles gegeben, am Ende reichte es nicht. Dafür war natürlich einmalig, dass Bochum auch aufgestiegen ist. Wann gibt es so was mal, dass fast an einem Tag zwei Mannschaften gleichzeitig aufsteigen?

Im Stadion herrschte ja auch Riesenfreude. Die Stimmung war sensationell, alle haben sich gefreut, eine Bierdusche kam nach der anderen. Ich hab gar nicht alles mitbekommen. In meinem Kopf war nur der Gedanke: Willi, du hast es geschafft.

Wovon du als Junge geträumt hast, ist wahr geworden. Du hast den Aufstieg in die Bundesliga geschafft und jetzt stehst du hier und feierst mit deinen Mannschaftskameraden und den Fans – und den Bochumern, die hatten ihr Ziel ja auch hier erreicht, zum zweiten Mal am Tivoli.

Ich weiß noch, als die mit Peter Neururer hier alleine feierten und wir wie bedröppelte Hunde in die Kabine geschlichen sind. Jetzt hatten wir alle eine breite Brust und durstige Kehlen. Ich weiß gar nicht, wie viel Bier ich getrunken hab, aber so viel war es nicht. Denn als ich unten auf dem Rasen stand und auf die Ränge geguckt habe, da war für mich hundertprozentig klar: Das wars! Du bist aufgestiegen, aber du wirst kein Spiel in der Bundesliga machen.

Der Generationswechsel war vollzogen, meine Profikarriere war so gut wie beendet. Ich hab das schon gemerkt, wenn ich mit den Jungs rausgegangen bin. Ich hatte keine Probleme, aber wir waren an einem Punkt angelangt, wo Erik und ich den Jungs auch nicht mehr weiterhelfen konnten. Die müssen auf eigenen Füßen stehen, sie hatten ja auch Großes erreicht, aber sie müssen jetzt alleine klarkommen. So bitter das vielleicht auch war, aber die Wege mussten sich trennen.

Ich hatte Schalke 04 in der Hinterhand oder auch den ein oder anderen Regionalligaklub, der bei mir angefragt hatte. Ich hätte auch Aachens Angebot annehmen und noch ein Jahr dranhängen können. Dann hätte ich ein paar Bundesligaminuten bekommen und den Rest der Zeit wahrscheinlich auf der Bank oder Tribüne gesessen. Der Gedanke stand aber für mich an letzter Stelle. Denn nur für die Statistik einmal in der Bundesliga zum Einsatz kommen wollte ich nicht. Ich brauchte mir nix mehr zu beweisen.

Ausgerechnet Darius Wosz war es dann, der mich aus diesen Gedanken wieder zurück in die Realität holte. Er hatte eine

Sektflasche in der Hand und hat ja auch seine Profikarriere beendet. Das passte genau. Wir zwei Kleinen mit der Pulle Sekt in der Hand saßen eng umschlungen auf dem Rasen. Das war eine super Szene.

„Ist das nicht geil? Wir steigen beide auf", hab ich zu Dariusz gesagt. „Es ist schon Wahnsinn, dass wir zwei so etwas noch erleben dürfen", hat er geantwortet. Dann haben wir noch mal kurz über vergangene Zeiten gesprochen. Früher haben wir uns als Gegner in den Zweikämpfen nix geschenkt, aber jetzt waren wir Freunde. „Im Alter sind wir aber auch was ruhiger geworden, oder Willi?", hat Darius geflachst. Dann haben wir angestoßen.

Die Feierei nahm gar kein Ende, mir war aber von den ganzen „Duschen" saukalt geworden. Wir sind später noch ins VIP-Zelt gegangen, haben eine Polonaise gemacht und uns gegenseitig gedrückt. Überall hörteste nur „Super! Super! Super!".

Ich wollte dann noch meine Frau und Aileen holen, weil ja draußen auf der Krefelder Straße die Hölle los gewesen war. Und wollte auch noch mal meine Eltern drücken, aber Heike war schon sehr früh nach Hause gefahren.

Wir haben gar nicht mehr groß über diesen Tag gesprochen. Aber ich glaub, sie war auf der einen Seite fröhlich, hat sich natürlich gefreut, aber auf der anderen Seite war sie sehr traurig. Weil sie wusste, dass ich Alemannia Aachen endgültig verlassen werde. Und dass damit ein großer Lebensabschnitt zu Ende geht: Willi Landgraf als Fußballprofi.

Alemannia ist unser Verein geworden – für meine Eltern und für meine ganze Familie. Alle kannten uns. Nach den sieben Jahren kannte jeder die Familie Landgraf auf der Tribüne und jeder kannte die Familie Landgraf im VIP-Zelt. Das war jetzt mehr oder weniger vorbei. Klar hab ich meine Dauerkarten und werde mir mit meiner Familie weiter die Heimspiele ansehen. Aber das ist doch was anderes. Für Heike war an dem Abend deutlich geworden: Der Willi ist kein Profifußballer mehr. Damit musste sie auch erst mal klarkommen.

Für mich stand die Freude im Vordergrund. Ich hab alles genossen. Zum Schluss bin ich noch mal zu den Fans rausgegangen auf die Krefelder Straße. Die Polizei hatte sie abgesperrt. Ich stand mitten im Pulk und guckte hoch zur Fußgängerbrücke, wo die Jungs mittlerweile standen. Ich hab jede Menge Autogramme geschrieben, es war einfach toll. Ich hab mich so amüsiert über die Sprüche von den Jungs. Nachher war ich mit Erik alleine auf der Brücke. Das war schon ein kleiner Abschied. Ich hab mir gesagt: „Du musst diese Momente intensiv genießen, ebenso wie deine letzten Spiele und deine Trainingstage."

Von der Krefelder Straße haben wir uns mitten in der Nacht noch ins Café Madrid fahren lassen. Das war brutal! Wir haben nur in der Küche gestanden, sind durch die Hintertür immer raus und rein. Du konntest dich da nicht bewegen. Alle feierten wie verrückt, aber bei mir kam auf einmal der Punkt, wo mir alles zu viel wurde, die Feierei, die Enge, die Hitze. Ich bin einfach gegangen und ganz gemütlich durch die Stadt in mein Hotel geschlendert. Ich bin aufs Bett gefallen und war irgendwie befreit und todmüde. Es war so gegen 4 Uhr und aller Ballast fiel von mir ab. Ich war fix und fertig und froh, dass ich jetzt im Bett lag.

Am nächsten Tag hatten Erik und ich noch einen Auftritt beim DSF. Wir waren beide noch todmüde, Erik kam sogar zu spät zum Düsseldorfer Flughafen. Da hatte ich auf ihn gewartet, weil wir nach München fliegen mussten. Wir waren gerade noch rechtzeitig.

Ich hatte mich sehr auf diesen Kurztrip gefreut, weil mich immer schon interessiert hatte, wie es so beim DSF hinter den Kulissen aussieht. In München sind wir dann erst mal schön gemütlich essen gegangen, haben zwei Hefeweizen getrunken und

Rostbratwürstchen mit Sauerkraut und Kartoffelpüree gegessen. Vor dem Restaurant saß unser Taxifahrer und war schon auf heißen Kohlen. Der hatte uns beim DSF als vermisst gemeldet. Und so klingelte mein Handy. Am anderen Ende war eine DSF-Frau. „Schätzgen", hab ich gesagt, „macht euch mal keine Sorgen. Der gute Mann muss noch ein bisgen warten."

Ja, und dann folgte unsere große Show beim DSF. Ich hatte mir das DSF ganz anders vorgestellt – so riesengroß. Aber es war eher klein. Hinter den Kulissen war auch alles sehr locker, nicht so hektisch, wie ich vorher gedacht hatte. Ich hab noch ein Bierchen getrunken, wir mussten ja nicht fahren. Ich hab das wirklich genossen. Bei der Sendung haben wir viel Spaß gehabt und ein paar lockere Sprüche rausgehaun.

Abends sind wir ins Flugzeug gefallen, so müde waren wir. Wir haben auch kaum noch miteinander gesprochen. Wir wollten nur wieder schnell nach Hause. Meine Frau hat mich vom Flughafen abgeholt mit Aileen. Auf der Fahrt bin ich fast schon eingepennt.

Der Koffer zum Abschied

För uns stand nach der Feierei wieder die Pflicht auf dem Programm. Am Freitag spielten wir in Paderborn. Natürlich hätten wir am liebsten die ganze Woche durchgefeiert. Aber nach dem Bochum-Spiel wollten wir in Paderborn zeigen, dass wir nicht nur feiern, sondern auch arbeiten können.

Allerdings hatten wir jetzt zwei Gruppen in der Mannschaft: Die einen wollten jeden Tag feiern und die anderen Erster werden. Die Jüngeren wollten die Feierei durchziehen. Dafür hatte ich auch vollstes Verständnis, sie hatten ihr Ziel erreicht, waren aufgestiegen.

Wir Älteren hatten genug davon und wollten auf dem Platz noch mal zeigen, was Sache ist. Wir hatten ja auch eine Verantwortung gegenüber dem Verein und den Fans. Erik hat den Jungs gesagt: „Passt auf, lasst uns gegen Paderborn Gas geben, dann können wir danach wieder feiern!"

Der Schuss ging leider voll nach hinten los. Das war von uns ein grottenschlechtes Spiel, undiszipliniert, katastrophal. Jan Schlaudraff und Matze Heidrich flogen vom Platz, schon zur Pause lagen wir 3:1 hinten, das war dann auch der Endstand.

Der Trainer hatte natürlich einen ganz dicken Hals. Ich hatte das Dilemma von der Bank aus erlebt und konnte ihn verstehen. So darf ein Aufsteiger sich nicht in Paderborn präsentieren. Der Trainer hatte dann so eine dicke Ader, dass er uns den versprochenen freien Samstag gestrichen hat und auch die versprochenen weiteren zwei Tage streichen wollte. Erik ist aber dann im Bus bei der Rückfahrt nach Aachen zum Trainer hin und hat noch mal mit ihm gesprochen. Er hat ihm gesagt, dass es natürlich so nicht geht, aber der Trainer noch mal ne Nacht drüber schlafen sollte. Hat er auch gemacht und uns die zwei freien Tage gegeben.

Das fand ich ne super Sache, denn man darf auch in so einer Phase nie vergessen, dass wir ja schon aufgestiegen waren. Die ganze Anspannung, der ganze Druck war weg. Wir mussten uns selbst motivieren. Mit dem 3:0-Sieg gegen Siegen hatten wir anschließend die Kurve noch mal bekommen.

Nun rückte das Abschiedsspiel von Erik und mir näher. Zwei Tage vor dem großen Tag waren wir beide mit bei der üblichen Pressekonferenz vorm Spiel, bei der sonst nur der Trainer oben auf dem Podium im Presseraum sitzt.

Es war eine lockere Stimmung, keiner wollte was vom Trainer zum Spiel wissen. Erik und ich standen im Mittelpunkt. Erik hatte sich ein Trikot von seinem Heimatverein SV Meersen untern Arm geklemmt und erklärte seinen Wechsel dorthin in die dritte Mannschaft. Allerdings müsse er noch an der Kondition arbeiten, um einen Stammplatz an der Theke in der dritten Halbzeit bei seinen alten Jungs zu kriegen.

Ich hab meinen Wechsel zu Schalke bekannt gegeben, damit das Thema endlich vom Tisch war. Ich hatte keine Lust, weiter rumzueiern. Zwei Jahre frische Luft schnuppern im Revier und danach sehen, was kommt. Den Anschlussvertrag bei der Alemannia hatte ich ja in der Tasche.

Als ich nach Hause fuhr, hab ich gedacht: Jetzt wirds ernst. Am Sonntag ist dein Abschiedsspiel. Ich bin mal gespannt, Willi, wie du damit umgehst, ob du tatsächlich so locker auf dem Platz auftreten kannst.

Ich war in dieser Woche sehr angespannt, hatte viel geheult, mich aber zum Ende der Woche gefangen. Permanent ging mein

Handy. Ich hatte viel zu organisieren. Ich hatte nämlich meine ganze Straße eingeladen zu dem Spiel. Die ASEAG hatte mir einen Bus zur Verfügung gestellt, das war eine ganz tolle Sache vom Chef, dem Herrn Appel. Albert, unser Alemannia-Busfahrer, hat all' meine Leute in Bottrop abgeholt, eine super Aktion. Die Kinder waren begeistert. Es gab auch noch spezielle T-Shirts für den Tag, die hatte mein Freund aus der Straße, der Klaus Wenger, gemacht. Auf den Shirts stand „Kampfgraf trifft Fußballgott" und darüber war ein Foto von Erik und mir.

Der Trainer hatte uns schon vorher gesagt, dass wir beide in der zweiten Halbzeit ausgewechselt werden. Bei der Mannschaftsbesprechung hat er kaum was über Freiburg erzählt. Er hat den Jungs ins Gewissen geredet, ihnen noch mal deutlich gemacht, dass es ein besonderes Spiel ist: „Es ist das Abschiedsspiel von Erik und Willi. Für die beiden müsst ihr heute spielen. Die beiden haben einen tollen Abgang verdient."

Beim Anlaufen lief es mir noch mal kalt den Rücken runter: Die Ränge waren voll, die Fans feierten Erik und mich. Zum letzten Mal donnerte das lang gezogene „Wiiilllliiiii!" durchs Stadion.

Vom Verein bekam Erik eine Aktentasche und ich einen Koffer. Den sollte ich voll Erfahrungen machen und nach zwei Jahren wieder zum Tivoli zurückkommen.

Dann durfte ich vor dem Anpfiff den Kreis machen und zum letzten Mal den Jungs was sagen: „Wisst ihr was? Eh, was ist das für ein scheiß-billiger Koffer?! Wir müssen heute gewinnen. Dann hol ich mir nen neuen von der Siegprämie."

Später hat mir ein Kollege aus unserer Straße gesagt: „Willi, kennste die Koffermarke nicht? Das ist der Mercedes unter den Koffern. Der kostet um die 600 Euro." Beim nächsten Training hab ich den Jungs dann erzählt, wie teuer der Koffer war und alle haben gelacht. Im Koffer waren noch tolle Bilder, die hab ich mir zu Hause in Ruhe angeguckt.

Spielstatistik Alemannia Aachen – SC Freiburg 0:1 (0:1)

 Alemannia Aachen – SC Freiburg
0:1 (0:1)

So 07.05.2006, 15:00 Uhr
2. Bundesliga 2005/2006, 33. Spieltag
Schiedsrichter: Babak Rafati (Hannover)

Tor: 0:1   Soumaila Coulibaly   33.

Aufstellung Alemannia Aachen: **Aufstellung SC Freiburg:**
Stephan Straub   Alexander Walke
Willi Landgraf   Andreas Ibertsberger
Alexander Klitzpera   Boubacar Diarra
Thomas Stehle   Youssef Mohammad
Sascha Dum   Dennis Bührer
Sergio Pinto   Roda Antar
Reiner Plaßhenrich   Sascha Riether
Cristian Fiel   Niels Hansen
Erwin Koen   Soumaila Coulibaly
Marius Ebbers   Karim Matmour
Erik Meijer   Jonathan Pitroipa

Wechsel Alemannia Aachen: **Wechsel SC Freiburg:**
Sascha Rösler   Seyi Olajengbesi
für Cristian Fiel (46.)   für Jonathan Pitroipa (87.)
Goran Sukalo
für Willi Landgraf (65.)
Florian Bruns
für Erik Meijer (84.)

Karten Alemannia Aachen: **Karten SC Freiburg:**
Gelb für Sascha Dum   Gelb für Roda Antar
Gelb für Cristian Fiel   Gelb für Dennis Bührer
Gelb für Erik Meijer   Gelb für Niels Hansen

Fußballerisch lief es wie immer bei meinen besonderen Spielen. Nach 33 Minuten lagen wir 1:0 zurück und konnten das Ding auch nicht mehr biegen. In der 65. Minute kam der große Moment: Michael Förster hielt am Rand die Nummer 6 hoch. Meine Dienstzeit am Tivoli war beendet. Alle Spieler kamen noch mal zu mir, um sich von mir zu verabschieden, ich fühlte mich wie in einem Traum. 21.000 fantastische Fans feierten mich, Williken, den „Kampfgraf".

Nach Spielschluss haben Erik und ich uns persönlich von den Fans verabschiedet. Schuhe, Trikots und Stutzen hatten wir schon ausgezogen. Ich hatte mich auf unsere Sporttasche gestellt, damit ich neben Erik nicht zu klein aussah.

Was zu sagen, ist mir in diesem Moment sehr, sehr schwergefallen. Sonst hatte ich ja immer ein loses Mundwerk. Jetzt fehlten mir aber die richtigen Worte. Ich wusste nicht, was ich sagen sollte. Mein Dank an die Fans sollte ehrlich rüberkommen und nicht geschleimt. Alle sollten wissen, dass die Zeit bei Alemannia Aachen das Schönste in meiner Karriere war. Ich hatte mich auch gut unter Kontrolle. Erik hatte die Tränen in den Augen.

Als ich ausgewechselt wurde, kamen mir auch die Tränen. Im letzten Moment konnte ich sie aber unterdrücken. Ich wollte, dass mein Abgang ein schöner und kein trauriger Moment für die Zuschauer ist. Meine Eltern saßen oben auf der Tribüne und ich wollte auch ihnen zeigen, dass ich mit einem glücklichen Gesicht vom Tivoli gehe. Das hab ich auch gut hingekriegt. Und trotzdem tat mir mein Herz total weh.

Bis auf das Ergebnis und das Spiel passte alles: Stimmung, Wetter, Fans. Für mich war es wieder eine 1:0-Pleite in einem Spiel, in dem ich gefeiert wurde. So Niederlagen werde ich ja jetzt Gott sei Dank nicht mehr kassieren, denn so Spiele gibts für mich nicht mehr. Aber so hatte ich mir den Abschied nach

19 Profijahren vorgestellt. „Besser konnte es nicht sein. Den Jungs muss ich ein Riesenkompliment machen. Die haben sich in den Hintergrund gestellt, haben uns den Vortritt gelassen", hab ich zu Erik gesagt.

Wir haben noch eine Ehrenrunde gedreht und T-Shirts in die Ränge geworfen. Ich sah nur in strahlende Gesichter, die Fans haben uns gefeiert. Sie wussten, dass wir ehrliche Arbeit abgeliefert hatten. Ich wusste aber auch, dass es für mich wohl das letzte Bad in der Menge sein sollte als Profispieler auf dem Tivoli.

Im VIP-Zelt haben wir dann mit meinen Freunden gefeiert. Und vom Tivoli aus bin ich an dem Abend noch zum WDR gefahren. Meine ganze Straße war dabei. Die vom WDR hatten schon Panik, dass wir nicht kommen. Die verantwortliche Redakteurin hatte mich schon bestimmt 200-mal auf meinem Handy angerufen. Immer ruhig bleiben, dacht ich, das klappt schon alles. Wir sind mit dem ASEAG-Bus noch rechtzeitig beim WDR vorgefahren. Meine ganze Familie war im Studio, ich hab ein Interview gegeben und als Überraschungsgast war mein neuer Chef da, Manager Andreas Müller von Schalke 04. Es war ein toller Tag und auch ein toller Abschluss. Fast hätte ich noch ein wichtiges Gespräch mit Dieter Hecking vergessen. Deshalb waren wir auch etwas spät mit unserem Bus dran.

Angst um Mutter

Als ich im VIP-Zelt mit meiner Straße saß, rief mich auf einmal der Trainer und sagte: „Bring doch mal drei Bier mit." Ich hab dann sechs mitgebracht und da hat er uns das „Du" angeboten, Erik und mir. Fand ich super. Jetzt heißt er für mich Dieter! Das ist der erste Trainer in meiner ganzen Laufbahn, den ich duze.

Das hab ich dann auch prompt am nächsten Tag ausgenutzt. Zum ersten Mal stand ich im Stau und bin deshalb zu spät zum Training gekommen. Ich hatte noch die Tochter von Reiner Plaßhenrich im Auto, weil die sich gut mit Aileen versteht. Und dann standen wir schon in Duisburg fest. Da hab ich den Heini Plaßhenrich angerufen: „Es kann sein, dass ich erst kurz vor 10 reinkomme. Aber kannste dem Dieter Bescheid sagen, dass ich später zum Training komme?" „Wie bitte?", hat Heini gefragt. „Du meinst den Trainer?!" „Weißte noch nicht? Ich darf den Trainer duzen." „Da leck' mich inne Täsch. Das gibts doch nicht!", hat Heini durchs Handy gerufen, „Ich sag dem Trainer, pardon, dem Dieter, Bescheid."

Da mussten wir beide lachen. Ich bin dann auch zu spät gekommen, das war aber das erste Mal seit langer, langer Zeit. Dieter war auch nicht böse.

Langsam kehrte bei uns zu Hause wieder etwas Ruhe ein. Die Wochen zuvor hatte permanent das Telefon geklingelt. Wir hatten keinen Tag Ruhe. Ich war auch sehr angespannt. So viele Telefonate wie in diesen Wochen haben meine Frau und ich noch nie geführt. Alle wollten was von Willi Landgraf. Zugegeben: Es war auch ein schönes Gefühl, noch wichtig zu sein.

Ganz schlimm war für mich der Mittwoch nach dem Freiburg-Spiel. Meine Mutter hatte immer schon mal hohen Blutdruck, aber an diesem Tag hatte sie einen Schlaganfall. Vielleicht war der Trubel um mein Abschiedsspiel und auch die warme Witterung mit ein Grund für ihre Aufregung.

Ich war in Aachen, als mich meine Frau anrief: „Bleib jetzt mal ganz ruhig. Deine Mutter hat einen Schlaganfall und liegt auf der Intensivstation." Ich wusste auf einmal nicht mehr, wo rechts und links war. Mir schoss jetzt nur durch den Kopf: Du musst ganz schnell zu deiner Mutter. Alles andere ist total unwichtig. Dann hab schnell den „Stopfen" angerufen. Das ist der Spitzname für Jörg Laufenberg, der sich am Tivoli um alles Mögliche kümmert. „Sag dem Trainer, ich komm nicht zum Training. Meine Mutter hatte einen Schlaganfall."

Ich hatte Tränen in den Augen, weil ich so was nicht kannte – meine Mutter im Krankenhaus. Aus dem Auto hab ich meine Schwester und meinen Vater angerufen. Es war das erste Mal, dass Vater geweint hat. Meine Schwester Heidi hatte mich aber schon beruhigt und mir gesagt, dass es ganz gut aussieht. Den Schlaganfall hatte Mutter nämlich zufälligerweise bekommen, als sie beim Arzt war.

Ich durfte dann auch mal bei meiner Mutter kurz rein. Als ich sie da im Bett mit den Schläuchen liegen sah, war ich aber ganz schnell auf dem Boden der Tatsachen angekommen. Ich hab meine Mutter gedrückt und geweint: „Was machst du denn für Sachen? Was fällt dir überhaupt ein?" Sie murmelte nur: „Mach dir keine Sorgen. Es wird schon."

Zwei Tage später kam sie von der Intensiv und ein paar Tage später war sie wieder zu Hause. Aber nach so einer Feier war das natürlich ein Riesenschock. So nah können Freud und Leid beieinander liegen. Das war wie ein Schlag, als ob mir ein dicker Hammer aufs Gesicht gehauen worden wäre. Ich hab Mutter gefragt, ob ich mit nach Burghausen fahren soll. Sie hat gesagt: „Willi, das ist doch dein letztes Spiel. Mir geht es auch wieder besser. Fahr mit und spiel!"

Mutter hat es mir immer leicht gemacht, auch in dieser Situation. Sie hat mich sogar noch beruhigt, obwohl es ihr viel schlechter ging als mir. So ist sie aber. Und ich konnte mein wirklich allerletztes Zweitligaspiel in Burghausen ohne schlechtes Gewissen angehen.

Einen Tag vor dem Spiel sind wir nach München geflogen und wurden dort abgeholt vom Wacker-Bus. Wir dachten, dass wir in Burghausen übernachten, haben aber hinter der Grenze in Österreich übernachtet in einem kleinen schnuckeligen Hotel am See. Abends sind wir angekommen, haben zu Abend gegessen und der Trainer hat dann noch ne kleine Ansprache gehalten, wie er sich das morgen vorstellt und so.

Mit mir hat er dann am nächsten Tag gesprochen. Normalerweise machen wir am Vormittag vor dem Spiel noch ein letztes kleines Training. Diesmal haben wir es ausfallen lassen, weil wir keine Lust mehr hatten. „Och, Trainer, warum denn noch trainieren? Wir gewinnen auch so. Lass uns lieber was spazieren gehen." Ebbe hatte den größten Mund. Dann sind wir auch spazieren gegangen und der Trainer hat zum Ebbe gesagt: „Dann musste auch zwei Tore schießen!"

Wir sind zum See runter und es goss in Strömen. Wir hatten Regenschirme dabei, guckten auf den See und hatten eine verrückte Idee: „Jeder gibt 100 Euro für den, der durch den See schwimmt." Allerdings war das andere Ufer schweineweit weg. Das wollte dann aber keiner und wir sind zurückmarschiert.

Auf dem Rückweg hat der Trainer mich dann rangerufen und gefragt: „Hast Du was dagegen, wenn du nur eine Halbzeit

Spielstatistik Wacker Burghausen – Alemannia Aachen 1:1 (1:0)

 Wacker Burghausen – Alemannia Aachen
1:1 (1:0)

So 14.05.2006, 15:00 Uhr
2. Bundesliga 2005/2006, 34. Spieltag
Schiedsrichter: Christian Dingert (Thallichtenberg)

Tore:	1:0	Marek Krejci	23.
	1:1	Sergio Pinto	64.

Aufstellung Wacker Burghausen: **Aufstellung Alemannia Aachen:**

Uwe Gospodarek	Stephan Straub
Michael Wiesinger	Willi Landgraf
Vlado Jeknic	Alexander Klitzpera
Daniel Rosin	Thomas Stehle
Thomas Drescher	Sascha Dum
Oliver Fink	Sergio Pinto
Björn Hertl	Reiner Plaßhenrich
Thorsten Burkhardt	Cristian Fiel
Sebastian Kneißl	Sascha Rösler
Marek Krejci	Marius Ebbers
Dragan Bogavac	Erik Meijer

Wechsel Wacker Burghausen: **Wechsel Alemannia Aachen:**

Jens Kern	Mirko Casper
für Uwe Gospodarek (46.)	für Willi Landgraf (46.)
Timo Nagy	Erwin Koen
für Thomas Drescher (57.)	für Cristian Fiel (61.)
Ronald Schmidt	Florian Bruns
für Sebastian Kneißl (67.)	für Sascha Rösler (77.)

Karten Wacker Burghausen: **Karten Alemannia Aachen:**

Gelb für Thomas Drescher	Gelb für Sascha Dum
	Gelb für Sergio Pinto

spielst?" „Nee, aber warum?" „Ich will noch etwas ausprobieren." „Kein Problem, dann spiel ich eine Halbzeit."

Zum letzten Mal zog ich mir das Trikot mit der Nummer 6 an. Zum letzten Mal stand ich in Alemannias Startelf. Zum letzten Mal lief ich als Letzter ein und zum letzten Mal spielte ich in der Zweiten Liga.

Nach 45 Minuten bin ich in der Kabine geblieben, hab mich gemütlich geduscht und bin dann ganz locker hochgegangen. Auch wenn es das letzte Spiel von mir war – es tat nicht weh! Beim Duschen hab ich noch gedacht: Mensch, Willi, du hast alles richtig gemacht. Es war genau der richtige Zeitpunkt aufzuhören. Die Fans haben dich gefeiert und behalten dich in guter Erinnerung.

Dann habe ich mir die letzten 20 Minuten noch angeguckt. Wir hatten Unentschieden gespielt und sind dann in aller Ruhe nach Hause geflogen. Das Ganze kam mir vor wie ein Familienausflug, so wie zwei Tage Urlaub. Vielleicht hätte ich lieber ein anderes letztes Spiel gemacht als ausgerechnet in Burghausen. Wenn mich aber mal irgendeiner fragen sollte: „Was verbindest du mit Wacker Burghausen?", dann sag ich: „Da hab ich mein letztes Profispiel gemacht."

Fangesänge

Am nächsten Tag ging es ja direkt weiter, da stand die große Aufstiegsfeier auf dem Markt an. Da haben wir uns auch riesig drauf gefreut. Keiner wusste so richtig, was uns da genau erwartete.

Wir wussten schon, dass die Frauen was machen wollten für uns, aber die Vorbereitungen liefen ja heimlich ab. Bei jedem Familientreffen, das wir mit der Mannschaft hatten, haben die Frauen immer getuschelt. Bei meiner Frau ging dauernd das Handy und immer war eine andere Spielerfrau dran.

Wir haben uns an diesem Montag, dem 15. Mai 2006, schon nachmittags um drei am Tivoli getroffen. Eine grüne Decke lag auf dem Boden vor der Geschäftsstelle. Ich wusste, dass was im Busch war, aber nicht, was kommen sollte. Dann hielt Frau Hecking eine kleine Ansprache und sagte, dass die Frauen sich tausendmal getroffen hatten. Sie hätten sich lange überlegt, was sie den Männern zum Aufstieg schenken könnten.

Dann haben sie die Decke weggezogen und wir guckten auf Steine. Jeder Spieler hatte einen Stein bekommen mit Stern und seiner Nummer drauf – so wie die Stars in Hollywood.

Lisa, die Freundin von Abwehrspieler Mirko Casper, war auf die Idee gekommen. Jetzt standen wir da vor unserem „Walk Of Fame" und waren sprachlos. Der Trainer bedankte sich für das super Geschenk und die tolle Unterstützung der Frauen. Die Steine sollen übrigens auch mit ins neue Stadion genommen werden.

Ich war auch total überrascht, denn mit dieser Riesenaktion hatte ich weiß Gott nicht gerechnet. Wir haben noch was zusammengestanden und Sekt getrunken. Dann sind wir in einen großen LKW eingestiegen und die Frauen in den goldenen Alemannia-Bus.

Schon auf der Krefelder Straße gingen bei uns immer die Handys. Immer waren unsere Frauen dran: „Hier im Bus ist es langweilig, wir können nix sehen." „Komm, lass uns die Frauen holen und bei uns einsteigen", hab ich zu Erik gesagt. Die Kinder waren sowieso schon bei uns drauf.

Dann ging die Fahrt richtig los. Erst waren nicht so viele Fans am Straßenrand, es wurden Richtung Stadt aber immer mehr, Tausende, Zehntausende. In die offenen Büros am Rand hab ich reingerufen: „Ihr könnt ruhig Feierabend machen. Feiert doch mit uns mit!"

Wir hatten zwar viele Getränke an Bord, aber die reichten nicht bis zum Rathaus, denn wir haben wirklich gut gebechert. „Ihr habt die Haare schön", haben wir immer gesungen. Es war richtig lustig, alle hatten Spaß, jeder durfte sich eine Musik aussuchen. Als wir am Glaskubus vorbeifuhren, sah ich mein Straßenschild: Willi-Landgraf-Platz. „Was ist das denn?", dachte ich. „Eine Superaktion!"

Ausgerechnet da, wo ich viel Freizeit verbracht hatte in Aachen, vorm Café Milano. Da hatte ich oft gesessen mit unserem Stadionsprecher Robert Moonen. Er hat in der Nähe sein Modegeschäft. Wir hatten immer viel Spaß. Früher saßen wir oft alleine da und haben uns über Gott und die Welt unterhalten. Meistens saßen wir mitten in der Sonne vorne dran. Und jetzt hing hier ein Straßenschild mit meinem Namen drauf: Eine schöne Aktion von der Stadt – so was gibt es nur in Aachen!

Zum Markt hin wurds immer voller und am Markt selbst war die Hölle los. Wir sind von hinten ins Rathaus geschleust worden und konnten vom Balkon aus erst mal sehen, wie brechend voll der Markt war. Wir haben erfahren, dass er sogar abgesperrt worden war, weil so viele Fans gekommen waren, um mit uns zu feiern. Ich hätte nicht gedacht, dass so viele kommen würden. Wir waren ja schon relativ früh aufgestiegen und hatten auch schon sehr intensiv in der Stadt gefeiert.

Als ich dann oben stand, lief es mir kalt den Rücken runter. Das war Gänsehaut pur, obwohl ich schon viel getankt hatte. Der Trainer hatte auch ein paar Getränke drin und war richtig gut drauf. Jeder Spieler wurde einzeln vorgestellt und riesig gefeiert. Und dann kam die Überraschung: Am Rathaus wurden riesige Porträts von uns enthüllt. Die ganze Mannschaft hing vorm Rathaus, einmalig! Ich kriegte meinen Mund kaum zu, meine Milchzähne wurden schon sauer. Ich staunte nur, dass mein Bild am großen Aachener Rathaus hing. Das war außergewöhnlich.

Im Krönungssaal durften wir uns zum zweiten Mal ins Goldene Buch eintragen. Da haben wir noch die „Humba" gemacht und alle grölten: „Hin-set-zen!". So etwas hat es noch nie im Krönungssaal gegeben. Ein paar Tage später wurd hier der Internationale Karlspreis verliehen.

Erik und ich ahnten zwar, dass noch was kommen würde, aber was genau, wussten wir nicht. Bisher konnte ich mich auf meine Verabschiedungen immer einstellen, weil ich sie ja zum Teil selber geplant habe.

Aber jetzt war ich auf einmal in einer anderen Situation. Erik und ich wurden gerufen, wir sollten auf den Balkon gehen. Und da hat es mich gepackt. Die vier Amigos hatten Frank Sinatras Hit „My Way" auf uns umgeschrieben. Als die anfingen zu singen und die Fans mitsangen, brachen bei mir alle Dämme. Ich hab losgeheult wie ein Schlosshund. Innerlich hab ich gedacht: „Jetzt haste verloren."

Die Leute waren auch traurig, das hab ich gespürt. Vorher war ich sehr kontrolliert, jetzt war nix mehr mit Kontrolle. Die Gefühle gingen mit mir durch. Die Fans haben immer wieder gesungen für Erik und mich: „Niemals vergessen. Wir werden euch niemals vergessen." Das ging volle Kanne unter die Haut.

Erik und ich wussten schon, dass wir sehr beliebt waren. Das haben wir auch bei den Autogrammstunden gemerkt. Aber als ich von oben runter schaute auf die Menge, dachte ich: „Wir sind unsterblich." Im Zusammenhang mit Alemannia Aachen wird unser Name auch in Zukunft immer wieder genannt werden. Und auch im Stadion wird es bestimmt weiter Sprechchöre für uns geben. Weil wir beide immer mit dem Aufstieg 2006 in Verbindung gebracht werden – und das ist für die Ewigkeit.

Ich hatte meine Tochter im Arm, die hatte auch schon feuchte Augen und guckte mich die ganze Zeit an. Ich wollte mich zusammenreißen, aber das ist mir diesmal nicht gelungen. Ich hab noch Eriks Hand genommen und wir haben uns beide ganz fest gedrückt. Dann war es ganz aus. Die Tränen flossen über mein Gesicht, als ob ich mit meinem Kopf unter Wasser gewesen wäre. Ich hab auch viele Fans weinen gesehen. Das war ein Gefühl, das unbeschreiblich war und das ich wie die Lieder nie vergessen werde.

Danach war ich relativ schnell weg. So gegen halb zehn hab ich noch Klitze und seine Frau eingefangen. Wir haben ein Taxi gesucht. Der Taxifahrer kannte uns natürlich und sagte: „Das ist gut, dass ihr aufgestiegen seid. Davon profitieren doch alle, die ganze Wirtschaft und auch wir Taxifahrer." „Siehste!", hab ich ihm gesagt. „Da verdienste noch mehr Geld als jetzt." Da hat er gelacht.

Vom Tivoli sind wir heimgefahren. Ich war fix und fertig. Meine Frau ist gefahren. Ich war so platt, dass ich am liebsten auf dem Beifahrersitz eingeschlafen wäre. Dass mich das alles so mitnimmt, hätte ich nie gedacht. Heike war auch ziemlich mitgenommen, weil sie mit so einer Verabschiedung auch nicht gerechnet hatte.

Wir verbinden so viel mit Aachen, aber dieser Abschnitt ist zu Ende gegangen. „Was wir so erlebt haben in Aachen, Schnuffi," – ich nenn sie immer „Schnuffi" – „UEFA-Cup, Pokalendspiel, Aufstieg und dann so eine Feier, die hätte ja auch Willi und Erik heißen können." „Jetzt werd bloß nicht wieder sentimental", hat Heike geantwortet.

Tour nach Mallorca

Vor der Aufstiegsfeier hatte ich meine Reisetasche schon gepackt. Dienstagmorgen sind wir nämlich nach Mallorca geflogen. Mein Schwager hatte mich auch diesmal gefahren, das macht der immer. Um 4 Uhr hat er mich abgeholt und zum Flughafen Düsseldorf gebracht.

Die meisten Spieler kamen direkt von der Feier. Nur Erik, Klitze und ich hatten noch zu Hause übernachtet. Die anderen hatten durchgemacht. Jeder hatte uns am Flughafen erkannt, diesmal ging es aber ein klein wenig gesitteter zu als in den Jahren zuvor.

Mit der ersten Maschine sind wir direkt geflogen. Vorher aber verteilte Straubi noch das Taschengeld. Er war nicht nur ein sehr guter Torwart, sondern auch der weltbeste Kassenwart, den ich kannte. Der hat auf unserer Mannschaftskasse immer gesessen, auch wenn Feiereien waren. Jeder bekam 540 Euro Taschengeld. Insgesamt waren wir 24 Mann. Das Hotel brauchten wir auch nicht zu bezahlen, das kostete immerhin noch mal 600 Euro. Da ist also ganz schön was zusammengekommen.

Das waren nicht nur Strafen, auch wenn Straubi immer alles genau kontrollierte. Wenn du beim ersten Mal zu spät kommst, musst du 40 Euro zahlen. Kommste noch mal zu spät, legt der Trainer die Strafen fest. Und wenn der Trainer das macht, ist es immer schlecht. Normal verdoppelt sich das dann. Komischerweise kamen immer die öfter mal zu spät, die nah am Tivoli wohnten wie Jan Schlaudraff und Sergio Pinto.

Es gab auch so Strategen, die haben einfach mal das Training vergessen – wie Marius Ebbers. Der hatte mal gedacht, wir hätten um 15 Uhr Training. Wir hatten aber schon um 10 Uhr Training. Da haben wir ihn mal kurz zwischendurch angerufen. „Oh", hat er gesagt, „da muss ich wohl mal losfahren." Das hat ihn einiges gekostet. Außerdem musste er auch nachmittags trainieren.

Gelbe Karten kosteten einen Fuffi, manchmal hat der Trainer auch mal 200 Euro kassieren lassen. Am Ende kam uns das alles zugute. Aber auch Erik hatte immer mit dafür gesorgt, dass von Sponsoren was in die Kasse kam. Ich hab mich dann wie ein Schneekönig gefreut, als ich den Umschlag aufgemacht hab und neben dem Flugticket noch 540 Euro steckten.

Einige Jungs hatten noch 1,5 Promille im Blut und waren bester Stimmung. Wir hatten einen Ball dabei, der flog durch die Halle wie sonst nur im Stadion. Wir sind immer eine lustige Truppe gewesen. Wir haben uns dann auch wieder benommen und durften auch mitfliegen.

Wir haben in unserem alten Hotel übernachtet, dem Rio Bravo. Das ist vom Ballermann 6 gerade mal 100 Meter entfernt. Zehn Uhr war immer Treffpunkt am Strand. Durchgetrunken haben wir bis abends halb sieben. Der Jüngste musste immer die Getränke holen. Wir haben immer zusammengelegt. Ich bin immer mit dem Hut rumgegangen, jeder hat einen Zwanziger gegeben. Und Sascha Dum und Marcus Hesse mussten immer die Getränke holen. Die wurden in große Eimer geschüttet. Am ersten Abend bin ich voll gegen einen Sonnenschirm gelaufen, da hatten wir schon ein paar Atü drin.

Wir lagen auch mittendrin am Ballermann. Nicht wie andere Mannschaften, die sich irgendwo an den Rand verkrochen hatten. So kamen wir auch mit vielen Leuten ins Gespräch. Die wollten immer wissen, wie wir das mit dem Aufstieg denn geschafft hätten.

Wir haben auch mit den Leuten gesungen und Spaß gehabt. Wenn Erik und ich für jedes Foto, das mit uns geschossen wurde, ein Bier verlangt hätten, dann hätte ich alleine schon 45 Kisten zu Hause im Keller stehen.

Wir wussten aber vorher, dass wir erkannt werden zu der Zeit. Erik hatte noch Trikots für uns machen lassen. Jeder hatte einen Spitznamen hintendrauf. Bei mir stand „Ü 500" drauf. Matze Heidrich hatte „Koen" hinten drauf und Erwin Koen „Heidrich", weil die beiden wegen ihrer Glatze immer verwechselt werden. Klitze war der „Ex-Junggeselle", Erik der „Holzschädel", Thomas Stehle „die Axt", Emil Noll „der Schweiger" und Stephan Straub „die wahre Nummer 1".

Die Urlauber auf Mallorca waren total überrascht, dass wir so eine Mannschaft zum Anfassen waren. „Das kann man sich bei Bayern München gar nicht vorstellen. Es ist schon sensationell, was ihr für eine Kameradschaft habt. Ihr seid ja gar nicht arrogant", hat einer gesagt. „Wir sind ja auch nicht Bayern München", hab ich geantwortet. „wir haben auch keinen 50 oder 80 Millionen Etat. Wir sind halt ein anderer, sympathischer Klub." Und so wurden wir auch immer wieder zu neuen Getränken eingeladen.

Abends haben wir zusammen gegessen und sind dann zusammen ins „Oberbayern" gegangen. Das war unsere Anlaufstelle. Wir hatten immer einen runden Tisch, Durchmesser 1,20 Meter. Da standen 200 Wodka-Lemon drauf. Von mir standen 6 Campari-Orange drauf, weil ich nur das trinke. Wir haben wirklich super gefeiert. Denn allen war klar, dass wir in dieser Besetzung – mit Erik und mir – nie mehr zusammenkommen würden. Und so haben wir alles in uns aufgesaugt – wortwörtlich – und jede Sekunde genossen.

Donnerstag und Freitag hatte ich dann einen Hänger, da war ich so tot, weil ich kaum geschlafen hatte. Am nächsten Tag brauchte ich dann einige Bügeleisen, um die Falten im Gesicht wegzumachen. Es war ein super Abschluss der Saison.

Der große Traum

Meine Profikarriere ist jetzt schon Vergangenheit. Ich weiß, das ist verdammt schnell gegangen. Oft komm ich noch am Stoppelfeld vorbei, das wir vor Jahrzehnten mal angezündet hatten. Das war mein erstes Fußballfeld. Mittlerweile ist das ein gepflegter Rasen mit einem Spielplatz drum herum. Ich sehe oft Spaziergänger mit Hunden, die auf dem Rasen tollen.

Die Bänke, auf denen wir gesessen haben und in den Pausen unsere Fanta oder Cola getrunken haben, sind nicht mehr da. Kinder laufen auf dem Spielplatz rum. Aber Fußball spielt keiner mehr auf unserem alten Stoppelfeld. Ich sehe keinen kleinen Willi, der seinen Tango-Ball mitbringt und mit seinen Kumpels kickt.

Mit 37 hab ich meine Karriere beendet. Im Traum hätte ich nicht gedacht, was ich alles erleben würde und dass ich das alles in diesen 37 Kapiteln mal in einem Buch zusammenfasse. Ich hätte auch nie gedacht, dass ich ewig in der Zweiten Liga spielen würde. Ich bin felsenfest davon überzeugt, dass ich das alles in der Ersten Liga nicht erreicht hätte, was ich in der Zweiten Liga erreicht habe. Ich hab auch viele schlechte Zeiten erlebt, bin aber immer wieder aufgestanden, hab mich nie unterkriegen lassen. Wenn mal drei Monate kein Geld gezahlt wird, prägt einen das. Das ist so.

Ich glaube auch, dass mein Rekord nie mehr gebrochen wird. Die Zeiten haben sich geändert. Als ich auf dem Stoppelfeld gespielt hab, hätte ich nie dran gedacht, dass ich mal Rekordspieler werde und zum Abschluss der Karriere in die Bundesliga aufsteige. In Aachen habe ich Kultstatus. Hier kann ich durch keine Straße gehen, ohne eine kleine Autogrammstunde zu geben. Das ist für mich eine Auszeichnung.

Auch ist es eine Verpflichtung gegenüber meinen Eltern. Was sie mir damals unter schwierigen Bedingungen ermöglicht haben, gebe ich ihnen jetzt zurück. Sie und meine Geschwister waren immer für mich da. Das werde ich nie vergessen. Sie haben mir immer den Rücken gestärkt.

Mein Vater hatte noch Glück gehabt. Mit 55 ist er Frührentner geworden, er hat noch eine kleine Abfindung gekriegt. Damals fing das mit den Computern an, das war nicht sein Fall. Er zitterte schon, wenn ein Computer nur dastand. Er war Maschinenbieger, hat die Rohre kontrolliert. Früher war es so, dass du eine Stelle haben musstest bei einer Firma, die mit Stahl zu tun hatte.

Mittlerweile hat sich das alles geändert. Da sind die Leute froh, wenn sie überhaupt einen Job haben. Und im Gegensatz zu früher würden auch alle gerne Beamte werden und zur Stadt gehen. Es gibt nicht mehr so viel harte Arbeit im Ruhrpott. Es gibt aber auch nicht mehr so viele, die die harte Arbeit machen wollen.

Meine Straße, Hansiepenbusch, hat sich auch brutal geändert. Früher standen hier maximal zehn Häuser. Jetzt ist die Straße total zugebaut, stehen hier 50 Häuser mit fünf Familien pro Haus. Das ist eine verkehrsberuhigte Zone mit Sackgasse.

Bei mir in der Straße wohnen nur Kinder. Hinten dran sind noch ein Spielplatz und ein Bauernhof, wir wohnen sehr schön.

Von Homburg über die Donnerstraße ins Schlaraffenland. Wir fühlen uns hier sehr wohl und haben viele Freunde gewonnen. Ich bin für alle der „Willi", auch für die Kinder. „Herr Landgraf" gibt es bei mir nicht. Und mit den Kindern hab ich auch vor der WM die Panini-Bilder getauscht, weil ich selber sammle.

Meistens mit den Mädels. Denn bei uns in der Straße sind von den 24 Kindern 18 Mädels. Wir machen schon Scherze, dass sich die Mädels später mal um die paar Männer hier kloppen. So einen Frauenüberschuss hat es früher hier nicht gegeben. Wir waren früher fast nur Jungs – vielleicht haben wir die Mädels auch nicht so wahrgenommen, weil wir nur Fußball gespielt haben.

Umso stolzer bin ich auch auf meine Mutter und meinen Vater, weil sie mir als Kind alles ermöglicht haben und ich Fußball spielen durfte. Es ging rauf und runter – im Leben, im Fußball. Ohne meine Frau Heike hätte ich das alles nicht geschafft. Sie hat sich schnell reingelebt in das Fußballerleben und mich immer super unterstützt. In allen Lebenslagen hat sie zu mir gestanden. Egal, was passierte, unsere Liebe ist geblieben!

Einen großen Traum haben wir auch noch: Wenn wir alt und grau sind, die Rente durch haben, dann lassen wir uns in Andalusien nieder. Novo Sante Petri könnte für uns so etwas wie die dritte Heimat werden – nach dem Ruhrpott und Aachen. Ich bin mal gespannt, wie es jetzt in meinem neuen Lebensabschnitt weitergeht.

ANHANG

Mein Fragebogen:

Mein liebster Platz in Nordrhein-Westfalen ist...
...das „Centro" in Oberhausen.

Meine Laune beim Frühstück wird schlecht,...
...wenn keine Nutella und Brötchen auf dem Tisch stehen.

Mein CD-Player freut sich über...
...Neues von Fifty Cent.

Meine ewige Filmtabelle wird angeführt von...
...Rambo (alle Teile).

Mein Lieblingsreiseziel ist und bleibt...
...Andalusien.

Mein Fernseher ist immer an,...
...wenn „Gute Zeiten Schlechte Zeiten" läuft.

Mein Ritual vor dem Spiel war,...
...dass ich meine Schuhe geküsst oder auf sie gespuckt habe. Ich bin in der Kabine fast immer übermotiviert und abergläubisch gewesen und hab rumgeschrien, um die anderen Spieler auch zu motivieren. Die Spieler haben manchmal dumm aus der Wäsche geguckt und nur den Kopf geschüttelt, wenn ich geschrien hab: „Jungs, gebt Gas, es geht um

viel Kohle, ich brauch neue Fliesen!" Oder: „Heute brauch ich ne neue Espresso-Maschine. Haut rein!" Oder auch: „Die hauen wir weg, die Blinden!"

Mein Lieblingsstadion, in dem ich gespielt habe,...
...ist natürlich der Tivoli. Aber das eindrucksvollste Stadion war das Olympiastadion in Berlin.

Mein schönstes Fußballerlebnis war...
...das Pokalendspiel in Berlin.

Meine Entspannung nach dem Spiel finde ich,...
...wenn ich mit den Jungs rausgehe und ihnen beim „Quatern" zugucke *(„Quatern" ist das „Reinschnippen" eines Fünf-Cent-Stücks in ein Glas).*

Mein schlimmstes Fußballerlebnis war...
...der Abstieg mit dem FC Gütersloh.

Mein Lieblingsspieler ist...
...Heute hab ich keinen. Früher war es Lothar Matthäus.

Meine Trikotsammlung ist umfangreich.
Einen besonderen Platz unter den 250 Trikots hat...
...das erste schwarze Trikot von Alemannia Aachen, das weiße UEFA-Cup-Trikot und das Trikot vom FC Sevilla.

Meine Spiele

Willi Landgraf
Vollständiger Name: Wilfried Landgraf
D – * 29.08.1968
Größe: 166 cm
Gewicht: 66 kg

Erfolge als Spieler:
  DFB-Pokal:
  1 x Platz 2 2004 mit Alemannia Aachen

  2. Bundesliga:
  1 x Platz 2 2006 mit Alemannia Aachen

Karriere
Stationen als Vereinsspieler:

Liga	Saison	Verein	Position	Spiele	Tore	Gelb	G/R	Rot
2. Bundesliga	1986/1987	Rot-Weiß Essen	Abwehr	3	0	0	0	0
2. Bundesliga	1987/1988	Rot-Weiß Essen	Abwehr	17	0	0	0	0
2. Bundesliga	1988/1989	Rot-Weiß Essen	Abwehr	26	0	0	0	0
2. Bundesliga	1989/1990	Rot-Weiß Essen	Mittelfeld	36	2	0	0	0
2. Bundesliga	1990/1991	Rot-Weiß Essen	Mittelfeld	37	3	0	0	1
2. Bundesliga Süd	1991/1992	FC Homburg	Mittelfeld	27	2	0	0	1
2. Bundesliga	1992/1993	FC Homburg	Mittelfeld	46	1	9	0	0
2. Bundesliga	1993/1994	FC Homburg	Mittelfeld	34	1	10	1	0
2. Bundesliga	1996/1997	FC Gütersloh	Mittelfeld	31	1	12	1	0
2. Bundesliga	1997/1998	FC Gütersloh	Abwehr	32	0	14	0	0
2. Bundesliga	1998/1999	FC Gütersloh	Abwehr	31	1	10	0	0
2. Bundesliga	1999/2000	Alemannia Aachen	Abwehr	30	1	12	2	0
2. Bundesliga	2000/2001	Alemannia Aachen	Abwehr	33	2	8	0	0
2. Bundesliga	2001/2002	Alemannia Aachen	Abwehr	30	0	9	0	0
2. Bundesliga	2002/2003	Alemannia Aachen	Abwehr	31	0	7	1	1
2. Bundesliga	2003/2004	Alemannia Aachen	Abwehr	27	0	7	0	0
2. Bundesliga	2004/2005	Alemannia Aachen	Abwehr	25	0	4	1	0
2. Bundesliga	2005/2006	Alemannia Aachen	Abwehr	12	0	2	0	0
		Summe:		508	14	105	6	3

Rot-Weiß Essen 1986/1987

35. Spieltag:	Sa 30.05.	15:00	Rot-Weiß Essen – 1. FC Saarbrücken	4:0 (2:0)
37. Spieltag:	Mi 10.06.	19:30	Rot-Weiß Essen – VfL Osnabrück	3:5 (3:1)
38. Spieltag:	So 14.06.	15:00	Stuttgarter Kickers – Rot-Weiß Essen	3:0 (2:0)

Saisonverlauf der 2. Bundesliga 1986/1987

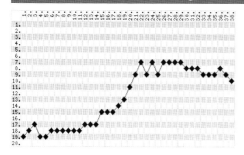

Tabelle der 2. Bundesliga 1986/1987 am 38. Spieltag

Pl.		Verein	Sp	S	U	N	Tore	Diff.	Punkte
1.	(1.)	Hannover 96	38	23	10	5	86:48	+38	56-20
2.	(2.)	Karlsruher SC	38	22	8	8	79:49	+30	52-24
3.	(3.)	FC St. Pauli	38	19	11	8	63:45	+18	49-27
4.	(5.) ↗	Darmstadt 98	38	20	7	11	72:48	+24	47-29
5.	(4.) ↘	Alemannia Aachen	38	18	10	10	55:36	+19	46-30
6.	(6.)	VfL Osnabrück	38	18	8	12	69:66	+3	44-32
7.	(7.)	Stuttgarter Kickers	38	18	6	14	72:55	+17	42-34
8.	(8.)	SC Freiburg	38	13	13	12	59:56	+3	39-37
9.	(10.) ↗	Arminia Bielefeld	38	12	14	12	58:55	+3	38-38
10.	(9.) ↘	Rot-Weiß Essen	38	14	10	14	70:69	+1	38-38
11.	(11.)	SG Wattenscheid 09	38	12	14	12	59:66	-7	38-38
12.	(12.)	Union Solingen	38	13	9	16	61:65	-4	35-41
13.	(15.) ↗	SSV Ulm 1846	38	13	9	16	55:63	-8	35-41
14.	(16.) ↗	Fortuna Köln	38	10	15	13	51:66	-15	35-41
15.	(13.) ↘	1. FC Saarbrücken	38	10	14	14	53:71	-18	34-42
16.	(14.) ↘	Rot-Weiß Oberhausen	38	13	7	18	52:55	-3	33-43
17.	(17.)	Eintracht Braunschweig	38	11	10	17	52:47	+5	32-44
18.	(18.)	Viktoria Aschaffenburg	38	5	14	19	47:72	-25	24-52
19.	(19.)	KSV Hessen Kassel	38	6	10	22	40:75	-35	22-54
20.	(20.)	FSV Salmrohr	38	4	13	21	48:94	-46	21-55

Rot-Weiß Essen 1987/1988

2. Spieltag:	Sa 25.07.	15:00	BVL 08 Remscheid - Rot-Weiß Essen	1:1 (1:0)
			ausgewechselt (46.)	
8. Spieltag:	Di 01.09.	19:30	FC St. Pauli - Rot-Weiß Essen	4:2 (1:1)
			eingewechselt (69.)	
9. Spieltag:	Sa 05.09.	15:00	Rot-Weiß Essen - Blau-Weiß 90 Berlin	2:1 (0:0)
			eingewechselt (46.)	
10. Spieltag:	Sa 12.09.	15:00	Rot-Weiß Oberhausen - Rot-Weiß Essen	3:1 (3:0)
			eingewechselt (46.)	
14. Spieltag:	Sa 10.10.	15:00	1. FC Saarbrücken - Rot-Weiß Essen	1:1 (1:0)
15. Spieltag:	Sa 17.10.	15:00	Rot-Weiß Essen - SpVgg Bayreuth	2:0 (1:0)
19. Spieltag:	Sa 21.11.	15:00	Rot-Weiß Essen - SC Freiburg	2:1 (1:1)
			eingewechselt (39.)	
20. Spieltag:	Sa 28.11.	15:00	Fortuna Düsseldorf - Rot-Weiß Essen	2:1 (1:0)
21. Spieltag:	Sa 05.12.	15:00	Rot-Weiß Essen - BVL 08 Remscheid	3:1 (2:0)
22. Spieltag:	Sa 20.02.	15:00	SV Meppen - Rot-Weiß Essen	1:1 (0:1)
23. Spieltag:	Sa 27.02.	15:00	Rot-Weiß Essen - Arminia Bielefeld	1:1 (1:1)
24. Spieltag:	Sa 05.03.	15:00	SG Wattenscheid 09 - Rot-Weiß Essen	1:0 (0:0)
			eingewechselt (84.)	
26. Spieltag:	Sa 19.03.	15:00	Stuttgarter Kickers - Rot-Weiß Essen	4:1 (1:0)
			eingewechselt (72.)	
27. Spieltag:	Sa 26.03.	15:00	Rot-Weiß Essen - FC St. Pauli	2:2 (1:1)
			eingewechselt (59.)	
28. Spieltag:	Di 29.03.	19:30	Blau-Weiß 90 Berlin - Rot-Weiß Essen	1:1 (1:1)
36. Spieltag:	Mi 18.05.	19:30	Kickers Offenbach - Rot-Weiß Essen	2:0 (2:0)
			eingewechselt (62.)	
38. Spieltag:	So 29.05.	15:00	SC Freiburg - Rot-Weiß Essen	3:0 (1:0)

Saisonverlauf der 2. Bundesliga 1987/1988

Tabelle der 2. Bundesliga 1987/1988 am 38. Spieltag

Pl.		Verein	Sp	S	U	N	Tore	Diff.	Punkte
1.	(1.)	Stuttgarter Kickers	38	19	13	6	89:49	+40	51-25
2.	(2.)	FC St. Pauli	38	19	11	8	65:38	+27	49-27
3.	(4.) ↗	Darmstadt 98	38	16	15	7	48:32	+16	47-29
4.	(3.) ↘	SG Wattenscheid 09	38	18	11	9	62:48	+14	47-29
5.	(5.)	Fortuna Düsseldorf	38	20	6	12	63:38	+25	46-30
6.	(6.)	Alemannia Aachen	38	17	12	9	60:45	+15	46-30
7.	(7.)	Blau-Weiß 90 Berlin	38	16	11	11	65:48	+17	43-33
8.	(8.)	Kickers Offenbach	38	13	13	12	56:49	+7	39-37
9.	(9.)	VfL Osnabrück	38	13	12	13	47:47	0	38-38
10.	(10.)	SC Freiburg	38	13	12	13	61:63	-2	38-38
11.	(11.)	Rot-Weiß Essen	38	11	12	15	53:60	-7	34-42
12.	(12.)	Fortuna Köln	38	15	4	19	58:67	-9	34-42
13.	(14.) ↗	1. FC Saarbrücken	38	12	10	16	57:67	-10	34-42
14.	(13.) ↘	SV Meppen	38	12	10	16	55:72	-17	34-42
15.	(15.)	Union Solingen	38	12	10	16	48:65	-17	34-42
16.	(16.)	Rot-Weiß Oberhausen	38	13	7	18	48:54	-6	33-43
17.	(17.)	SpVgg Bayreuth	38	14	5	19	55:66	-11	33-43
18.	(19.) ↗	BVL 08 Remscheid	38	11	7	20	54:74	-20	29-47
19.	(18.) ↘	SSV Ulm 1846	38	12	5	21	51:75	-24	29-47
20.	(20.)	Arminia Bielefeld	38	6	10	22	29:67	-38	22-54

Rot-Weiß Essen 1988/1989

4. Spieltag:	Sa 20.08.	15:00	Rot-Weiß Essen - Schalke 04	2:1	(2:0)
5. Spieltag:	Sa 27.08.	15:00	Fortuna Düsseldorf - Rot-Weiß Essen ausgewechselt (68.)	2:0	(2:0)
6. Spieltag:	Sa 03.09.	15:00	Rot-Weiß Essen - Alemannia Aachen eingewechselt (74.)	3:1	(0:1)
10. Spieltag:	Di 20.09.	19:30	Darmstadt 98 - Rot-Weiß Essen eingewechselt (57.)	0:2	(0:1)
11. Spieltag:	Sa 01.10.	15:00	Rot-Weiß Essen - VfL Osnabrück	2:1	(0:1)
12. Spieltag:	Sa 08.10.	15:00	1. FC Saarbrücken - Rot-Weiß Essen	0:2	(0:0)
13. Spieltag:	Sa 22.10.	15:00	Rot-Weiß Essen - Hertha BSC Berlin	0:0	(0:0)
14. Spieltag:	Sa 29.10.	15:00	Fortuna Köln - Rot-Weiß Essen	3:0	(2:0)
15. Spieltag:	Sa 05.11.	15:00	Rot-Weiß Essen - Union Solingen	0:1	(0:1)
16. Spieltag:	Sa 12.11.	15:00	FSV Mainz 05 - Rot-Weiß Essen	1:1	(0:0)
17. Spieltag:	Sa 19.11.	15:00	Rot-Weiß Essen - SpVgg Bayreuth	0:0	(0:0)
18. Spieltag:	Sa 26.11.	15:00	SG Wattenscheid 09 - Rot-Weiß Essen	4:2	(1:0)
19. Spieltag:	Sa 03.12.	15:00	Rot-Weiß Essen - Kickers Offenbach	2:0	(1:0)
20. Spieltag:	Sa 18.02.	15:00	Rot-Weiß Essen - SC Freiburg	3:0	(1:0)
21. Spieltag:	Sa 25.02.	15:00	SV Meppen - Rot-Weiß Essen ausgewechselt (70.)	2:2	(1:0)
22. Spieltag:	Sa 04.03.	15:00	Rot-Weiß Essen - Blau-Weiß 90 Berlin eingewechselt (51.)	3:3	(0:1)
23. Spieltag:	Sa 11.03.	15:00	Schalke 04 - Rot-Weiß Essen	1:1	(1:1)
24. Spieltag:	Sa 18.03.	15:00	Rot-Weiß Essen - Fortuna Düsseldorf ausgewechselt (57.)	1:5	(1:2)
25. Spieltag:	Sa 25.03.	15:00	Alemannia Aachen - Rot-Weiß Essen ausgewechselt (70.)	3:1	(0:1)
26. Spieltag:	Sa 01.04.	15:00	Rot-Weiß Essen - Eintracht Braunschweig	2:1	(0:1)
30. Spieltag:	Mo 24.04.	20:15	VfL Osnabrück - Rot-Weiß Essen eingewechselt (88.)	1:3	(0:2)
33. Spieltag:	Sa 13.05.	15:00	Rot-Weiß Essen - Fortuna Köln	3:4	(3:2)
35. Spieltag:	Sa 27.05.	15:00	Rot-Weiß Essen - FSV Mainz 05	3:0	(0:0)
36. Spieltag:	Sa 03.06.	15:00	SpVgg Bayreuth - Rot-Weiß Essen	1:0	(0:0)
37. Spieltag:	So 11.06.	15:00	Rot-Weiß Essen - SG Wattenscheid 09	3:0	(1:0)
38. Spieltag:	So 18.06.	15:00	Kickers Offenbach - Rot-Weiß Essen	1:0	(0:0)

Saisonverlauf der 2. Bundesliga 1988/1989

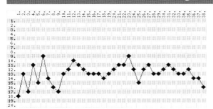

Tabelle der 2. Bundesliga 1988/1989 am 38. Spieltag

Pl.		Verein	Sp	S	U	N	Tore	Diff.	Punkte
1.	(1.)	Fortuna Düsseldorf	38	19	11	8	85:52	+33	49-27
2.	(2.)	FC Homburg	38	18	11	9	55:36	+19	47-29
3.	(3.)	1. FC Saarbrücken	38	17	12	9	53:43	+10	46-30
4.	(4.)	Fortuna Köln	38	20	5	13	80:57	+23	45-31
5.	(7.) ↗	SC Freiburg	38	17	8	13	66:52	+14	42-34
6.	(8.) ↗	SG Wattenscheid 09	38	17	8	13	68:58	+10	42-34
7.	(6.) ↘	Alemannia Aachen	38	17	7	14	58:55	+3	41-35
8.	(5.) ↓	Blau-Weiß 90 Berlin	38	15	11	12	56:54	+2	41-35
9.	(9.)	Eintracht Braunschweig	38	12	14	12	43:43	0	38-38
10.	(13.) ↑	SV Meppen	38	12	13	13	55:54	+1	37-39
11.	(10.) ↘	Darmstadt 98	38	16	5	17	56:57	-1	37-39
12.	(11.) ↘	Schalke 04	38	13	10	15	58:51	+7	36-40
13.	(12.) ↘	Hertha BSC Berlin	38	11	14	13	45:44	+1	36-40
14.	(15.) ↗	VfL Osnabrück	38	13	10	15	58:66	-8	36-40
15.	(17.) ↗	Kickers Offenbach	38	14	7	17	51:53	-2	35-41
16.	(14.) ↘	Rot-Weiß Essen	38	13	9	16	54:60	-6	35-41
17.	(18.) ↗	SpVgg Bayreuth	38	12	10	16	52:60	-8	34-42
18.	(16.) ↘	Viktoria Aschaffenburg	38	12	10	16	47:60	-13	34-42
19.	(19.)	FSV Mainz 05	38	8	13	17	44:76	-32	29-47
20.	(20.)	Union Solingen	38	6	8	24	24:77	-53	20-56

Rot-Weiß Essen 1989/1990

1. Spieltag:	Sa 29.07.	15:00	Rot-Weiß Essen - Schalke 04	0:0 (0:0)
2. Spieltag:	So 06.08.	15:00	SV Meppen - Rot-Weiß Essen	3:2 (1:1)
3. Spieltag:	Sa 12.08.	15:00	Rot-Weiß Essen - SpVgg Unterhaching	1:1 (0:1)
4. Spieltag:	Mi 16.08.	19:30	Blau-Weiß 90 Berlin - Rot-Weiß Essen	2:0 (0:0)
5. Spieltag:	Mi 23.08.	19:30	Rot-Weiß Essen - SC Freiburg	0:1 (0:0)
6. Spieltag:	So 27.08.	15:00	VfL Osnabrück - Rot-Weiß Essen	1:1 (1:1)
			1 Tor: 0:1 (28.)	
7. Spieltag:	Sa 02.09.	15:00	KSV Hessen Kassel - Rot-Weiß Essen	0:1 (0:0)
8. Spieltag:	Sa 09.09.	15:00	Rot-Weiß Essen - Eintracht Braunschweig	1:0 (1:0)
9. Spieltag:	So 17.09.	15:00	Alemannia Aachen - Rot-Weiß Essen	0:1 (0:0)
10. Spieltag:	Mi 20.09.	19:30	Rot-Weiß Essen - 1. FC Saarbrücken	1:2 (1:0)
11. Spieltag:	Sa 30.09.	15:00	SG Wattenscheid 09 - Rot-Weiß Essen	1:0 (0:0)
13. Spieltag:	Sa 14.10.	15:00	Hertha BSC Berlin - Rot-Weiß Essen	2:1 (0:1)
14. Spieltag:	So 22.10.	15:00	Rot-Weiß Essen - Preußen Münster	1:1 (1:0)
15. Spieltag:	Sa 28.10.	15:00	Darmstadt 98 - Rot-Weiß Essen	2:1 (1:1)
16. Spieltag:	Sa 04.11.	15:00	Rot-Weiß Essen - SpVgg Bayreuth	3:0 (2:0)
18. Spieltag:	Di 14.11.	19:30	Rot-Weiß Essen - MSV Duisburg	1:1 (0:0)
19. Spieltag:	Sa 18.11.	15:00	Hannover 96 - Rot-Weiß Essen	4:1 (3:1)
20. Spieltag:	Sa 25.11.	15:00	Schalke 04 - Rot-Weiß Essen	1:0 (1:0)
			ausgewechselt (76.)	
21. Spieltag:	Sa 02.12.	15:00	Rot-Weiß Essen - SV Meppen	1:1 (0:0)
22. Spieltag:	Sa 09.12.	15:00	SpVgg Unterhaching - Rot-Weiß Essen	0:2 (0:1)
23. Spieltag:	Sa 16.12.	15:00	Rot-Weiß Essen - Blau-Weiß 90 Berlin	2:1 (2:1)
24. Spieltag:	Sa 24.02.	15:00	SC Freiburg - Rot-Weiß Essen	1:2 (0:1)
			1 Tor: 0:1 (23.)	
25. Spieltag:	Sa 03.03.	15:00	Rot-Weiß Essen - VfL Osnabrück	0:0 (0:0)
26. Spieltag:	Sa 10.03.	15:00	Rot-Weiß Essen - KSV Hessen Kassel	1:0 (1:0)
27. Spieltag:	Sa 17.03.	15:00	Eintracht Braunschweig - Rot-Weiß Essen	1:1 (0:1)
28. Spieltag:	Sa 24.03.	15:00	Rot-Weiß Essen - Alemannia Aachen	3:1 (2:0)
29. Spieltag:	Sa 31.03.	15:00	1. FC Saarbrücken - Rot-Weiß Essen	2:3 (1:1)
			ausgewechselt (77.)	
30. Spieltag:	Sa 07.04.	15:00	Rot-Weiß Essen - SG Wattenscheid 09	0:2 (0:0)

32. Spieltag:	Sa 21.04.	15:00	Rot-Weiß Essen - Hertha BSC Berlin	0:0	(0:0)
33. Spieltag:	So 29.04.	15:00	Preußen Münster - Rot-Weiß Essen	1:3	(0:0)
34. Spieltag:	Mi 02.05.	19:30	Rot-Weiß Essen - Darmstadt 98	1:0	(0:0)
35. Spieltag:	Sa 05.05.	15:00	SpVgg Bayreuth - Rot-Weiß Essen	1:2	(0:1)
36. Spieltag:	Do 10.05.	20:15	Rot-Weiß Essen - Stuttgarter Kickers	1:0	(1:0)
37. Spieltag:	So 13.05.	15:00	MSV Duisburg - Rot-Weiß Essen	2:2	(0:0)
38. Spieltag:	Do 17.05.	20:15	Rot-Weiß Essen - Hannover 96	4:3	(2:2)

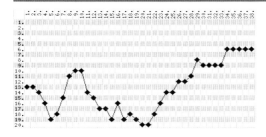

Saisonverlauf der 2. Bundesliga 1989/1990

Tabelle der 2. Bundesliga 1989/1990 am 38. Spieltag

Pl.		Verein	Sp	S	U	N	Tore	Diff.	Punkte
1.	(1.)	Hertha BSC Berlin	38	22	9	7	65:39	+26	53-23
2.	(2.)	SG Wattenscheid 09	38	21	9	8	70:35	+35	51-25
3.	(3.)	1. FC Saarbrücken	38	15	16	7	58:33	+25	46-30
4.	(4.)	Stuttgarter Kickers	38	19	7	12	68:48	+20	45-31
5.	(5.)	Schalke 04	38	16	11	11	69:51	+18	43-33
6.	(6.)	Rot-Weiß Essen	38	15	12	11	49:46	+3	42-34
7.	(8.) ↗	Eintracht Braunschweig	38	15	9	14	55:51	+4	39-37
8.	(7.) ↘	Hannover 96	38	12	14	12	53:43	+10	38-38
9.	(11.) ↗	Blau-Weiß 90 Berlin	38	12	13	13	46:52	-6	37-39
10.	(9.) ↘	MSV Duisburg	38	11	15	12	50:58	-8	37-39
11.	(10.) ↘	SV Meppen	38	10	16	12	47:57	-10	36-40
12.	(13.) ↗	Preußen Münster	38	13	10	15	45:65	-20	36-40
13.	(14.) ↗	SC Freiburg	38	11	12	15	53:52	+1	34-42
14.	(12.) ↘	Fortuna Köln	38	9	16	13	48:60	-12	34-42
15.	(16.) ↗	VfL Osnabrück	38	12	9	17	58:69	-11	33-43
16.	(15.) ↘	Darmstadt 98	38	10	13	15	43:55	-12	33-43
17.	(17.)	KSV Hessen Kassel	38	13	7	18	35:64	-29	33-43
18.	(18.)	SpVgg Bayreuth	38	11	9	18	54:59	-5	31-45
19.	(20.) ↗	Alemannia Aachen	38	11	8	19	52:63	-11	30-46
20.	(19.) ↘	SpVgg Unterhaching	38	7	15	16	43:61	-18	29-47

Rot-Weiß Essen 1990/1991

1. Spieltag:	Sa 28.07.	15:00	FC Homburg - Rot-Weiß Essen	2:1	(1:0)
2. Spieltag:	Mi 08.08.	19:30	Rot-Weiß Essen - Preußen Münster	1:0	(0:0)
3. Spieltag:	Sa 11.08.	15:00	VfB Oldenburg - Rot-Weiß Essen ausgewechselt (77.)	2:0	(0:0)
4. Spieltag:	Sa 18.08.	15:00	Rot-Weiß Essen - Hannover 96	4:2	(2:0)
5. Spieltag:	Mi 22.08.	19:30	SC Freiburg - Rot-Weiß Essen	4:0	(3:0)
6. Spieltag:	So 26.08.	15:00	Rot-Weiß Essen - FSV Mainz 05	2:0	(1:0)
7. Spieltag:	Sa 01.09.	15:00	Fortuna Köln - Rot-Weiß Essen	2:1	(2:1)
8. Spieltag:	Di 04.09.	19:30	Rot-Weiß Essen - SV Meppen	3:2	(3:0)
9. Spieltag:	Sa 08.09.	15:00	Rot-Weiß Essen - Darmstadt 98	3:0	(1:0)
10. Spieltag:	Sa 15.09.	15:00	1. FC Saarbrücken - Rot-Weiß Essen	2:0	(1:0)
11. Spieltag:	So 23.09.	15:00	Rot-Weiß Essen - Blau-Weiß 90 Berlin	0:3	(0:2)
12. Spieltag:	Fr 28.09.	19:00	Eintracht Braunschweig - Rot-Weiß Essen	0:0	(0:0)
13. Spieltag:	Sa 06.10.	15:00	Rot-Weiß Essen - VfL Osnabrück	0:0	(0:0)
14. Spieltag:	So 14.10.	15:00	TSV Havelse - Rot-Weiß Essen 1 Tor: 0:1 (28.)	1:4	(0:2)
15. Spieltag:	Sa 20.10.	15:00	Rot-Weiß Essen - FC Schweinfurt 05 1 Tor: 4:0 (84.)	4:0	(1:0)
16. Spieltag:	Fr 26.10.	19:00	MSV Duisburg - Rot-Weiß Essen 1 Tor: 3:2 (79.)	4:2	(2:0)
17. Spieltag:	Fr 09.11.	19:00	Rot-Weiß Essen - SV Waldhof Mannheim	1:1	(0:1)
18. Spieltag:	Sa 17.11.	15:00	Schalke 04 - Rot-Weiß Essen	3:1	(1:0)
19. Spieltag:	Sa 24.11.	15:00	Rot-Weiß Essen - Stuttgarter Kickers	0:2	(0:0)
20. Spieltag:	Sa 08.12.	15:00	Rot-Weiß Essen - FC Homburg	0:0	(0:0)
21. Spieltag:	So 16.12.	15:00	Preußen Münster - Rot-Weiß Essen	0:0	(0:0)
22. Spieltag:	Di 05.03.	19:30	Rot-Weiß Essen - VfB Oldenburg ausgewechselt (81.)	1:3	(0:0)
23. Spieltag:	Sa 02.03.	15:00	Hannover 96 - Rot-Weiß Essen	2:0	(0:0)
24. Spieltag:	Sa 09.03.	15:00	Rot-Weiß Essen - SC Freiburg	3:0	(1:0)
25. Spieltag:	So 17.03.	15:00	FSV Mainz 05 - Rot-Weiß Essen	1:0	(0:0)
26. Spieltag:	Sa 23.03.	15:00	Rot-Weiß Essen - Fortuna Köln	0:2	(0:1)
27. Spieltag:	Sa 30.03.	15:00	SV Meppen - Rot-Weiß Essen	1:0	(1:0)

28. Spieltag:	Sa 06.04.	15:00	Darmstadt 98 - Rot-Weiß Essen	3:2	(0:0)
29. Spieltag:	Fr 12.04.	19:00	Rot-Weiß Essen - 1. FC Saarbrücken	1:1	(1:0)
30. Spieltag:	Mi 17.04.	19:30	Blau-Weiß 90 Berlin - Rot-Weiß Essen	2:2	(2:1)
31. Spieltag:	So 21.04.	15:00	Rot-Weiß Essen - Eintracht Braunschweig	3:1	(2:1)
32. Spieltag:	Fr 03.05.	19:00	VfL Osnabrück - Rot-Weiß Essen	1:1	(0:1)
33. Spieltag:	Fr 10.05.	19:00	Rot-Weiß Essen - TSV Havelse	3:0	(1:0)
34. Spieltag:	Sa 18.05.	15:00	FC Schweinfurt 05 - Rot-Weiß Essen	0:2	(0:0)
35. Spieltag:	Sa 25.05.	15:00	Rot-Weiß Essen - MSV Duisburg	1:1	(1:1)
37. Spieltag:	So 09.06.	15:00	Rot-Weiß Essen - Schalke 04	0:0	(0:0)
38. Spieltag:	So 16.06.	15:00	Stuttgarter Kickers - Rot-Weiß Essen	3:0	(2:0)

1 Karte: Rot (60.)

Saisonverlauf der 2. Bundesliga 1990/1991

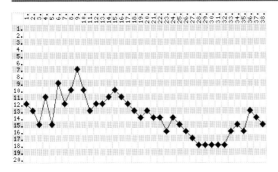

Tabelle der 2. Bundesliga 1990/1991 am 38. Spieltag

Pl.			Verein	Sp	S	U	N	Tore	Diff.	Punkte
1.	(1.)		Schalke 04	38	23	11	4	64:29	+35	57-19
2.	(2.)		MSV Duisburg	38	21	11	6	70:34	+36	53-23
3.	(3.)		Stuttgarter Kickers	38	21	9	8	63:32	+31	51-25
4.	(5.)	↗	FC Homburg	38	16	13	9	42:37	+5	45-31
5.	(7.)	↗	1. FC Saarbrücken	38	15	14	9	47:30	+17	44-32
6.	(4.)	↘	Blau-Weiß 90 Berlin	38	12	20	6	55:42	+13	44-32
7.	(6.)	↘	SV Waldhof Mannheim	38	15	12	11	60:47	+13	42-34
8.	(9.)	↗	FSV Mainz 05	38	14	13	11	45:52	-7	41-35
9.	(8.)	↘	SC Freiburg	38	15	10	13	54:48	+6	40-36
10.	(10.)		Hannover 96	38	12	14	12	49:49	0	38-38
11.	(11.)		Fortuna Köln	38	11	15	12	51:53	-2	37-39
12.	(12.)		VfB Oldenburg	38	10	16	12	58:53	+5	36-40
13.	(13.)		Eintracht Braunschweig	38	12	11	15	53:52	+1	35-41
14.(17.)		↑	VfL Osnabrück	38	12	11	15	51:55	-4	35-41
15.	(14.)	↘	Rot-Weiß Essen	38	12	10	16	49:52	-3	34-42
16.	(16.)		SV Meppen	38	10	14	14	35:42	-7	34-42
17.	(15.)	↘	Darmstadt 98	38	10	13	15	46:54	-8	33-43
18.	(18.)		Preußen Münster	38	8	13	17	35:59	-24	29-47
19.	(19.)		TSV Havelse	38	6	7	25	44:82	-38	19-57
20.	(20.)		FC Schweinfurt 05	38	2	9	27	26:95	-69	13-63

FC Homburg 1991/1992

1. Spieltag:	Mi 24.07.	19:30	Darmstadt 98 - FC Homburg	0:3 (0:2)
2. Spieltag:	Sa 03.08.	15:00	FC Homburg - FC Rot-Weiß Erfurt	1:0 (0:0)
3. Spieltag:	Fr 09.08.	19:00	FSV Mainz 05 - FC Homburg	0:0 (0:0)
4. Spieltag:	Di 13.08.	19:30	FC Homburg - SC Freiburg	3:0 (3:0)
5. Spieltag:	So 25.08.	15:00	VfB Leipzig - FC Homburg	1:1 (1:0)
6. Spieltag:	Mi 28.08.	19:30	FC Homburg - 1. FC Saarbrücken	4:1 (1:0)
			1 Tor: 2:1 (79.)	
7. Spieltag:	Sa 31.08.	15:00	SV Waldhof Mannheim - FC Homburg	0:0 (0:0)
8. Spieltag:	Fr 06.09.	19:00	FC Homburg-FC - Carl Zeiss Jena	0:0 (0:0)
9. Spieltag:	So 15.09.	15:00	1860 München - FC Homburg	3:0 (3:0)
10. Spieltag:	Sa 21.09.	15:00	FC Homburg - Chemnitzer FC	1:3 (1:1)
11. Spieltag:	Sa 28.09.	15:00	Hallescher FC - FC Homburg	0:1 (0:0)
			1 Karte: Rot (88.)	
17. Spieltag:	So 10.11.	15:00	1. FC Saarbrücken - FC Homburg	2:0 (0:0)
18. Spieltag:	Sa 16.11.	15:00	FC Homburg - SV Waldhof Mannheim	2:2 (0:1)
19. Spieltag:	Sa 23.11.	15:00	FC Carl Zeiss Jena - FC Homburg	3:1 (2:1)
20. Spieltag:	So 01.12.	15:00	FC Homburg - 1860 München	0:0 (0:0)
21. Spieltag:	So 08.12.	15:00	Chemnitzer FC - FC Homburg	0:0 (0:0)
22. Spieltag:	So 15.12.	15:00	FC Homburg - Hallescher FC	0:0 (0:0)
23. Spieltag:	Sa 07.03.	15:00	FC Carl Zeiss Jena - FC Homburg	3:1 (1:0)
24. Spieltag:	Sa 14.03.	15:00	FC Homburg - Chemnitzer FC	0:1 (0:0)
25. Spieltag:	Sa 21.03.	15:00	1. FC Saarbrücken - FC Homburg	2:0 (1:0)
26. Spieltag:	Sa 28.03.	15:00	FC Homburg - SV Waldhof Mannheim	0:2 (0:0)
27. Spieltag:	Sa 04.04.	15:00	SC Freiburg - FC Homburg	1:3 (1:2)
28. Spieltag:	Sa 11.04.	15:00	FC Homburg - FC Carl Zeiss Jena	2:2 (1:0)
29. Spieltag:	Sa 25.04.	15:00	Chemnitzer FC - FC Homburg	1:0 (1:0)
30. Spieltag:	Sa 02.05.	15:00	FC Homburg-1. - FC Saarbrücken	4:0 (2:0)
			1 Tor: 4:0 (90.)	
31. Spieltag:	So 10.05.	15:00	SV Waldhof Mannheim - FC Homburg	1:1 (1:1)
32. Spieltag:	So 17.05.	15:00	FC Homburg - SC Freiburg	3:1 (2:0)

Saisonverlauf der 2. Bundesliga Süd 1991/1992

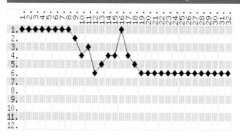

Tabelle der 2. Bundesliga Süd 1991/1992 am 32. Spieltag

Pl.		Verein	Sp	S	U	N	Tore	Diff.	Punkte
Aufstiegsrunde									
1.	(1.)	1. FC Saarbrücken	32	15	12	5	52:30	+22	42-22
2.	(2.)	SV Waldhof Mannheim	32	12	14	6	44:31	+13	38-26
3.	(3.)	SC Freiburg	32	13	11	8	52:41	+11	37-27
4.	(4.)	Chemnitzer FC	32	12	12	8	35:30	+5	36-28
5.	(5.)	FC Carl Zeiss Jena	32	12	9	11	39:36	+3	33-31
6.	(6.)	FC Homburg	32	10	12	10	41:36	+5	32-32
Abstiegsrunde									
7.	(9.)	↗ VfB Leipzig	32	10	11	11	42:42	0	31-33
8.	(10.)	↗ Darmstadt 98	32	11	9	12	41:49	-8	31-33
9.	(7.)	↘ FSV Mainz 05	32	9	12	11	39:38	+1	30-34
10.	(8.)	↘ 1860 München	32	8	14	10	31:32	-1	30-34
11.	(11.)	Hallescher FC	32	7	13	12	35:47	-12	27-37
12.	(12.)	FC Rot-Weiß Erfurt	32	5	7	20	36:75	-39	17-47

FC Homburg 1992/1993

1. Spieltag:	So 12.07.	15:00	Darmstadt 98 - FC Homburg	1:1 (0:1)
2. Spieltag:	Mi 15.07.	20:00	FC Homburg - Eintracht Braunschweig	3:2 (1:1)
3. Spieltag:	Sa 18.07.	15:30	VfB Leipzig - FC Homburg	2:0 (0:0)
4. Spieltag:	Mi 22.07.	20:00	FC Homburg - Wuppertaler SV	2:1 (1:0)
5. Spieltag:	Sa 25.07.	15:30	Fortuna Köln - FC Homburg	1:0 (0:0)
6. Spieltag:	Sa 01.08.	15:30	FC Homburg - SpVgg Unterhaching	2:1 (0:0)
7. Spieltag:	Sa 08.08.	15:30	Hansa Rostock - FC Homburg	0:0 (0:0)
8. Spieltag:	Mi 12.08.	20:00	FC Homburg - Fortuna Düsseldorf	5:0 (2:0)
9. Spieltag:	So 16.08.	15:00	VfL Osnabrück - FC Homburg	2:1 (1:1)
			1 Karte: Gelb	
10. Spieltag:	Fr 21.08.	20:00	FC Homburg - VfB Oldenburg	3:4 (1:1)
			1 Karte: Gelb	
11. Spieltag:	Mi 26.08.	18:30	Stuttgarter Kickers - FC Homburg	1:1 (0:1)
12. Spieltag:	So 30.08.	15:00	FC Homburg - SC Freiburg	1:5 (1:1)
13. Spieltag:	Mi 02.09.	18:00	VfL Wolfsburg - FC Homburg	0:2 (0:1)
			1 Karte: Gelb	
14. Spieltag:	So 06.09.	15:00	FC Homburg - Chemnitzer FC	4:2 (2:1)
15. Spieltag:	So 20.09.	15:00	FC Remscheid - FC Homburg	0:0 (0:0)
16. Spieltag:	Sa 26.09.	15:30	FC Homburg - FC Carl Zeiss Jena	1:0 (0:0)
17. Spieltag:	So 04.10.	15:00	SV Waldhof Mannheim - FC Homburg	2:0 (1:0)
18. Spieltag:	Fr 16.10.	20:00	FC Homburg - FSV Mainz 05	0:0 (0:0)
19. Spieltag:	Fr 23.10.	19:30	MSV Duisburg - FC Homburg	3:0 (2:0)
20. Spieltag:	Fr 30.10.	20:00	FC Homburg - SV Meppen	1:1 (0:1)
21. Spieltag:	So 15.11.	15:00	Hannover 96 - FC Homburg	1:1 (0:0)
22. Spieltag:	Sa 21.11.	15:30	FC St. Pauli - FC Homburg	0:0 (0:0)
23. Spieltag:	Di 08.12.	18:00	FC Homburg - Hertha BSC Berlin	0:3 (0:1)
24. Spieltag:	Fr 04.12.	20:00	FC Homburg - Darmstadt 98	2:3 (1:1)
25. Spieltag:	Fr 11.12.	20:00	Eintracht Braunschweig - FC Homburg	2:0 (0:0)
26. Spieltag:	Sa 06.02.	15:30	FC Homburg - VfB Leipzig	0:0 (0:0)
27. Spieltag:	Di 23.02.	19:30	Wuppertaler SV - FC Homburg	0:1 (0:0)
28. Spieltag:	Fr 19.02.	20:00	FC Homburg - Fortuna Köln	2:0 (2:0)
29. Spieltag:	Di 23.03.	19:30	SpVgg Unterhaching - FC Homburg	1:0 (0:0)
			1 Karte: Gelb	

30. Spieltag:	Fr 05.03.	20:00	FC Homburg - Hansa Rostock	0:0 (0:0)
31. Spieltag:	Sa 13.03.	15:30	Fortuna Düsseldorf - FC Homburg	0:1 (0:0)
32. Spieltag:	Sa 20.03.	15:30	FC Homburg - VfL Osnabrück	3:1 (2:0)
33. Spieltag:	Sa 27.03.	15:30	VfB Oldenburg - FC Homburg ausgewechselt (46.)	2:2 (1:0)
34. Spieltag:	Sa 03.04.	15:30	FC Homburg - Stuttgarter Kickers 1 Tor: 2:0 (62.)	3:0 (0:0)
35. Spieltag:	Sa 10.04.	15:30	SC Freiburg - FC Homburg 1 Karte: Gelb	2:2 (2:1)
36. Spieltag:	Fr 16.04.	20:00	FC Homburg - VfL Wolfsburg	1:0 (0:0)
37. Spieltag:	Sa 24.04.	15:30	Chemnitzer FC - FC Homburg	2:1 (1:1)
38. Spieltag:	Mi 28.04.	20:00	FC Homburg - FC Remscheid	1:1 (0:1)
39. Spieltag:	So 02.05.	15:00	FC Carl Zeiss Jena - FC Homburg 1 Karte: Gelb	2:1 (2:0)
40. Spieltag:	Fr 07.05.	20:00	FC Homburg - SV Waldhof Mannheim 1 Karte: Gelb	1:2 (1:1)
41. Spieltag:	Di 11.05.	18:30	FSV Mainz 05 - FC Homburg	0:0 (0:0)
42. Spieltag:	So 16.05.	15:00	FC Homburg - MSV Duisburg 1 Karte: Gelb	0:0 (0:0)
43. Spieltag:	Sa 22.05.	15:30	SV Meppen - FC Homburg	0:0 (0:0)
44. Spieltag:	Di 25.05.	20:00	FC Homburg - Hannover 96 1 Karte: Gelb ausgewechselt (67.)	1:2 (1:1)
45. Spieltag:	So 30.05.	15:00	FC Homburg - FC St. Pauli	0:0 (0:0)
46. Spieltag:	So 06.06.	15:00	Hertha BSC Berlin - FC Homburg	1:0 (1:0)

Saisonverlauf der 2. Bundesliga 1992/1993

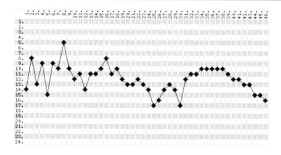

Tabelle der 2. Bundesliga 1992/1993 am 46. Spieltag

Pl.		Verein	Sp	S	U	N	Tore	Diff.	Punkte
1.	(1.)	SC Freiburg	46	27	11	8	102:57	+45	65-27
2.	(2.)	MSV Duisburg	46	23	14	9	65:40	+25	60-32
3.	(3.)	VfB Leipzig	46	22	14	10	66:45	+21	58-34
4.	(4.)	SV Waldhof Mannheim	46	21	13	12	66:53	+13	55-37
5.	(5.)	Hertha BSC Berlin	46	19	15	12	82:55	+27	53-39
6.	(6.)	Fortuna Köln	46	19	12	15	56:44	+12	50-42
7.	(7.)	Chemnitzer FC	46	19	12	15	64:56	+8	50-42
8.	(8.)	FC Carl Zeiss Jena	46	19	12	15	66:59	+7	50-42
9.	(9.)	Hannover 96	46	16	16	14	60:60	0	48-44
10.	(11.)↗	SV Meppen	46	15	17	14	41:43	-2	47-45
11.	(12.)↗	Hansa Rostock	46	17	12	17	54:52	+2	46-46
12.	(10.)↘	FSV Mainz 05	46	17	12	17	54:58	-4	46-46
13.	(13.)	Wuppertaler SV	46	16	13	17	55:50	+5	45-47
14.	(16.)↗	VfL Wolfsburg	46	16	13	17	65:69	-4	45-47
15.	(14.)↘	Stuttgarter Kickers	46	15	13	18	60:59	+1	43-49
16.	(15.)↘	FC Homburg	46	13	17	16	50:53	-3	43-49
17.	(17.)	FC St. Pauli	46	12	19	15	47:52	-5	43-49
18.	(19.)↗	SpVgg Unterhaching	46	15	12	19	58:67	-9	42-50
19.	(18.)↘	Eintracht Braunschweig	46	15	11	20	65:73	-8	41-51
20.	(20.)	VfL Osnabrück	46	14	13	19	63:72	-9	41-51
21.	(21.)	Fortuna Düsseldorf	46	11	12	23	45:65	-20	34-58
22.	(23.)↗	VfB Oldenburg	46	12	10	24	57:90	-33	34-58
23.	(22.)↘	FC Remscheid	46	9	15	22	50:83	-33	33-59
24.	(24.)	Darmstadt 98	46	9	14	23	43:79	-36	32-60

FC Homburg 1993/1994

1. Spieltag:	Di 27.07.	20:00	FC Homburg - FC St. Pauli	2:1 (1:0)
2. Spieltag:	Sa 31.07.	15:30	KFC Uerdingen 05 - FC Homburg	0:1 (0:1)
3. Spieltag:	Sa 07.08.	15:30	FC Homburg - Fortuna Köln	1:2 (0:0)
4. Spieltag:	Di 17.08.	19:30	Hertha BSC Berlin - FC Homburg 1 Karte: Gelb	1:0 (0:0)
5. Spieltag:	Sa 21.08.	15:30	FC Homburg - SV Waldhof Mannheim	3:0 (2:0)
6. Spieltag:	Sa 28.08.	15:30	VfL Wolfsburg - FC Homburg	2:0 (0:0)
7. Spieltag:	Fr 03.09.	18:00	FC Carl Zeiss Jena - FC Homburg 1 Karte: Gelb	2:1 (0:0)
8. Spieltag:	So 19.09.	15:00	FC Homburg - Chemnitzer FC 1 Karte: Gelb	4:0 (2:0)
9. Spieltag:	So 26.09.	15:00	SV Meppen - FC Homburg	2:1 (1:1)
10. Spieltag:	Fr 01.10.	20:00	FC Homburg - Hansa Rostock	0:2 (0:1)
11. Spieltag:	Fr 08.10.	19:30	Rot-Weiß Essen - FC Homburg	3:3 (2:1)
12. Spieltag:	Fr 15.10.	20:00	FC Homburg - Stuttgarter Kickers 1 Tor: 1:0 (11.)	3:2 (3:0)
14. Spieltag:	Fr 29.10.	20:00	FC Homburg - FSV Mainz 05 1 Karte: Gelb	1:0 (1:0)
15. Spieltag:	Sa 06.11.	15:30	Hannover 96 - FC Homburg	1:3 (1:1)
16. Spieltag:	So 14.11.	18:00	FC Homburg - 1. FC Saarbrücken	2:2 (2:0)
17. Spieltag:	Sa 20.11.	15:30	1860 München - FC Homburg	1:0 (1:0)
18. Spieltag:	Sa 27.11.	15:30	FC Homburg - VfL Bochum	0:0 (0:0)
19. Spieltag:	So 05.12.	18:00	Wuppertaler SV - FC Homburg 1 Karte: Gelb ausgewechselt (66.)	1:1 (0:1)
21. Spieltag:	So 27.02.	14:30	FC Homburg - KFC Uerdingen 05	0:1 (0:1)
22. Spieltag:	Fr 04.03.	20:00	Fortuna Köln - FC Homburg	2:1 (2:0)
23. Spieltag:	Fr 11.03.	20:00	FC Homburg - Hertha BSC Berlin 1 Karte: Gelb-Rot	1:1 (1:0)
25. Spieltag:	Sa 26.03.	15:30	FC Homburg - VfL Wolfsburg	0:0 (0:0)
26. Spieltag:	Sa 02.04.	15:30	FC Homburg - FC Carl Zeiss Jena	2:1 (0:0)
27. Spieltag:	Mi 06.04.	19:00	Chemnitzer FC - FC Homburg	2:1 (0:1)
28. Spieltag:	Sa 09.04.	15:30	FC Homburg - SV Meppen 1 Karte: Gelb	5:0 (1:0)

29. Spieltag:	Fr 15.04.	19:30	Hansa Rostock - FC Homburg	3:2 (2:0)
30. Spieltag:	Sa 23.04.	15:30	FC Homburg - Rot-Weiß Essen 1 Karte: Gelb	1:1 (1:0)
31. Spieltag:	Sa 30.04.	15:30	Stuttgarter Kickers - FC Homburg	2:3 (1:2)
32. Spieltag:	Sa 07.05.	14:30	FC Homburg - Tennis Borussia Berlin 1 Karte: Gelb	0:2 (0:1)
33. Spieltag:	So 15.05.	15:00	FSV Mainz 05 - FC Homburg 1 Karte: Gelb ausgewechselt (81.)	1:1 (1:0)
34. Spieltag:	Do 19.05.	20:00	FC Homburg - Hannover 96	2:0 (0:0)
35. Spieltag:	Di 24.05.	19:30	1. FC Saarbrücken - FC Homburg	0:0 (0:0)
36. Spieltag:	Mo 30.05.	20:00	FC Homburg - 1860 München 1 Karte: Gelb	0:0 (0:0)
38. Spieltag:	Sa 11.06.	15:30	FC Homburg - Wuppertaler SV	2:2 (1:0)

Saisonverlauf der 2. Bundesliga 1993/1994

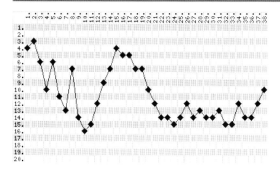

Tabelle der 2. Bundesliga 1993/1994 am 38. Spieltag

Pl.		Verein	Sp	S	U	N	Tore	Diff.	Punkte
1.	(1.)	VfL Bochum	38	19	10	9	56:34	+22	48-28
2.	(2.)	KFC Uerdingen 05	38	18	11	9	49:30	+19	47-29
3.	(3.)	1860 München	38	19	9	10	55:38	+17	47-29
4.	(4.)	FC St. Pauli	38	17	11	10	47:39	+8	45-31
5.	(6.) ↗	VfL Wolfsburg	38	15	10	13	47:45	+2	40-36
6.	(7.) ↗	SV Waldhof Mannheim	38	12	16	10	45:45	0	40-36
7.	(5.) ↘	SV Meppen	38	14	11	13	48:52	-4	39-37
8.	(9.) ↗	Hansa Rostock	38	15	9	14	51:56	-5	39-37
9.	(11.) ↗	Chemnitzer FC	38	14	11	13	34:44	-10	39-37
10.	(12.) ↗	FC Homburg	38	13	11	14	53:46	+7	37-39
11.	(13.) ↗	Hertha BSC Berlin	38	11	15	12	48:42	+6	37-39
12.	(15.) ↑	Hannover 96	38	12	13	13	49:46	+3	37-39
13.	(8.) ↓	FSV Mainz 05	38	13	11	14	46:51	-5	37-39
14.	(10.) ↓	1. FC Saarbrücken	38	14	9	15	58:69	-11	37-39
15.	(14.) ↘	Fortuna Köln	38	13	10	15	53:49	+4	36-40
16.	(17.) ↗	Stuttgarter Kickers	38	11	13	14	42:50	-8	35-41
17.	(16.) ↘	FC Carl Zeiss Jena	38	9	16	13	38:41	-3	34-42
18.	(18.)	Wuppertaler SV	38	10	11	17	44:52	-8	31-45
19.	(19.)	Rot-Weiß Essen	38	9	11	18	44:60	-16	29-47
20.	(20.)	Tennis Borussia Berlin	38	7	12	19	42:60	-18	26-50

In den Spielzeiten 1994/1995 und 1995/1996 spielte Willi Landgraf mit RW Essen in der Regionalliga.

Tabelle der Regionalliga West 1994/1995 am 34. Spieltag

Pl.		Verein	Sp	S	U	N	Tore	Diff.	Punkte
1.	(1.)	Arminia Bielefeld	34	20	10	4	65:28	+37	50-18
2.	(3.) ↗	SC Verl	34	15	14	5	64:35	+29	44-24
3.	(4.) ↗	FSV Salmrohr	34	19	6	9	57:33	+24	44-24
4.	(2.) ↘	Rot-Weiß Essen	34	17	9	8	62:40	+22	43-25
5.	(5.)	Wuppertaler SV	34	16	8	10	63:43	+20	40-28
6.	(6.)	Alemannia Aachen	34	16	8	10	66:50	+16	40-28
7.	(7.)	Eintracht Trier	34	13	12	9	50:48	+2	38-30
8.	(8.)	Borussia Neunkirchen	34	13	10	11	37:44	-7	36-32
9.	(9.)	TuS Paderborn-Neuhaus	34	12	11	11	61:53	+8	35-33
10.	(11.) ↗	Preußen Münster	34	11	13	10	47:44	+3	35-33
11.	(12.) ↗	SpVgg Erkenschwick	34	11	12	11	46:47	-1	34-34
12.	(10.) ↘	Bonner SC	34	11	12	11	51:55	-4	34-34
13.	(13.)	1. FC Bocholt	34	10	9	15	43:52	-9	29-39
14.	(14.)	SG Wattenscheid 09 II	34	7	14	13	41:58	-17	28-40
15.	(15.)	SC 1919 Hauenstein	34	6	15	13	41:54	-13	27-41
16.	(16.)	SCB Preußen Köln	34	7	8	19	45:78	-33	22-46
17.	(17.)	SV Edenkoben	34	4	10	20	32:67	-35	18-50
18.	(18.)	VfB Wissen	34	4	7	23	31:73	-42	15-53

Tabelle der Regionalliga West 1995/1996 am 38. Spieltag

Pl.		Verein	Sp	S	U	N	Tore	Diff.	Punkte
1.	(1.)	FC Gütersloh	36	23	8	5	80:36	+44	77
2.	(2.)	Rot-Weiß Essen	36	21	8	7	60:31	+29	71
3.	(3.)	FC Homburg	36	20	7	9	69:37	+32	67
4.	(4.)	Wuppertaler SV	36	20	5	11	57:42	+15	65
5.	(6.) ↗	TuS Paderborn-Neuhaus	36	17	11	8	68:47	+21	62
6.	(5.) ↘	Alemannia Aachen	36	17	9	10	65:53	+12	60
7.	(7.)	1. FC Saarbrücken	36	16	7	13	64:48	+16	55
8.	(8.)	Rot-Weiß Oberhausen	36	14	12	10	42:33	+9	54
9.	(9.)	Preußen Münster	36	13	12	11	59:49	+10	51
10.	(10.)	SC Verl	36	13	10	13	56:55	+1	49
11.	(11.)	SpVgg Erkenschwick	36	11	13	12	42:40	+2	46
12.	(12.)	1. FC Bocholt	36	11	10	15	50:63	-13	43
13.	(14.) ↗	FSV Salmrohr	36	9	13	14	43:52	-9	40
14.	(13.) ↘	SC 1919 Hauenstein	36	8	14	14	36:47	-11	38
15.	(15.)	Eintracht Trier	36	9	11	16	38:53	-15	38
16.	(16.)	1. FC K'lautern II	36	8	12	16	50:82	-32	36
17.	(17.)	SG Wattenscheid 09 II	36	9	7	20	47:69	-22	34
18.	(18.)	Borussia Neunkirchen	36	5	9	22	30:69	-39	24
19.	(19.)	Bonner SC	36	4	10	22	27:77	-50	22

FC Gütersloh 1996/1997

1. Spieltag:	So 04.08.	15:00	FC Gütersloh - FC Carl Zeiss Jena	0:0 (0:0)
2. Spieltag:	Mi 07.08.	19:30	KFC Uerdingen 05 - FC Gütersloh	0:2 (0:1)
3. Spieltag:	So 18.08.	15:00	FC Gütersloh - FSV Mainz 05	0:0 (0:0)
4. Spieltag:	Sa 24.08.	15:30	VfL Wolfsburg - FC Gütersloh	3:0 (1:0)
5. Spieltag:	So 08.09.	15:00	FC Gütersloh - Hertha BSC Berlin 1 Karte: Gelb	1:0 (1:0)
6. Spieltag:	Sa 14.09.	15:30	VfB Leipzig - FC Gütersloh ausgewechselt (67.)	3:1 (3:0)
7. Spieltag:	Fr 20.09.	19:00	Fortuna Köln - FC Gütersloh	3:0 (1:0)
8. Spieltag:	So 29.09.	15:00	FC Gütersloh - Rot-Weiß Essen 1 Karte: Gelb	2:3 (2:1)
9. Spieltag:	So 06.10.	15:00	1. FC K'lautern - FC Gütersloh 1 Karte: Gelb	2:0 (0:0)
10. Spieltag:	So 13.10.	15:00	FC Gütersloh - VfB Oldenburg 1 Karte: Gelb	1:0 (0:0)
11. Spieltag:	So 20.10.	15:00	VfB Lübeck - FC Gütersloh	2:3 (0:2)
12. Spieltag:	So 27.10.	15:00	FC Gütersloh - FSV Zwickau 1 Karte: Gelb	3:1 (2:1)
14. Spieltag:	So 17.11.	14:15	FC Gütersloh - Eintracht Frankfurt 1 Tor: 1:0 (54.)	3:1 (0:0)
15. Spieltag:	So 24.11.	15:00	SV Meppen - FC Gütersloh	2:0 (1:0)
16. Spieltag:	So 01.12.	14:00	FC Gütersloh - SpVgg Unterhaching	1:1 (1:0)
17. Spieltag:	So 08.12.	14:00	Stuttgarter Kickers - FC Gütersloh 1 Karte: Gelb	1:1 (0:0)
18. Spieltag:	So 23.02.	15:00	FC Carl Zeiss Jena - FC Gütersloh 1 Karte: Gelb	2:5 (1:3)
19. Spieltag:	So 02.03.	15:00	FC Gütersloh - KFC Uerdingen 05 1 Karte: Gelb-Rot	1:1 (0:0)
21. Spieltag:	So 16.03.	15:00	FC Gütersloh - VfL Wolfsburg	1:1 (0:0)
22. Spieltag:	So 23.03.	15:00	Hertha BSC Berlin - FC Gütersloh	5:2 (0:2)
23. Spieltag:	So 30.03.	15:00	FC Gütersloh - VfB Leipzig 1 Karte: Gelb	2:0 (1:0)
24. Spieltag:	Sa 05.04.	15:30	FC Gütersloh - Fortuna Köln	1:0 (0:0)
25. Spieltag:	Sa 12.04.	15:30	Rot-Weiß Essen - FC Gütersloh	2:2 (0:0)

26. Spieltag:	So 20.04.	15:00	FC Gütersloh - 1. FC K'lautern	1:1 (1:0)
27. Spieltag:	So 27.04.	15:00	VfB Oldenburg - FC Gütersloh 1 Karte: Gelb	2:0 (0:0)
28. Spieltag:	So 04.05.	15:00	FC Gütersloh - VfB Lübeck	3:1 (1:0)
29. Spieltag:	So 11.05.	15:00	FSV Zwickau - FC Gütersloh ausgewechselt (73.)	3:1 (2:1)
30. Spieltag:	So 18.05.	15:00	FC Gütersloh - SV Waldhof Mannheim 1 Karte: Gelb	0:0 (0:0)
32. Spieltag:	So 25.05.	15:00	FC Gütersloh - SV Meppen 1 Karte: Gelb	4:2 (3:2)
33. Spieltag:	So 01.06.	15:00	SpVgg Unterhaching - FC Gütersloh 1 Karte: Gelb	3:1 (1:1)
34. Spieltag:	Mi 11.06.	19:00	FC Gütersloh - Stuttgarter Kickers	1:0 (0:0)

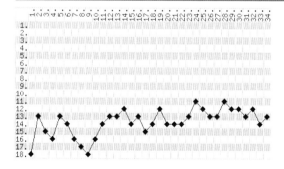

Saisonverlauf der 2. Bundesliga 1996/1997

Tabelle der 2. Bundesliga 1996/1997 am 34. Spieltag

Pl.		Verein	Sp	S	U	N	Tore	Diff.	Punkte
1.	(1.)	1. FC K'lautern	34	19	11	4	74:28	+46	68
2.	(3.) ↗	VfL Wolfsburg	34	14	16	4	52:29	+23	58
3.	(2.) ↘	Hertha BSC Berlin	34	17	7	10	57:38	+19	58
4.	(4.)	FSV Mainz 05	34	14	12	8	50:34	+16	54
5.	(5.)	Stuttgarter Kickers	34	14	11	9	38:27	+11	53
6.	(6.)	SpVgg Unterhaching	34	11	16	7	35:29	+6	49
7.	(8.) ↗	Eintracht Frankfurt	34	13	9	12	43:46	-3	48
8.	(7.) ↘	VfB Leipzig	34	12	10	12	53:54	-1	46
9.	(11.) ↗	KFC Uerdingen 05	34	13	5	16	46:44	+2	44
10.	(9.) ↘	SV Meppen	34	10	14	10	44:48	-4	44
11.	(13.) ↗	Fortuna Köln	34	11	9	14	52:47	+5	42
12.	(12.)	FC Carl Zeiss Jena	34	9	15	10	44:49	-5	42
13.	(14.) ↗	FC Gütersloh	34	12	9	13	43:51	-8	42
14.	(10.) ↓	FSV Zwickau	34	12	6	16	34:48	-14	42
15.	(15.)	SV Waldhof Mannheim	34	10	10	14	45:56	-11	40
16.	(16.)	VfB Lübeck	34	8	12	14	32:53	-21	36
17.	(17.)	Rot-Weiß Essen	34	8	5	21	47:74	-27	29
18.	(18.)	VfB Oldenburg	34	6	9	19	33:67	-34	27

3 Punkte Abzug für FC Gütersloh

FC Gütersloh 1997/1998

1. Spieltag:	So 27.07.	15:00	FC Gütersloh - 1. FC Nürnberg	4:2	(1:0)
2. Spieltag:	Fr 01.08.	19:00	FC St. Pauli - FC Gütersloh 1 Karte: Gelb	0:0	(0:0)
3. Spieltag:	So 10.08.	15:00	FC Gütersloh - SC Freiburg ausgewechselt (46.)	1:2	(0:2)
4. Spieltag:	Fr 22.08.	19:00	FSV Mainz 05 - FC Gütersloh 1 Karte: Gelb	1:1	(0:1)
5. Spieltag:	Sa 30.08.	15:30	FC Gütersloh - VfB Leipzig	1:0	(1:0)
6. Spieltag:	Sa 13.09.	15:30	FSV Zwickau - FC Gütersloh 1 Karte: Gelb	2:2	(0:1)
7. Spieltag:	So 21.09.	15:00	FC Gütersloh - FC Carl Zeiss Jena	1:0	(1:0)
8. Spieltag:	Sa 27.09.	15:30	Fortuna Köln - FC Gütersloh 1 Karte: Gelb	2:2	(1:2)
9. Spieltag:	So 05.10.	15:00	FC Gütersloh - Eintracht Frankfurt	0:0	(0:0)
10. Spieltag:	So 19.10.	15:00	Fortuna Düsseldorf - FC Gütersloh 1 Karte: Gelb	0:1	(0:1)
12. Spieltag:	So 02.11.	15:00	SG Wattenscheid 09 - FC Gütersloh	1:2	(0:2)
13. Spieltag:	So 09.11.	14:30	FC Gütersloh - SV Meppen 1 Karte: Gelb	1:0	(1:0)
14. Spieltag:	So 23.11.	14:30	Stuttgarter Kickers - FC Gütersloh	0:2	(0:0)
15. Spieltag:	So 30.11.	15:00	SpVgg Unterhaching - FC Gütersloh	1:1	(1:1)
16. Spieltag:	So 07.12.	14:00	FC Gütersloh - FC Energie Cottbus	0:0	(0:0)
17. Spieltag:	So 14.12.	14:00	SpVgg Greuther Fürth - FC Gütersloh 1 Karte: Gelb ausgewechselt (46.)	0:0	(0:0)
18. Spieltag:	Fr 13.02.	19:00	1. FC Nürnberg - FC Gütersloh	1:0	(0:0)
19. Spieltag:	So 22.02.	14:30	FC Gütersloh - FC St. Pauli 1 Karte: Gelb	1:1	(0:1)
20. Spieltag:	Mo 02.03.	19:30	SC Freiburg - FC Gütersloh 1 Karte: Gelb ausgewechselt (77.)	2:1	(1:1)
21. Spieltag:	So 08.03.	15:00	FC Gütersloh - FSV Mainz 05 1 Karte: Gelb	3:2	(2:2)
23. Spieltag:	Mi 15.04.	18:00	FC Gütersloh - FSV Zwickau ausgewechselt (85.)	5:0	(2:0)

24. Spieltag:	Fr 27.03.	19:00	FC Carl Zeiss Jena - FC Gütersloh	2:1 (1:0)
25. Spieltag:	So 05.04.	15:00	FC Gütersloh - Fortuna Köln	1:0 (1:0)
26. Spieltag:	Do 09.04.	19:00	Eintracht Frankfurt - FC Gütersloh	0:0 (0:0)
27. Spieltag:	So 19.04.	15:00	FC Gütersloh - Fortuna Düsseldorf	2:1 (1:0)
28. Spieltag:	Fr 24.04.	19:00	KFC Uerdingen 05 - FC Gütersloh	0:3 (0:1)
			1 Karte: Gelb	
29. Spieltag:	So 03.05.	15:00	FC Gütersloh - SG Wattenscheid 09	0:0 (0:0)
30. Spieltag:	Mo 11.05.	19:30	SV Meppen - FC Gütersloh	0:2 (0:1)
			1 Karte: Gelb	
31. Spieltag:	So 17.05.	15:00	FC Gütersloh - Stuttgarter Kickers	1:1 (0:0)
			1 Karte: Gelb	
32. Spieltag:	Fr 22.05.	19:00	FC Gütersloh - SpVgg Unterhaching	0:0 (0:0)
			1 Karte: Gelb	
			ausgewechselt (77.)	
33. Spieltag:	Mi 03.06.	19:00	FC Energie Cottbus - FC Gütersloh	2:2 (0:1)
34. Spieltag:	So 07.06.	15:00	FC Gütersloh - SpVgg Greuther Fürth	1:1 (0:1)

Saisonverlauf der 2. Bundesliga 1997/1998

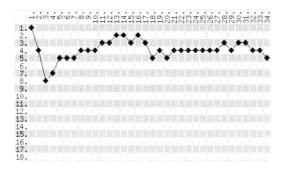

Tabelle der 2. Bundesliga 1997/1998 am 34. Spieltag

Pl.		Verein	Sp	S	U	N	Tore	Diff.	Punkte
1.	(1.)	Eintracht Frankfurt	34	17	13	4	50:32	+18	64
2.	(2.)	SC Freiburg	34	18	7	9	57:36	+21	61
3.	(3.)	1. FC Nürnberg	34	17	8	9	52:35	+17	59
4.	(5.) ↗	FC St. Pauli	34	14	14	6	43:31	+12	56
5.	(4.) ↘	FC Gütersloh	34	13	16	5	43:26	+17	55
6.	(6.)	Fortuna Köln	34	11	13	10	53:53	0	46
7.	(11.)↑	Fortuna Düsseldorf	34	13	7	14	52:54	-2	46
8.	(8.)	FC Energie Cottbus	34	10	15	9	38:36	+2	45
9.	(9.)	SpVgg Greuther Fürth	34	11	12	11	32:32	0	45
10.	(13.)↑	FSV Mainz 05	34	10	14	10	55:48	+7	44
11.	(7.) ↓	SpVgg Unterhaching	34	10	14	10	41:35	+6	44
12.	(10.)↘	Stuttgarter Kickers	34	12	8	14	44:47	-3	44
13.	(12.)↘	KFC Uerdingen 05	34	11	10	13	36:40	-4	43
14.	(14.)	SG Wattenscheid 09	34	10	10	14	41:41	0	40
15.	(15.)	VfB Leipzig	34	10	9	15	31:51	-20	39
16.	(16.)	FC Carl Zeiss Jena	34	8	9	17	39:61	-22	33
17.	(18.)↗	FSV Zwickau	34	6	10	18	32:55	-23	28
18.	(17.)↘	SV Meppen	34	6	9	19	35:61	-26	27

FC Gütersloh 1998/1999

1. Spieltag:	So 02.08.	15:00	FC Gütersloh - 1. FC Köln 1 Karte: Gelb ausgewechselt (78.)	0:1	(0:0)
2. Spieltag:	So 09.08.	15:00	Fortuna Düsseldorf - FC Gütersloh	3:1	(2:1)
3. Spieltag:	Do 13.08.	18:30	FC Gütersloh - SpVgg Unterhaching eingewechselt (46.)	1:1	(0:1)
4. Spieltag:	So 16.08.	15:00	KFC Uerdingen 05 - FC Gütersloh	2:0	(0:0)
5. Spieltag:	So 23.08.	15:00	FC Gütersloh - Hannover 96 1 Karte: Gelb	2:1	(1:0)
6. Spieltag:	So 13.09.	15:00	Stuttgarter Kickers - FC Gütersloh 1 Tor: 0:1 (44.)	2:1	(0:1)
7. Spieltag:	So 20.09.	15:00	FC Gütersloh - SSV Ulm 1846 1 Karte: Gelb	1:1	(0:0)
8. Spieltag:	Fr 25.09.	19:00	Tennis Borussia Berlin - FC Gütersloh 1 Karte: Gelb	2:0	(0:0)
9. Spieltag:	So 04.10.	15:00	FC Gütersloh - FSV Mainz 05	6:1	(2:0)
10. Spieltag:	So 18.10.	15:00	SpVgg Greuther Fürth - FC Gütersloh	3:2	(1:2)
11. Spieltag:	So 25.10.	15:00	FC Gütersloh - FC St. Pauli	1:4	(1:2)
12. Spieltag:	Fr 30.10.	19:00	SG Wattenscheid 09 - FC Gütersloh ausgewechselt (78.)	1:1	(1:0)
13. Spieltag:	So 08.11.	15:00	FC Gütersloh - FC Energie Cottbus	1:1	(0:0)
14. Spieltag:	Mo 16.11.	19:30	Karlsruher SC - FC Gütersloh 1 Karte: Gelb	2:3	(0:2)
16. Spieltag:	So 29.11.	15:00	FC Gütersloh - Arminia Bielefeld	0:2	(0:0)
17. Spieltag:	Fr 04.12.	19:00	Fortuna Köln - FC Gütersloh	3:2	(2:0)
18. Spieltag:	So 13.12.	15:00	1. FC Köln - FC Gütersloh 1 Karte: Gelb	1:1	(1:0)
19. Spieltag:	So 20.12.	15:00	FC Gütersloh - Fortuna Düsseldorf 1 Karte: Gelb	2:2	(0:1)
20. Spieltag:	So 28.02.	15:00	SpVgg Unterhaching - FC Gütersloh	2:0	(1:0)
21. Spieltag:	So 07.03.	15:00	FC Gütersloh - KFC Uerdingen 05	2:0	(0:0)
22. Spieltag:	So 14.03.	15:00	Hannover 96 - FC Gütersloh 1 Karte: Gelb ausgewechselt (46.)	4:1	(2:1)

23. Spieltag:	So 21.03.	15:00	FC Gütersloh - Stuttgarter Kickers	1:0 (0:0)
24. Spieltag:	So 04.04.	15:00	SSV Ulm 1846 - FC Gütersloh	1:1 (1:0)
25. Spieltag:	So 11.04.	15:00	FC Gütersloh - Tennis Borussia Berlin	1:0 (0:0)
26. Spieltag:	So 18.04.	15:00	FSV Mainz 05 - FC Gütersloh ausgewechselt (78.)	1:0 (0:0)
27. Spieltag:	Mo 26.04.	20:15	FC Gütersloh - SpVgg Greuther Fürth	1:0 (0:0)
28. Spieltag:	Fr 30.04.	19:00	FC St. Pauli - FC Gütersloh	1:0 (1:0)
29. Spieltag:	So 09.05.	15:00	FC Gütersloh - SG Wattenscheid 09 1 Karte: Gelb	2:1 (1:1)
31. Spieltag:	Fr 21.05.	19:00	FC Gütersloh - Karlsruher SC 1 Karte: Gelb	2:0 (0:0)
33. Spieltag:	So 13.06.	15:00	Arminia Bielefeld - FC Gütersloh	3:0 (2:0)
34. Spieltag:	Do 17.06.	19:00	FC Gütersloh - Fortuna Köln	2:1 (1:0)

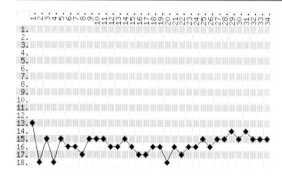

Saisonverlauf der 2. Bundesliga 1998/1999

Tabelle der 2. Bundesliga 1998/1999 am 34. Spieltag

Pl.		Verein	Sp	S	U	N	Tore	Diff.	Punkte
1.	(1.)	Arminia Bielefeld	34	20	7	7	62:32	+30	67
2.	(2.)	SpVgg Unterhaching	34	19	6	9	47:30	+17	63
3.	(3.)	SSV Ulm 1846	34	15	13	6	63:51	+12	58
4.	(5.) ↗	Hannover 96	34	16	9	9	52:36	+16	57
5.	(4.) ↘	Karlsruher SC	34	17	5	12	54:43	+11	56
6.	(6.)	Tennis Borussia Berlin	34	15	9	10	47:39	+8	54
7.	(7.)	FSV Mainz 05	34	14	8	12	48:44	+4	50
8.	(8.)	SpVgg Greuther Fürth	34	13	10	11	40:31	+9	49
9.	(10.) ↗	FC St. Pauli	34	12	9	13	49:46	+3	45
10.	(9.) ↘	1. FC Köln	34	12	9	13	46:53	-7	45
11.	(14.) ↑	FC Energie Cottbus	34	10	11	13	48:42	+6	41
12.	(11.) ↘	Rot-Weiß Oberhausen	34	9	14	11	40:47	-7	41
13.	(12.) ↘	Stuttgarter Kickers	34	11	8	15	38:53	-15	41
14.	(13.) ↘	Fortuna Köln	34	9	13	12	49:55	-6	40
15.	(15.)	FC Gütersloh	34	10	7	17	39:58	-19	37
16.	(16.)	KFC Uerdingen 05	34	7	10	17	34:57	-23	31
17.	(17.)	SG Wattenscheid 09	34	7	9	18	31:46	-15	30
18.	(18.)	Fortuna Düsseldorf	34	5	13	16	35:59	-24	28

Alemannia Aachen 1999/2000

1. Spieltag:	So 15.08.	15:00	Alemannia Aachen - Stuttgarter Kickers	4:1	(1:1)
2. Spieltag:	Fr 20.08.	19:00	VfL Bochum - Alemannia Aachen ausgewechselt (61.)	5:0	(1:0)
3. Spieltag:	Sa 28.08.	15:30	Alemannia Aachen - Tennis Borussia Berlin 1 Karte: Gelb	2:2	(0:0)
4. Spieltag:	Sa 11.09.	15:30	Borussia M'gladbach - Alemannia Aachen 1 Karte: Gelb	1:2	(1:2)
5. Spieltag:	So 19.09.	15:00	Alemannia Aachen - SV Waldhof Mannheim	2:1	(0:1)
6. Spieltag:	So 26.09.	15:00	Kickers Offenbach - Alemannia Aachen 1 Tor: Eigentor zum 1:1 (72.) 1 Karte: Gelb	1:2	(0:0)
7. Spieltag:	Fr 01.10.	19:00	Alemannia Aachen - Fortuna Köln	1:1	(0:0)
8. Spieltag:	So 17.10.	15:00	FSV Mainz 05 - Alemannia Aachen 2 Karten: Gelb und Gelb-Rot (82.)	4:2	(1:1)
10. Spieltag:	So 31.10.	14:30	Chemnitzer FC - Alemannia Aachen 1 Tor: 0:2 (35.) 1 Karte: Gelb	2:2	(1:2)
11. Spieltag:	Fr 05.11.	19:00	Alemannia Aachen - Hannover 96	1:2	(1:0)
12. Spieltag:	So 21.11.	15:00	Karlsruher SC - Alemannia Aachen 1 Karte: Gelb ausgewechselt (74.)	0:0	(0:0)
14. Spieltag:	So 05.12.	15:00	Alemannia Aachen - FC St. Pauli 1 Karte: Gelb	3:1	(2:0)
15. Spieltag:	Fr 10.12.	19:00	1. FC Köln - Alemannia Aachen	4:0	(2:0)
16. Spieltag:	Mi 15.12.	19:00	Alemannia Aachen - Rot-Weiß Oberhausen	0:0	(0:0)
17. Spieltag:	Mo 07.02.	20:15	SpVgg Greuther Fürth - Alemannia Aachen 1 Karte: Gelb (82.)	1:1	
18. Spieltag:	Fr 11.02.	19:00	Stuttgarter Kickers - Alemannia Aachen	1:2	(0:0)
19. Spieltag:	So 20.02.	15:00	Alemannia Aachen - VfL Bochum Karte: Gelb-Rot (84.)	0:1	(0:0)
21. Spieltag:	Fr 03.03.	19:00	Alemannia Aachen - Borussia M'gladbach	1:1	(1:0)
22. Spieltag:	So 12.03.	14:45	SV Waldhof Mannheim - Alemannia Aachen	1:1	(1:0)
23. Spieltag:	So 19.03.	15:00	Alemannia Aachen - Kickers Offenbach	2:1	(1:1)

24. Spieltag: So 26.03. 15:00 Fortuna Köln - Alemannia Aachen 0:0 (0:0)
1 Karte: Gelb
25. Spieltag: So 02.04. 14:45 Alemannia Aachen - FSV Mainz 05 1:0 (0:0)
26. Spieltag: Fr 07.04. 19:00 1. FC Nürnberg - Alemannia Aachen 3:1 (2:1)
27. Spieltag: Fr 14.04.1 9:00 Alemannia Aachen - Chemnitzer FC 0:1 (0:0)
1 Karte: Gelb
28. Spieltag: Do 20.04. 19:00 Hannover 96 - Alemannia Aachen 3:1 (1:1)
ausgewechselt (75.)
29. Spieltag: So 30.04. 15:00 Alemannia Aachen - Karlsruher SC 4:1 (1:1)
30. Spieltag: Fr 05.05. 19:00 Alemannia Aachen - FC Energie Cottbus 1:0 (0:0)
31. Spieltag: Fr 12.05. 19:00 FC St. Pauli - Alemannia Aachen 2:1 (0:1)
32. Spieltag: Do 18.05. 19:00 Alemannia Aachen - 1. FC Köln 1:2 (0:2)
1 Karte: Gelb
ausgewechselt (46.)
34. Spieltag: Fr 26.05. 19:00 Alemannia Aachen - SpVgg Greuther Fürth 2:2 (1:0)
1 Karte: Gelb

Saisonverlauf der 2. Bundesliga 1999/2000

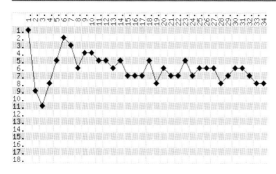

Tabelle der 2. Bundesliga 1999/2000 am 34. Spieltag

Pl.		Verein	Sp	S	U	N	Tore	Diff.	Punkte
1.	(1.)	1. FC Köln	34	19	8	7	68:39	+29	65
2.	(2.)	VfL Bochum	34	18	7	9	67:48	+19	61
3.	(3.)	FC Energie Cottbus	34	18	4	12	62:42	+20	58
4.	(5.) ↗	1. FC Nürnberg	34	15	10	9	54:46	+8	55
5.	(4.) ↘	Borussia M'gladbach	34	14	12	8	60:43	+17	54
6.	(6.)	Rot-Weiß Oberhausen	34	12	13	9	43:34	+9	49
7.	(7.)	SpVgg Greuther Fürth	34	10	16	8	40:39	+1	46
8.	(8.)	Alemannia Aachen	34	12	10	12	46:54	-8	46
9.	(10.) ↗	FSV Mainz 05	34	11	12	11	41:42	-1	45
10.	(9.) ↘	Hannover 96	34	12	8	14	56:56	0	44
11.	(13.) ↗	Chemnitzer FC	34	11	10	13	42:49	-7	43
12.	(11.) ↘	SV Waldhof Mannheim	34	10	12	12	50:56	-6	42
13.	(12.) ↘	Tennis Borussia Berlin	34	10	10	14	42:50	-8	40
14.	(14.)	FC St. Pauli	34	8	15	11	37:45	-8	39
15.	(15.)	Stuttgarter Kickers	34	10	9	15	49:58	-9	39
16.	(17.) ↗	Fortuna Köln	34	8	11	15	38:50	-12	35
17.	(16.) ↘	Kickers Offenbach	34	8	11	15	35:58	-23	35
18.	(18.)	Karlsruher SC	34	5	12	17	35:56	-21	27

Alemannia Aachen 2000/2001

1. Spieltag:	So 13.08.	15:00	SV Waldhof Mannheim - Alemannia Aachen	3:0 (1:0)
			ausgewechselt (62.)	
2. Spieltag:	Sa 19.08.	15:00	Alemannia Aachen - SSV Reutlingen	4:1 (1:0)
3. Spieltag:	Mi 06.09.	19:00	Stuttgarter Kickers - Alemannia Aachen	0:3 (0:0)
4. Spieltag:	Mo 11.09.	20:15	Alemannia Aachen - MSV Duisburg	1:0 (0:0)
			1 Tor: 1:0 (64.)	
			ausgewechselt (75.)	
5. Spieltag:	Mo 18.09.	20:15	Arminia Bielefeld - Alemannia Aachen	1:1 (1:1)
			1 Karte: Gelb	
			ausgewechselt (49.)	
6. Spieltag:	Mo 25.09.	20:15	Alemannia Aachen - Borussia M'gladbach	1:1 (1:1)
			1 Karte: Gelb	
7. Spieltag:	So 01.10.	15:00	SpVgg Greuther Fürth - Alemannia Aachen	3:0 (1:0)
			1 Karte: Gelb	
			ausgewechselt (46.)	
8. Spieltag:	Fr 13.10.	19:00	Alemannia Aachen - Chemnitzer FC	1:2 (0:1)
9. Spieltag:	So 22.10.	15:00	1. FC Saarbrücken - Alemannia Aachen	1:3 (1:0)
			1 Karte: Gelb	
			ausgewechselt (46.)	
10. Spieltag:	Sa 28.10.	15:00	Alemannia Aachen - VfL Osnabrück	0:0 (0:0)
			eingewechselt (86.)	
11. Spieltag:	So 05.11.	15:00	SSV Ulm 1846 - Alemannia Aachen	3:1 (0:0)
			ausgewechselt (76.)	
12. Spieltag:	So 12.11.	15:00	Alemannia Aachen - Rot-Weiß Oberhausen	3:1 (3:0)
13. Spieltag:	Fr 17.11.	19:00	FSV Mainz 05 - Alemannia Aachen	1:1 (0:0)
			ausgewechselt (71.)	
14. Spieltag:	Fr 24.11.	19:00	Alemannia Aachen - Hannover 96	0:4 (0:3)
15. Spieltag:	So 03.12.	15:00	FC St. Pauli - Alemannia Aachen	3:3 (1:2)
16. Spieltag:	So 10.12.	15:00	1. FC Nürnberg - Alemannia Aachen	6:1 (3:1)
17. Spieltag:	Mi 13.12.	19:00	Alemannia Aachen - LR Ahlen	4:3 (1:1)
			1 Tor: 1:1 (45.)	
18. Spieltag:	Mo 18.12.	20:15	Alemannia Aachen - SV Waldhof Mannheim	0:1 (0:0)
19. Spieltag:	Sa 27.01.	15:00	SSV Reutlingen - Alemannia Aachen	3:1 (1:1)
			ausgewechselt (69.)	

| 20. Spieltag: | Mi 28.02. | 19:00 | Alemannia Aachen - Stuttgarter Kickers | 3:0 (0:0) |

1 Karte: Gelb
ausgewechselt (84.)

| 21. Spieltag: | Mo 12.02. | 20:15 | MSV Duisburg - Alemannia Aachen | 4:0 (0:0) |

ausgewechselt (80.)

| 22. Spieltag: | Mo 19.02. | 20:15 | Alemannia Aachen - Arminia Bielefeld | 1:0 (1:0) |

eingewechselt (90.)
1 Karte: Gelb

24. Spieltag:	So 04.03.	15:00	Alemannia Aachen - SpVgg Greuther Fürth	0:0 (0:0)
25. Spieltag:	So 11.03.	15:00	Chemnitzer FC - Alemannia Aachen	2:3 (0:1)
26. Spieltag:	Fr 16.03.	19:00	Alemannia Aachen - 1. FC Saarbrücken	1:0 (1:0)

1 Karte: Gelb

| 27. Spieltag: | So 01.04. | 15:00 | VfL Osnabrück - Alemannia Aachen | 5:1 (4:1) |

ausgewechselt (46.)

| 28. Spieltag: | So 08.04. | 15:00 | Alemannia Aachen - SSV Ulm 1846 | 1:0 (0:0) |

eingewechselt (66.)

| 29. Spieltag: | Sa 14.04. | 15:00 | Rot-Weiß Oberhausen - Alemannia Aachen | 3:0 (0:0) |

eingewechselt (82.)

| 30. Spieltag: | Fr 20.04. | 19:00 | Alemannia Aachen - FSV Mainz 05 | 1:0 (1:0) |
| 31. Spieltag: | Fr 27.04. | 19:00 | Hannover 96 - Alemannia Aachen | 0:0 (0:0) |

1 Karte: Gelb

| 32. Spieltag: | Sa 05.05. | 15:00 | Alemannia Aachen - FC St. Pauli | 0:1 (0:1) |
| 33. Spieltag: | So 13.05. | 15:00 | Alemannia Aachen - 1. FC Nürnberg | 0:1 (0:0) |

ausgewechselt (64.)

| 34. Spieltag: | So 20.05. | 15:00 | LR Ahlen - Alemannia Aachen | 1:2 (0:0) |

Saisonverlauf der 2. Bundesliga 2000/2001

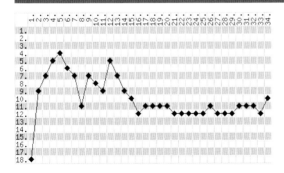

Tabelle der 2. Bundesliga 2000/2001 am 34. Spieltag

Pl.		Verein	Sp	S	U	N	Tore	Diff.	Punkte
1.	(1.)	1. FC Nürnberg	34	20	5	9	58:35	+23	65
2.	(2.)	Borussia M'gladbach	34	17	11	6	62:31	+31	62
3.	(3.)	FC St. Pauli	34	17	9	8	70:52	+18	60
4.	(4.)	SV Waldhof Mannheim	34	17	8	9	57:42	+15	59
5.	(5.)	SpVgg Greuther Fürth	34	15	9	10	55:38	+17	54
6.	(6.)	LR Ahlen	34	15	9	10	61:53	+8	54
7.	(7.)	SSV Reutlingen	34	15	8	11	64:52	+12	53
8.	(8.)	1. FC Saarbrücken	34	14	8	12	48:59	-11	50
9.	(11.) ↗	Hannover 96	34	12	10	12	52:45	+7	46
10.	(12.) ↗	Alemannia Aachen	34	13	7	14	42:60	-18	46
11.	(9.) ↘	MSV Duisburg	34	12	9	13	46:40	+6	45
12.	(10.) ↘	Rot-Weiß Oberhausen	34	13	6	15	45:50	-5	45
13.	(14.) ↗	Arminia Bielefeld	34	10	11	13	53:46	+7	41
14.	(13.) ↘	FSV Mainz 05	34	10	10	14	37:45	-8	40
15.	(15.)	VfL Osnabrück	34	9	10	15	40:52	-12	37
16.	(17.) ↗	SSV Ulm 1846	34	9	7	18	42:58	-16	34
17.	(16.) ↘	Stuttgarter Kickers	34	8	10	16	31:51	-20	34
18.	(18.)	Chemnitzer FC	34	3	7	24	24:78	-54	16

Alemannia Aachen 2001/2002

1. Spieltag:	So 29.07.	15:00	Alemannia Aachen - FSV Mainz 05	0:2 (0:0)

1 Karte: Gelb
ausgewechselt (69.)

2. Spieltag:	So 05.08.	15:00	Hannover 96 - Alemannia Aachen	3:0 (3:0)

eingewechselt (68.)
1 Karte: Gelb

3. Spieltag:	Sa 11.08.	15:00	Alemannia Aachen - Rot-Weiß Oberhausen	2:1 (1:1)
4. Spieltag:	So 19.08.	15:00	LR Ahlen - Alemannia Aachen	1:0 (1:0)
5. Spieltag:	So 09.09.	15:00	Alemannia Aachen - SV Babelsberg 03	2:2 (0:2)

1 Karte: Gelb

6. Spieltag:	Sa 15.09.	15:00	SSV Reutlingen - Alemannia Aachen	3:1 (3:0)

ausgewechselt (77.)

7. Spieltag:	So 23.09.	15:00	Alemannia Aachen - SV Waldhof Mannheim	1:0 (1:0)

1 Karte: Gelb

10. Spieltag:	So 21.10.	15:00	Eintracht Frankfurt - Alemannia Aachen	2:2 (0:1)
11. Spieltag:	Fr 26.10.	19:00	Alemannia Aachen - Arminia Bielefeld	3:2 (2:1)

1 Karte: Gelb

12. Spieltag:	Fr 02.11.	19:00	MSV Duisburg - Alemannia Aachen	5:0 (1:0)
13. Spieltag:	Fr 16.11.	19:00	Alemannia Aachen - SpVgg Greuther Fürth	2:1 (2:0)
14. Spieltag:	So 25.11.	15:00	1. FC Union Berlin - Alemannia Aachen	5:1 (1:0)

ausgewechselt (46.)

15. Spieltag:	Sa 01.12.	15:00	Alemannia Aachen - Karlsruher SC	2:0 (1:0)
16. Spieltag:	So 09.12.	15:00	Alemannia Aachen - SpVgg Unterhaching	3:1 (1:0)
17. Spieltag:	So 16.12.	15:00	VfL Bochum - Alemannia Aachen	5:3 (3:1)
18. Spieltag:	Mi 19.12.	19:00	FSV Mainz 05 - Alemannia Aachen	0:1 (0:0)
19. Spieltag:	So 27.01.	15:00	Alemannia Aachen - Hannover 96	2:4 (1:2)
20. Spieltag:	So 03.02.	15:00	Rot-Weiß Oberhausen - Alemannia Aachen	4:0 (3:0)
21. Spieltag:	Mi 06.02.	19:00	Alemannia Aachen - LR Ahlen	1:2 (0:1)
22. Spieltag:	So 10.02.	13:30	SV Babelsberg 03 - Alemannia Aachen	0:2 (0:1)

1 Karte: Gelb

23. Spieltag:	Sa 16.02.	15:00	Alemannia Aachen - SSV Reutlingen	1:1 (0:0)
24. Spieltag:	Fr 22.02.	19:00	SV Waldhof Mannheim - Alemannia Aachen	3:1 (3:0)

ausgewechselt (32.)

25. Spieltag:	Sa 02.03.	15:00	Alemannia Aachen - FC Schweinfurt 05	1:0 (0:0)
			eingewechselt (69.)	
27. Spieltag:	Fr 15.03.	19:00	Alemannia Aachen - Eintracht Frankfurt	2:1 (1:0)
			eingewechselt (78.)	
28. Spieltag:	Fr 22.03.	19:00	Arminia Bielefeld - Alemannia Aachen	4:1 (2:1)
			eingewechselt (84.)	
29. Spieltag:	Do 28.03.	19:00	Alemannia Aachen - MSV Duisburg	2:1 (1:0)
			1 Karte: Gelb	
30. Spieltag:	Sa 06.04.	15:00	SpVgg Greuther Fürth - Alemannia Aachen	3:0 (2:0)
			1 Karte: Gelb	
31. Spieltag:	So 14.04.	15:00	Alemannia Aachen - 1. FC Union Berlin	1:2 (1:1)
32. Spieltag:	Sa 20.04.	15:00	Karlsruher SC - Alemannia Aachen	1:2 (1:2)
			1 Karte: Gelb	
34. Spieltag:	So 05.05.	15:00	Alemannia Aachen - VfL Bochum	1:3 (0:2)
			ausgewechselt (46.)	

Die Spiele des DFB-Pokals 2001/2002 für Alemannia Aachen

1. Runde:	Sa 25.08.	15:30	Eintracht Trier - Alemannia Aachen	2:4 n.V.
			ausgewechselt (21.)	
2. Runde:	Mi 28.11.	19:30	Alemannia Aachen - 1. FC Köln	1:2 (0:2)

Saisonverlauf der 2. Bundesliga 2001/2002

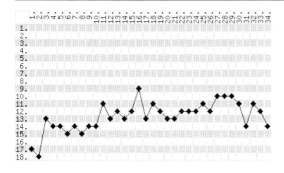

Tabelle der 2. Bundesliga 2001/2002 am 34. Spieltag

Pl.		Verein	Sp	S	U	N	Tore	Diff.	Punkte
1.	(1.)	Hannover 96	34	22	9	3	93:37	+56	75
2.	(3.) ↗	Arminia Bielefeld	34	19	8	7	68:38	+30	65
3.	(4.) ↗	VfL Bochum	34	19	8	7	69:49	+20	65
4.	(2.) ↘	FSV Mainz 05	34	18	10	6	66:38	+28	64
5.	(5.)	SpVgg Greuther Fürth	34	16	11	7	62:41	+21	59
6.	(6.)	1. FC Union Berlin	34	16	8	10	61:41	+20	56
7.	(7.)	Eintracht Frankfurt	34	14	12	8	52:44	+8	54
8.	(8.)	LR Ahlen	34	14	6	14	60:70	-10	48
9.	(11.) ↗	SV Waldhof Mannheim	34	12	9	13	42:48	-6	45
10.	(9.) ↘	SSV Reutlingen	34	13	5	16	53:57	-4	44
11.	(10.) ↘	MSV Duisburg	34	11	10	13	56:57	-1	43
12.	(13.) ↗	Rot-Weiß Oberhausen	34	11	9	14	55:49	+6	42
13.	(15.) ↗	Karlsruher SC	34	11	8	15	45:51	-6	41
14.	(12.) ↘	Alemannia Aachen	34	12	4	18	41:67	-26	40
15.	(14.) ↘	SpVgg Unterhaching	34	10	8	16	40:49	-9	38
16.	(17.) ↗	1. FC Saarbrücken	34	6	7	21	30:74	-44	25
17.	(16.) ↘	FC Schweinfurt 05	34	6	6	22	30:70	-40	24
18.	(18.)	SV Babelsberg 03	34	4	6	24	39:82	-43	18

Alemannia Aachen 2002/2003

1. Spieltag:	So 11.08.	15:00	Alemannia Aachen - SC Freiburg	0:1 (0:0)
2. Spieltag:	Fr 16.08.	19:00	SpVgg Greuther Fürth - Alemannia Aachen	0:0 (0:0)
3. Spieltag:	Mo 26.08.	20:15	Alemannia Aachen - 1. FC Köln	0:0 (0:0)
4. Spieltag:	Di 10.09.	18:00	Wacker Burghausen - Alemannia Aachen	2:2 (0:1)

2 Karten: Gelb und Gelb-Rot

6. Spieltag:	Fr 20.09.	19:00	MSV Duisburg - Alemannia Aachen	3:3 (1:3)

1 Karte: Gelb
ausgewechselt (70.)

7. Spieltag:	So 29.09.	15:00	Eintracht Trier - Alemannia Aachen	4:1 (2:0)
8. Spieltag:	So 06.10.	15:00	Alemannia Aachen - Eintracht Frankfurt	1:0 (1:0)

1 Karte: Gelb
ausgewechselt (83.)

9. Spieltag:	Fr 18.10.	19:00	LR Ahlen - Alemannia Aachen	1:2 (0:0)

1 Karte: Gelb
ausgewechselt (76.)

10. Spieltag:	Fr 25.10.	19:00	Alemannia Aachen - VfB Lübeck	4:1 (1:0)
11. Spieltag:	So 03.11.	15:00	Eintracht Braunschweig - Alemannia Aachen	2:3 (2:2)
12. Spieltag:	Fr 08.11.	19:00	Alemannia Aachen - 1. FC Union Berlin	3:0 (2:0)
13. Spieltag:	Fr 15.11.	19:00	FSV Mainz 05 - Alemannia Aachen	3:1 (1:1)

ausgewechselt (83.)

14. Spieltag:	Fr 22.11.	19:00	Alemannia Aachen - SV Waldhof Mannheim	1:2 (1:0)

1 Karte: Gelb

16. Spieltag:	So 08.12.	15:00	Alemannia Aachen - SSV Reutlingen	3:1 (2:0)
17. Spieltag:	Fr 13.12.	19:00	FC St. Pauli - Alemannia Aachen	1:4 (0:1)
18. Spieltag:	Mo 27.01.	20:15	SC Freiburg - Alemannia Aachen	1:1 (0:0)

1 Karte: Gelb

19. Spieltag:	Mi 05.03.	18:00	Alemannia Aachen - SpVgg Greuther Fürth	0:0 (0:0)
20. Spieltag:	Mo 10.02.	20:15	1. FC Köln - Alemannia Aachen	3:3 (1:0)

ausgewechselt (57.)

21. Spieltag:	So 16.02.	15:00	Alemannia Aachen - Wacker Burghausen	2:3 (2:2)
22. Spieltag:	Fr 21.02.	19:00	Karlsruher SC - Alemannia Aachen	1:2 (1:0)

eingewechselt (74.)

23. Spieltag:	So 02.03.	15:00	Alemannia Aachen - MSV Duisburg	1:0 (0:0)
24. Spieltag:	So 09.03.	15:00	Alemannia Aachen - Eintracht Trier	0:1 (0:1)

25. Spieltag:	So 16.03.	15:00	Eintracht Frankfurt - Alemannia Aachen	1:1	(1:1)
26. Spieltag:	Fr 21.03.	19:00	Alemannia Aachen - LR Ahlen	3:0	(2:0)
			ausgewechselt (46.)		
27. Spieltag:	So 06.04.	15:00	VfB Lübeck - Alemannia Aachen	2:0	(1:0)
			eingewechselt (27.)		
28. Spieltag:	Fr 11.04.	19:00	Alemannia Aachen - Eintracht Braunschweig	1:3	(0:2)
			ausgewechselt (59.)		
30. Spieltag:	So 27.04.	15:00	Alemannia Aachen - FSV Mainz 05	3:0	(1:0)
			ausgewechselt (72.)		
31. Spieltag:	So 04.05.	15:00	SV Waldhof Mannheim - Alemannia Aachen	2:1	(2:1)
			1 Karte: Gelb		
32. Spieltag:	So 11.05.	15:00	Alemannia Aachen - Rot-Weiß Oberhausen	2:0	(1:0)
33. Spieltag:	So 18.05.	15:00	SSV Reutlingen - Alemannia Aachen	5:0	(2:0)
34. Spieltag:	So 25.05.	15:00	Alemannia Aachen - FC St. Pauli	4:1	(2:0)

Die Spiele des DFB-Pokals 2002/2003 für Alemannia Aachen

1. Runde:	Sa 31.08.	15:30	Bahlinger SC 1929 - Alemannia Aachen	1:0	(1:0)
			1 Karte: Gelb		

Saisonverlauf der 2. Bundesliga 2002/2003

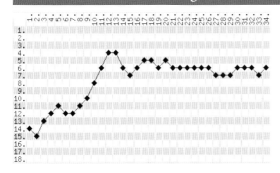

Tabelle der 2. Bundesliga 2002/2003 am 34. Spieltag

Pl.		Verein	Sp	S	U	N	Tore	Diff.	Punkte
1.	(1.)	SC Freiburg	34	20	7	7	58:32	+26	67
2.	(2.)	1. FC Köln	34	18	11	5	63:45	+18	65
3.	(3.)	Eintracht Frankfurt	34	17	11	6	59:33	+26	62
4.	(4.)	FSV Mainz 05	34	19	5	10	64:39	+25	62
5.	(5.)	SpVgg Greuther Fürth	34	15	12	7	55:35	+20	57
6.	(7.) ↗	Alemannia Aachen	34	14	9	11	57:48	+9	51
7.	(6.) ↘	Eintracht Trier	34	14	6	14	53:46	+7	48
8.	(8.)	MSV Duisburg	34	12	10	12	42:47	-5	46
9.	(9.)	1. FC Union Berlin	34	10	15	9	36:48	-12	45
10.	(10.)	Wacker Burghausen	34	10	14	10	48:41	+7	44
11.	(11.)	VfB Lübeck	34	13	5	16	51:50	+1	44
12.	(13.) ↗	LR Ahlen	34	11	7	16	48:60	-12	40
13.	(14.) ↗	Karlsruher SC	34	9	12	13	35:47	-12	39
14.	(12.) ↘	Rot-Weiß Oberhausen	34	10	7	17	38:48	-10	37
15.	(15.)	Eintracht Braunschweig	34	8	10	16	33:53	-20	34
16.	(16.)	SSV Reutlingen	34	11	6	17	43:53	-10	33
17.	(17.)	FC St. Pauli	34	7	10	17	48:67	-19	31
18.	(18.)	SV Waldhof Mannheim	34	6	7	21	32:71	-39	25

6 Punkte Abzug für SSV Reutlingen wegen Verstoßes gegen die Lizenzierungsauflagen

Alemannia Aachen 2003/2004

1. Spieltag:	So 03.08.	15:00	Wacker Burghausen - Alemannia Aachen	1:1 (1:1)
			ausgewechselt (40.)	
4. Spieltag:	So 24.08.	14:30	Alemannia Aachen - Erzgebirge Aue	1:0 (1:0)
			eingewechselt (73.)	
5. Spieltag:	So 14.09.	15:00	SpVgg Greuther Fürth - Alemannia Aachen	7:1 (4:1)
6. Spieltag:	Fr 19.09.	19:00	Alemannia Aachen - MSV Duisburg	2:1 (2:0)
			ausgewechselt (71.)	
7. Spieltag:	Fr 26.09.	19:00	VfB Lübeck - Alemannia Aachen	3:5 (1:3)
			ausgewechselt (46.)	
8. Spieltag:	Mo 06.10.	20:15	Alemannia Aachen - SpVgg Unterhaching	5:1 (2:1)
			1 Karte: Gelb	
			ausgewechselt (66.)	
9. Spieltag:	So 19.10.	15:00	Jahn Regensburg - Alemannia Aachen	1:2 (1:1)
10. Spieltag:	So 26.10.	15:00	Alemannia Aachen - Eintracht Trier	2:0 (1:0)
			ausgewechselt (64.)	
12. Spieltag:	So 09.11.	15:00	Alemannia Aachen - Arminia Bielefeld	2:0 (1:0)
			1 Karte: Gelb	
			ausgewechselt (78.)	
13. Spieltag:	Mo 26.01.	20:15	Alemannia Aachen - 1. FC Nürnberg	3:2 (2:2)*
14. Spieltag:	Fr 28.11.	19:00	VfL Osnabrück - Alemannia Aachen	3:1 (1:0)
15. Spieltag:	So 07.12.	15:00	Alemannia Aachen - Rot-Weiß Oberhausen	1:0 (0:0)
16. Spieltag:	Fr 12.12.	19:00	LR Ahlen - Alemannia Aachen	0:0 (0:0)
17. Spieltag:	Mi 17.12.	19:00	Alemannia Aachen - Karlsruher SC	0:0 (0:0)
			ausgewechselt (75.)	
18. Spieltag:	Sa 31.01.	13:30	Alemannia Aachen - Wacker Burghausen	0:1 (0:1)
			ausgewechselt (65.)	
19. Spieltag:	So 08.02.	15:00	FSV Mainz 05 - Alemannia Aachen	3:2 (0:2)
20. Spieltag:	So 15.02.	15:00	Alemannia Aachen - FC Energie Cottbus	0:2 (0:1)
21. Spieltag:	So 22.02.	15:00	Erzgebirge Aue - Alemannia Aachen	0:1 (0:1)
22. Spieltag:	Fr 27.02.	19:00	Alemannia Aachen - SpVgg Greuther Fürth	0:0 (0:0)
			1 Karte: Gelb	
			ausgewechselt (61.)	
23. Spieltag:	Mo 08.03.	20:15	MSV Duisburg - Alemannia Aachen	2:1 (0:1)
			ausgewechselt (76.)	

24. Spieltag:	Fr 12.03.	19:00	Alemannia Aachen - VfB Lübeck	3:1	(1:1)
			1 Karte: Gelb		
26. Spieltag:	So 28.03.	15:00	Alemannia Aachen - Jahn Regensburg	1:0	(0:0)
			1 Karte: Gelb		
27. Spieltag:	Fr 02.04.	19:00	Eintracht Trier - Alemannia Aachen	3:3	(1:2)
			1 Karte: Gelb		
28. Spieltag:	Do 08.04.	19:00	Alemannia Aachen - 1. FC Union Berlin	4:2	(2:2)
29. Spieltag:	Mo 19.04.	20:15	Arminia Bielefeld - Alemannia Aachen	3:0	(1:0)
			1 Karte: Gelb		
30. Spieltag:	Mo 26.04.	20:15	1. FC Nürnberg - Alemannia Aachen	3:0	(0:0)
			1 Karte: Rot (8.)		
33. Spieltag:	So 16.05.	15:00	Alemannia Aachen - LR Ahlen	1:1	(0:1)
			ausgewechselt (65.)		

* Das Spiel wurde wegen Zuschauerausschreitungen wiederholt.

Die Spiele des DFB-Pokals 2003/2004 für Alemannia Aachen

1. Runde:	Fr 29.08.	19:30	FC Rot-Weiß Erfurt - Alemannia Aachen	4:5	n.E.
			eingewechselt (87.)		
2. Runde:	Mi 29.10.	19:00	Alemannia Aachen - 1860 München	6:5	n.E.
			1 Karte: Gelb		
			ausgewechselt (26.)		
Achtelfinale:	Di 02.12.	19:00	Eintracht Braunschweig - Alemannia Aachen	0:5	(0:1)
Viertelfinale:	Mi 04.02.	20:30	Alemannia Aachen - Bayern München	2:1	(1:1)
Halbfinale:	Mi 17.03.	20:30	Alemannia Aachen - Borussia M'gladbach	1:0	(1:0)
Finale:	Sa 29.05.	20:00	Werder Bremen - Alemannia Aachen	3:2	(2:0)
			ausgewechselt (73.)		

Saisonverlauf der 2. Bundesliga 2003/2004

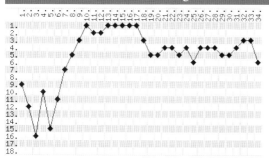

Tabelle der 2. Bundesliga 2003/2004 am 34. Spieltag

Pl.		Verein	Sp	S	U	N	Tore	Diff.	Punkte
1.	(1.)	1. FC Nürnberg	34	18	7	9	68:45	+23	61
2.	(2.)	Arminia Bielefeld	34	16	8	10	50:37	+13	56
3.	(4.) ↗	FSV Mainz 05	34	13	15	6	49:34	+15	54
4.	(5.) ↗	FC Energie Cottbus	34	15	9	10	52:44	+8	54
5.	(6.) ↗	Rot-Weiß Oberhausen	34	15	8	11	52:48	+4	53
6.	(3.) ↓	Alemannia Aachen	34	15	8	11	51:51	0	53
7.	(8.) ↗	MSV Duisburg	34	13	9	12	52:46	+6	48
8.	(7.) ↘	Erzgebirge Aue	34	12	12	10	47:45	+2	48
9.	(10.) ↗	SpVgg Greuther Fürth	34	11	12	11	58:51	+7	45
10.	(11.) ↗	Wacker Burghausen	34	12	9	13	40:39	+1	45
11.	(9.) ↘	Eintracht Trier	34	12	9	13	46:51	-5	45
12.	(13.) ↗	LR Ahlen	34	12	8	14	36:45	-9	44
13.	(12.) ↘	SpVgg Unterhaching	34	11	10	13	41:46	-5	43
14.	(14.)	Karlsruher SC	34	11	10	13	38:44	-6	43
15.	(15.)	VfB Lübeck	34	9	12	13	47:57	-10	39
16.	(16.)	Jahn Regensburg	34	9	12	13	37:51	-14	39
17.	(17.)	1. FC Union Berlin	34	8	9	17	43:53	-10	33
18.	(18.)	VfL Osnabrück	34	7	7	20	35:55	-20	28

Alemannia Aachen 2004/2005

1. Spieltag:	Mo 09.08.	20:15	Alemannia Aachen - Eintracht Frankfurt	1:1 (0:0)
			1 Karte: Gelb	
2. Spieltag:	So 15.08.	15:00	LR Ahlen - Alemannia Aachen	1:1 (1:1)
3. Spieltag:	Fr 27.08.	19:00	Alemannia Aachen - Karlsruher SC	4:0 (2:0)
			1 Karte: Gelb	
			ausgewechselt (46.)	
4. Spieltag:	So 12.09.	15:00	SpVgg Unterhaching - Alemannia Aachen	0:2 (0:0)
			1 Karte: Gelb	
5. Spieltag:	So 19.09.	20:30	Alemannia Aachen - 1. FC Köln	2:3 (1:0)
6. Spieltag:	So 26.09.	15:00	Erzgebirge Aue - Alemannia Aachen	1:1 (0:0)
7. Spieltag:	Mo 04.10.	20:15	Alemannia Aachen - Dynamo Dresden	5:1 (2:0)
9. Spieltag:	So 24.10.	15:00	Alemannia Aachen - 1. FC Saarbrücken	3:1 (2:0)
10. Spieltag:	Mi 27.10.	17:30	FC Rot-Weiß Erfurt - Alemannia Aachen	1:0 (0:0)
11. Spieltag:	So 31.10.	15:00	Alemannia Aachen - Rot-Weiß Oberhausen	2:1 (2:0)
13. Spieltag:	So 14.11.	15:00	Alemannia Aachen - Rot-Weiß Essen	1:1 (1:0)
15. Spieltag:	So 28.11.	15:00	Alemannia Aachen - 1860 München	5:1 (3:0)
			eingewechselt (46.)	
17. Spieltag:	Fr 10.12.	19:00	SpVgg Greuther Fürth - Alemannia Aachen	3:2 (1:1)
			eingewechselt (46.)	
18. Spieltag:	Mo 24.01.	20:15	Eintracht Frankfurt - Alemannia Aachen	1:0 (1:0)
19. Spieltag:	So 30.01.	15:00	Alemannia Aachen - LR Ahlen	0:2 (0:1)
			ausgewechselt (46.)	
20. Spieltag:	So 06.02.	15:00	Karlsruher SC - Alemannia Aachen	0:1 (0:0)
			1 Karte: Gelb	
21. Spieltag:	Fr 11.02.	19:00	Alemannia Aachen - SpVgg Unterhaching	2:3 (1:2)
			1 Karte: Gelb-Rot (67.)	
24. Spieltag:	Fr 04.03.	19:00	Dynamo Dresden - Alemannia Aachen	2:0 (2:0)
			eingewechselt (46.)	
25. Spieltag:	So 13.03.	15:00	Alemannia Aachen - Eintracht Trier	2:0 (1:0)
26. Spieltag:	So 20.03.	15:00	1. FC Saarbrücken - Alemannia Aachen	1:2 (0:1)
27. Spieltag:	Fr 01.04.	19:00	Alemannia Aachen - FC Rot-Weiß Erfurt	5:1 (4:0)
28. Spieltag:	So 10.04.	15:00	Rot-Weiß Oberhausen - Alemannia Aachen	0:0 (0:0)
29. Spieltag:	Mo 18.04.	20:15	Alemannia Aachen - MSV Duisburg	0:0 (0:0)

30. Spieltag: Fr 22.04. 19:00 Rot-Weiß Essen - Alemannia Aachen 0:2 (0:1) ausgewechselt (80.)
31. Spieltag: So 01.05. 15:00 Alemannia Aachen - FC Energie Cottbus 4:0 (3:0)

Die Spiele des DFB-Pokals 2004/2005 für Alemannia Aachen

1. Runde: So 22.08. 15:00 Rot-Weiß Essen - Alemannia Aachen 0:2 (0:1)

Saisonverlauf der 2. Bundesliga 2004/2005

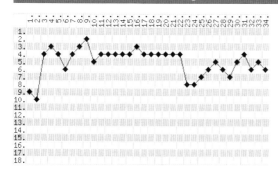

Tabelle der 2. Bundesliga 2004/2005 am 34. Spieltag

Pl.		Verein	Sp	S	U	N	Tore	Diff.	Punkte
1.	(1.)	1. FC Köln	34	20	7	7	62:33	+29	67
2.	(2.)	MSV Duisburg	34	19	5	10	50:37	+13	62
3.	(3.)	Eintracht Frankfurt	34	19	4	11	65:39	+26	61
4.	(4.)	1860 München	34	15	12	7	52:39	+13	57
5.	(6.) ↗	SpVgg Greuther Fürth	34	17	5	12	51:42	+9	56
6.	(5.) ↘	Alemannia Aachen	34	16	6	12	60:40	+20	54
7.	(7.)	Erzgebirge Aue	34	15	6	13	49:40	+9	51
8.	(9.) ↗	Dynamo Dresden	34	15	4	15	48:53	-5	49
9.	(8.) ↘	Wacker Burghausen	34	13	9	12	48:55	-7	48
10.	(10.)	SpVgg Unterhaching	34	14	3	17	40:43	-3	45
11.	(11.)	Karlsruher SC	34	11	10	13	46:47	-1	43
12.	(12.)	1. FC Saarbrücken	34	11	7	16	44:50	-6	40
13.	(15.) ↗	LR Ahlen	34	10	9	15	43:49	-6	39
14.	(13.) ↘	FC Energie Cottbus	34	10	9	15	35:48	-13	39
15.	(14.) ↘	Eintracht Trier	34	9	12	13	39:53	-14	39
16.	(17.) ↗	Rot-Weiß Oberhausen	34	8	10	16	40:62	-22	34
17.	(16.) ↘	Rot-Weiß Essen	34	6	15	13	35:51	-16	33
18.	(18.)	FC Rot-Weiß Erfurt	34	7	9	18	34:60	-26	30

Die Spiele des UEFA-Cups 2004/2005 für Alemannia Aachen

Vorrunde,
1. Runde: Do 16.09. 22:30 FH Hafnarfjördur - Alemannia Aachen 1:5 (0:3)
             1 Torvorlage: Vorlage zum 0:3 (44.)

Vorrunde,
1. Runde: Do 30.09. 20:00 Alemannia Aachen - FH Hafnarfjördur 0:0 (0:0)

Zwischenrunde,
Gruppe H: Do 21.10. 18:15 Alemannia Aachen - OSC Lille   1:0 (0:0)
             1 Karte: Gelb

Zwischenrunde,
Gruppe H: Do 04.11. 21:30 FC Sevilla - Alemannia Aachen   2:0 (1:0)
             1 Karte: Gelb
             ausgewechselt (78.)

Zwischenrunde,
Gruppe H: Do 02.12. 20:45 Alemannia Aachen - Zenit St. Petersburg 2:2 (1:1)
             eingewechselt (65.)

Zwischenrunde,
Gruppe H: Mi 15.12. 20:45 AEK Athen - Alemannia Aachen   0:2 (0:0)
             ausgewechselt (87.)

Die Tabelle des UEFA-Cups 2004/2005 - Zwischenrunde - Gruppe H

Pl.	Verein	Sp	S	U	N	Tore	Diff.	Punkte
1.	OSC Lille	4	3	0	1	5:3	+2	9
2.	FC Sevilla	4	2	1	1	6:4	+2	7
3.	Alemannia Aachen	4	2	1	1	5:4	+1	7
4.	Zenit St. Petersburg	4	1	2	1	9:6	+3	5
5.	AEK Athen	4	0	0	4	4:12	-8	0

Alemannia Aachen 2005/2006

6. Spieltag:	Mi 21.09.	17:30	Alemannia Aachen - LR Ahlen	6:2 (3:0)
			eingewechselt (67.)	
8. Spieltag:	Fr 30.09.	19:00	Alemannia Aachen - SpVgg Greuther Fürth	0:1 (0:1)
			eingewechselt (46.)	
			1 Karte: Gelb	
9. Spieltag:	Mo 17.10.	20:15	Dynamo Dresden - Alemannia Aachen	1:3 (1:1)
10. Spieltag:	Fr 21.10.	19:00	Alemannia Aachen - Kickers Offenbach	0:1 (0:0)
11. Spieltag:	Mo 31.10.	20:15	1860 München - Alemannia Aachen	0:0 (0:0)
			ausgewechselt (16.)	
17. Spieltag:	So 18.12.	15:00	Alemannia Aachen - Wacker Burghausen	2:0 (2:0)
			eingewechselt (78.)	
18. Spieltag:	Fr 20.01.	19:00	Alemannia Aachen - Erzgebirge Aue	3:1 (1:0)
			eingewechselt (83.)	
20. Spieltag:	So 05.02.	15:00	Alemannia Aachen - SpVgg Unterhaching	1:0 (0:0)
			1 Karte: Gelb	
			ausgewechselt (75.)	
30. Spieltag:	Mo 17.04.	20:15	Alemannia Aachen - VfL Bochum	0:2 (0:1)
			eingewechselt (62.)	
32. Spieltag:	Di 02.05.	17:30	Alemannia Aachen - Sportfreunde Siegen	3:0 (2:0)
			eingewechselt (54.)	
33. Spieltag:	So 07.05.	15:00	Alemannia Aachen - SC Freiburg	0:1 (0:1)
			ausgewechselt (65.)	
34. Spieltag:	So 14.05.	15:00	Wacker Burghausen - Alemannia Aachen	1:1 (1:0)
			ausgewechselt (46.)	

Die Spiele des DFB-Pokals 2005/2006 für Alemannia Aachen

2. Runde:	Di 25.10.	19:30	Alemannia Aachen - Hannover 96	1:2 (0:1)
			ausgewechselt (89.)	

Saisonverlauf der 2. Bundesliga 2005/2006

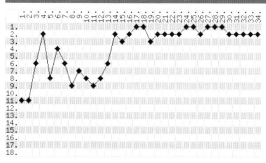

Tabelle der 2. Bundesliga 2005/2006 am 34. Spieltag

Pl.		Verein	Sp	S	U	N	Tore	Diff.	Pkt.
1.	(1.)	VfL Bochum	34	19	9	6	55:26	+29	66
2.	(2.)	Alemannia Aachen	34	20	5	9	61:36	+25	65
3.	(3.)	FC Energie Cottbus	34	16	10	8	49:33	+16	58
4.	(6.) ↗	SC Freiburg	34	16	8	10	41:33	+8	56
5.	(4.) ↘	SpVgg Greuther Fürth	34	15	9	10	51:42	+9	54
6.	(5.) ↘	Karlsruher SC	34	15	8	11	55:45	+10	53
7.	(7.)	Erzgebirge Aue	34	13	9	12	38:36	+2	48
8.	(8.)	Wacker Burghausen	34	12	11	11	45:49	-4	47
9.	(9.)	SC Paderborn 07	34	13	7	14	46:40	+6	46
10.	(10.)	Hansa Rostock	34	13	4	17	44:49	-5	43
11.	(12.) ↗	Kickers Offenbach	34	12	7	15	42:53	-11	43
12.	(11.) ↘	Eintracht Braunschweig	34	13	4	17	37:48	-11	43
13.	(13.)	TSV 1860 München	34	11	9	14	41:44	-3	42
14.	(14.)	SpVgg Unterhaching	34	12	6	16	42:48	-6	42
15.	(15.)	Dynamo Dresden	34	11	8	15	39:45	-6	41
16.	(16.)	1. FC Saarbrücken	34	11	5	18	37:63	-26	38
17.	(17.)	LR Ahlen	34	9	8	17	36:50	-14	35
18.	(18.)	Sportfreunde Siegen	34	8	7	19	35:54	-19	31

Nachwort

Normalerweise steht vorne immer der Dank an besondere Leute. Ich dachte, mach es hinten dran, sozusagen als Zugabe.

Also, danken möchte ich

... meiner Frau Heike für ihre Liebe und Geduld mit mir. Sie hat mich immer voll unterstützt.

... meiner Tochter Aileen. Sie ist in Homburg als Fußballkind groß geworden und ist Papas Mädchen.

... meinen Eltern für ihre lebenslange Unterstützung und Hilfe in allen Lebenslagen. Danke Mutter! Danke Vater!

... meinen Geschwistern für ihr Verständnis.

... Achim Kaiser für die super Zusammenarbeit. Wir haben viel gelacht und sind Freunde geworden.

... seiner Frau Nives Sunara für die tolle Gastfreundschaft und das leckere Essen.

... Klaus Bimmermann und Dieter Bast für ihren Glauben an mich. Sie haben mir die Profikarriere ermöglicht und mich immer unterstützt.

... RW Mülheim mit allen Mitarbeitern und Trainern. Ohne euch hätte ich das alles nicht geschafft.

... Alemannia Aachen mit all meinen Mannschaftskameraden, Trainern, Offiziellen, Mitarbeitern und und und. Ihr wart und bleibt meine zweite Familie. Danke für alles!

... den Fans. Ihr wart immer fantastisch zu mir. Mir fehlen die Worte. Deshalb mach ich jetzt Schluss. Danke, Danke!!

Fotonachweis

Titelbild: Uwe Anspach
Fotos Innenteil: Ralf Röger
Marcel Decoux
Klaus Wenger
Jasmin Mattern
Marius Ebbers